T0267573

Personas Emocionalmente Inmaduras:
cómo desligarse de ellas

Nota del editor

Todos los ejemplos presentados en este libro son casos de personas que han dado su consentimiento para que se incluyan y se citen en esta obra. Los datos identificativos de cada cliente de psicoterapia se han modificado y combinado con los de otros clientes en algunos casos para preservar la máxima confidencialidad. Los ejemplos utilizados representan las experiencias de muchos otros clientes también, y se han elegido precisamente por su universalidad. Aunque este y otros libros puedan ser de gran utilidad, ninguno de ellos puede sustituir a las sesiones de psicoterapia, los grupos de apoyo u otras formas de ayuda presencial. Este libro no pretende ser un sustituto, sino un complemento, de la psicoterapia. Es importante que si los lectores sienten necesidad de ello, busquen un psicoterapeuta que los ayude a aclarar y resolver cuestiones que puedan presentarse al leer estas páginas.

Título original: Disentangling from Emotionally Immature People Avoid Emotional Traps, Stand Up for Your Self, and Transform Your Relationships as an Adult Child of Emotionally Immature Parents
Traducido del inglés por Elsa Gómez Belastegui
Diseño de portada: Editorial Sirio, S.A.
Maquetación: Toñi F. Castellón

© de la edición original
2023 de Lindsay C. Gibson

Esta edición se publica mediante acuerdo con New Harbinger Publications Inc., a través de International Editors & Yáñez Co'. S.L.

© de la presente edición
EDITORIAL SIRIO, S.A.
C/ Rosa de los Vientos, 64
Pol. Ind. El Viso
29006-Málaga
España

www.editorialsirio.com
sirio@editorialsirio.com

I.S.B.N.: 978-84-19685-79-7
Depósito Legal: MA-2276-2024

Impreso en Imagraf Impresores, S. A.
c/ Nabucco, 14 D - Pol. Alameda
29006 - Málaga

Impreso en España

Puedes seguirnos en Facebook, X, YouTube e Instagram.

Cualquier forma de reproducción, distribución, comunicación pública o transformación de esta obra solo puede ser realizada con la autorización de sus titulares, salvo excepción prevista por la ley. Diríjase a CEDRO (Centro Español de Derechos Reprográficos, www. cedro.org) si necesita fotocopiar o escanear algún fragmento de esta obra.

 El papel utilizado para la impresión de este libro está **libre de cloro** elemental (ECF) y su procedencia está certificada por una entidad independiente, no gubernamental, que promueve la sostenibilidad de los bosques.

Lindsay C. Gibson

autora de

Hijos adultos de padres emocionalmente inmaduros

Personas Emocionalmente Inmaduras:
cómo desligarse de ellas

*Evita las trampas emocionales, defiéndete
y transforma tus relaciones adultas,
como hijo o hija de padres
emocionalmente inmaduros*

EDITORIAL
SIRIO

A Skip, con todo mi corazón.

A mis clientes, lectores y lectoras de todos estos años,
que han hecho posible este libro.

Índice

Introducción

Dentro de ti hay algo que sabe lo que te conviene, lo que te sienta bien
—y lo que no—, incluso aunque no encuentres las palabras o no tengas
claros los conceptos para explicar por qué. Ese sistema sensorial interno te avisa, mediante señales de advertencia emocionales y físicas,
cuando una situación es inarmónica o alguien te está tratando mal.
Desde la infancia, ese centro silencioso que hay en ti ha registrado la
verdad de tus experiencias en su lenguaje de recuerdos, emociones y
síntomas. Ahora tienes la oportunidad de descifrarlo.

Ha sido una auténtica sorpresa que los lectores y lectoras se hayan identificado tan de inmediato con lo que significa ser una persona
adulta que creció con un padre o una madre emocionalmente inmaduro (EI) y tener que tratar con personas emocionalmente inmaduras en general. Es como si siempre hubieran tenido una percepción
fragmentaria de lo que pasaba, pero no hubieran conseguido atar
cabos y conceptualizar lo que sabían. Les faltaba la base teórica que
les permitiera estructurar, y comprender finalmente, las experiencias
relacionales que habían vivido.

En este libro, vamos a dar voz a ese conocimiento silencioso. A
medida que leas y las piezas de tu experiencia empiecen a encajar, irás
descubriendo lo que tus sentimientos trataban de decirte. Entonces
ya no serán un peso silencioso que arrastres contigo, sino experiencias conscientes y comprensibles. Podrás examinarlas con objetividad, tendrás espacio para pensar y podrás desligarte de ellas y desarrollar tu potencial humano.

También tendrás la oportunidad de reconsiderar posibles comportamientos de autoprotección que aprendiste en la infancia para evitar los conflictos, y replantearte cómo quieres responder a partir de ahora a las presiones de las personas EI. Es posible que en tus primeros años de vida te adaptaras a su forma de ser, pero una vez que te das cuenta de su dinámica y de lo predecible que es, puedes cambiar de actitud y protegerte emocionalmente. No tienes la obligación de seguir dejándote enredar en sus comportamientos. No tienes el deber de seguir obedeciendo sus instrucciones ni hay razón para que te sientas culpable por querer cambiar de rumbo. Tienes derecho a hacer lo que te beneficia a *ti*.

Este es el cuarto libro de una serie que comenzó con *Hijos adultos de padres emocionalmente inmaduros*. Su estructura se basa, esta vez, en las preguntas que con más frecuencia surgen en mi consulta durante las sesiones de terapia y de *coaching*, en las cuestiones que repetidamente plantean mis clientes sobre su relación con las personas emocionalmente inmaduras en general, y en especial sobre las relaciones de enredo con una madre o un padre EI. (Todo lo que explico en estas páginas está referido a los individuos emocionalmente inmaduros en general, y especificaré las referencias a la madre y el padre emocionalmente inmaduros por separado).

Utiliza este libro como una especie de manual en el que buscar respuestas a las cuestiones concretas que más te preocupen. Siéntete libre de empezar por donde quieras. Echa un vistazo al índice para ver qué te llama la atención y trabaja con ese aspecto. En definitiva, trabajar con cualquiera de los aspectos que abarca esta obra aumentará tu autoconfianza, lo que significa que aprenderás a poner límites y empezarás a tener una actitud más segura en tu relación con las personas EI que haya en tu vida.

Mi mayor esperanza es que durante la lectura te des cuenta de cosas que te expliquen quién eres. Voy a intentar poner en palabras el conocimiento silencioso que posiblemente existe ya en ti —todo eso que has sentido pero a lo que no has dado voz— y al mismo tiempo te daré ideas de cómo mejorar tu actitud en la vida y en las relaciones, no solo con las personas EI, sino con todo el mundo. Confío en que estas páginas te ayudarán a conocerte y comprenderte integralmente, ya que la comprensión y el autoconocimiento son los catalizadores esenciales para la transformación positiva. En estos momentos, nuestro objetivo —tuyo y mío— es que te desligues de las expectativas injustas que los demás puedan tener respecto a ti y que no caigas en sus trampas emocionales. Vamos a trabajar mano a mano para consolidar tu identidad individual y para que te reconectes con el ser dinámico, vital e interesante que eres.

De vez en cuando, contrastaré la madurez y la inmadurez emocionales para que veas cómo responden una y otra en situaciones concretas. Ten en cuenta que existen distintos grados de madurez emocional, y por eso hablo de personas «adecuada o suficientemente maduras». La madurez emocional nunca es un objetivo cumplido, es un trabajo en curso, una creación que sigue perfeccionándose a lo largo de toda nuestra vida.

El libro está dividido en cinco partes. En la primera y segunda aprenderás sobre la madurez y la inmadurez emocionales, qué motiva a las personas EI y cómo influyen en tu vida. La tercera parte te mostrará la importancia de dar un paso atrás, reposicionarte en tus relaciones con las personas emocionalmente inmaduras y reevaluar cuánta de tu energía les quieres dar. En la cuarta parte aprenderás a cambiar las creencias autodestructivas que interiorizaste en tu infancia, procedentes de gente que te dijo qué debías hacer y cómo debías ser. Por último, en la quinta parte veremos cómo solucionar algunos dilemas particularmente espinosos en que puedes encontrarte, tanto a nivel interno como en tu relación con personas EI.

Además de estrategias para tratar con ellas, y neutralizar el impacto que intentan tener en tu vida, encontrarás en cada capítulo una sección de «Reflexión y autodescubrimiento». El propósito de estos ejercicios contemplativos es que profundices en el descubrimiento de quien eres, lo cual te ayudará a confiar más en ti, a sintonizar con tu auténtico yo y a poner un nuevo rumbo a tu vida con unos objetivos claros. Por las inevitables limitaciones de tamaño de este libro, es posible que no tengas espacio suficiente para escribir con la libertad y plenitud que te gustaría, así que, por si acaso, estaría bien que tuvieras preparado otro cuaderno en el que poder continuar escribiendo cuando lo necesites. Cada capítulo termina con un breve consejo, un pequeño recordatorio que te ayudará a mantener el rumbo.

Como se indica en la página de créditos, este libro no pretende hacer psicoterapia ni es de ningún modo un sustituto del trabajo personal con un psicoterapeuta. Te pido por favor que prestes atención a tus reacciones mientras lees y, si algo de lo que presento en estas páginas actúa en ti como desencadenante emocional o tiene un efecto abrumador, no dudes en buscar ayuda psicoterapéutica. Lo ideal, para sacarle el máximo partido a este libro, sería que tu terapeuta y tú lo utilizarais como complemento de la terapia.

Si así lo decides, las personas emocionalmente inmaduras pueden formar *parte* de tu vida, pero no deben ser su *eje*. Posiblemente traten por todos los medios de ser el centro de atención –porque así se lo exige su inmadurez–, pero tú no tienes por qué aceptar ser su público. Aunque intentarán que el principal objetivo de tu vida sea satisfacer sus deseos y exigencias a costa de tu salud emocional, puedes decidir en todo momento que este modelo de comportamiento no va contigo y cambiar de rumbo. Contrariamente a cómo lo interpretarán ellas, ser fiel a ti *no* es sinónimo de tratarlas con desconsideración.

Tanto si te identificas como hijo o hija de unos padres emocionalmente inmaduros como si eres psicoterapeuta y tienes interés en ayudar a los hijos e hijas adultos de padres EI –o ambas cosas–, puedes utilizar este libro para comprender hasta qué punto están condicionadas sus respuestas, en todos los aspectos de su vida adulta, por el hecho de haber crecido con un padre o una madre EI. En estas páginas encontrarás consejos prácticos así como estrategias más sutiles que te ayudarán a atender tus necesidades emocionales, o las de tu cliente, a un nivel más profundo y a fortalecer tu sentido de individuación.

Confío en que, al terminar el libro, serás capaz de apreciar más tus dones emocionales y el carácter sagrado de tu individualidad, a la vez que de percibir acertadamente tus valores. Espero que te des cuenta, además, de que no se trata solo de que atiendas tus *necesidades* básicas: también tus *preferencias* importan. Tus preferencias son la base de tu individualidad y merecen respeto y protección. En lugar de dedicar tus energías a complacer y aplacar a las personas EI, puedes cambiar de rumbo para vivir más en consonancia con quien tú eres.

¿Te parece que ha llegado el momento de corregir el rumbo? Yo estoy aquí para ofrecerte todo lo que sé.

Primera parte

Por qué son así las personas emocionalmente inmaduras

¿Cómo sé si alguien es emocionalmente inmaduro?

Rasgos distintivos de la inmadurez emocional

La inmadurez emocional (IE) abarca los más diversos estilos de personalidad. Por muy diferente que sea una persona de otra, es posible que, a nivel emocional, ambas tengan rasgos de inmadurez. Este síndrome no es un tipo de trastorno mental, y suele ser gente normal y corriente la que lo manifiesta. Aunque en el caso de algunos individuos a los que se les ha diagnosticado un trastorno psiquiátrico exista una inmadurez emocional de fondo, no todas las personas EI presentan ni mucho menos el conjunto de síntomas que serían necesarios para hacer un diagnóstico de este tipo. Es frecuente que los rasgos de inmadurez de la persona EI se hagan especialmente evidentes en situaciones de mucho estrés o a medida que una relación se va haciendo más íntima.

La inmadurez emocional será más fácil de reconocer si te centras en sus síntomas principales (en el apéndice A encontrarás un resumen de los rasgos característicos de la IE). Aunque el grado de inmadurez puede variar notablemente de un sujeto a otro, las cinco características que se definen a continuación están presentes en todas las personas EI, independientemente de su tipo de personalidad o de cuánto afecten los síntomas a su funcionamiento cotidiano:

El *egocentrismo* es la base que determina su orientación hacia todos los aspectos de la vida. Como si fueran criaturas de dos años, las personas emocionalmente inmaduras perciben el mundo en relación con sus propias preocupaciones y nos enredan rápidamente en sus deseos y expectativas.

A consecuencia de este enfoque tan egocéntrico, suelen tener *escasa empatía* hacia el resto de los seres humanos. Son incapaces de ponerse en el lugar del otro e imaginar cuáles puedan ser sus sentimientos o su experiencia íntima. Incluso aunque se trate de personas inteligentes y con habilidad para desenvolverse en contextos sociales, es un sentimiento de superioridad y oposición lo que más sienten hacia los demás. De ahí que pueda haber personas EI muy influyentes y a las que la sociedad admira, y que sin embargo no saben establecer con la gente una relación madura, como correspondería.

Aunque algunos individuos emocionalmente inmaduros tienen gran agudeza mental, *rehúyen la autorreflexión*. Convencidos de su superioridad moral, siempre encuentran justificación para sus actos, y por tanto rara vez cuestionan nada de lo que hacen o si tienen derecho a exigir lo que exigen. Solo les importa lo que ellos sienten y lo que consideran necesario o deseable en el momento, y les trae sin cuidado cómo pueda afectar a los demás o incluso las repercusiones que pueda tener para ellos mismos en el futuro. En lugar de reflexionar sobre sus comportamientos, adoptan una actitud defensiva y se reafirman en su postura si alguien se molesta con ellos por algo que han hecho o han dicho.

En sus relaciones cercanas, las personas EI se cierran para *evitar la intimidad emocional*. No saben cómo recibir una expresión emocional sincera, y mucho menos cómo responder. Es cierto que a veces parecen sumamente emocionales, si estallan por algún motivo y pierden el control, pero eso nada tiene que ver con la intimidad. La intimidad emocional es reciprocidad. Se da entre dos individuos que comparten información emocional y la procesan conjuntamente, lo cual les permite conocerse a un nivel profundo. La intimidad ni siquiera tiene por qué manifestarse con palabras; basta la sensación de que el otro «te entiende» y conecta contigo de una forma profundamente auténtica. Con las personas EI ocurre todo lo contrario. Tienden a ponerse a la defensiva, o se escabullen, o adoptan una actitud beligerante cuando alguien (incluso aunque ese alguien sea su hijo o su hija) intenta relacionarse con ellas abiertamente, con honestidad emocional. (Es fácil imaginar el desconcierto y el dolor que esta respuesta provoca en la niña o el niño que intenta establecer la conexión).

La postura de estas personas en su relación con el mundo es la del *realismo afectivo* (Barrett y Bar 2009), es decir, dan por hecho que la realidad es como ellas *sienten* que es. Sus mecanismos psicológicos de afrontamiento son inmaduros (G. Vaillant 2000) y simplistas, sobre todo porque niegan, descartan o distorsionan cualquier realidad que no les guste. Su falta de objetividad y de interés por cualquier argumento racional se traduce en que es prácticamente imposible razonar con ellas una vez que las invaden sus emociones.

Veamos ahora algunas características adicionales. Algunas personas EI son extravertidas y dominantes, mientras que otras son más bien introvertidas, pasivas y dependientes. Pero sea cual sea su estilo, suelen ser personalidades rígidas, superficiales e insustanciales. Todas acostumbran a recurrir a tópicos y frases hechas; hablan sin reflexionar. Como esa falta de reflexión impide, además, que haya una integración psicológica, los aspectos discordantes de su personalidad coexisten en ellas sin que tengan conciencia de lo contradictorias que son. Puede que digan una cosa y hagan otra y no se avergüencen, ya que no se dan cuenta de la incongruencia. Solo les importa la «parte» inmediata de una situación, no su sentido completo.

A nivel emocional, no ven más allá del momento presente: reaccionan sin tener en cuenta los efectos que pueda tener su impulsividad y sueltan lo primero que se les ocurre. Esa reactividad acrecentada hace que se agobien con facilidad y que hasta el menor problema se convierta para ellas en una emergencia.

Esta forma de pensar simplista y superficial hace que lo vean todo o blanco o negro. La lógica suelen utilizarla como arma oportunista, pero no es un factor esencial que determine su manera de entender las cosas. Cualquier tema complejo lo simplifican hasta tal punto que suele ser inútil intentar razonar con ellas.

Las de tipo manifiestamente dominante no sienten ningún respeto por las ideas ni los límites personales de nadie. Muchas tienen un estricto sentido del estatus y el papel que a cada cual le corresponde desempeñar, y esperan que todo el mundo se atenga a ese rol que ellas le han asignado. Pero ni siquiera las de tipo más pasivo y toleran-te empatizarán demasiado contigo ni mostrarán excesivo interés por tu vida. Tu experiencia subjetiva no les interesa. Lo que quieren es que seas un reflejo de su estado de ánimo: si están contentas o están disgustadas, dan por hecho que tú también deberías estar contento o disgustado.

Las personas emocionalmente inmaduras sacan conclusiones precipitadas y se ofenden con facilidad, por lo que es muy difícil –si no imposible– resolver mediante el diálogo ningún problema o des-acuerdo. No escuchan del todo lo que se dice en la conversación, por-que, como si tuvieran cinco años, su atención está siempre enfocada en competir por el protagonismo. Entienden la comunicación como una oportunidad para «emitir» sus opiniones, no para «recibir» las tu-yas. Tienen poca curiosidad por conocer tu punto de vista y se sienten ofendidas y menospreciadas si no haces lo que quieren.

Las de tipo más dominante tienen poca tolerancia al estrés, sue-len ser impacientes y presionan a los demás para que cumplan sus de-seos. En sus relaciones, dan por sentado que todo debe girar en torno a sus emociones reactivas y se relacionan principalmente a través de pronunciamientos, exigencias y control. Debido a la combinación de impaciencia y egocentrismo, se ofenden con suma facilidad y culpan a los demás de cualquier problema que surja. Además, pueden llegar a ser irracionalmente testarudas y ponerse a la defensiva en cuanto per-ciben que algo amenaza sus creencias o su autoestima. Son propensas a los arrebatos coléricos en momentos de frustración, y esto hace que quienes están con ellas sientan que no hacen nada bien y vivan con una constante sensación de apremio y el temor a irritarlas todavía más si hacen algo por calmarlas. Las de tipo más pasivo no suelen ser dadas a esta clase de explosiones emocionales; sin embargo, bajo su compor-tamiento relativamente sereno, se esconde el mismo egocentrismo implacable en lo referente a expectativas y motivaciones.

En las relaciones familiares o de pareja, las personas EI espe-ran que sean los demás quienes las estabilicen emocionalmente y apuntalen su autoestima. La responsabilidad de mantener la paz en la relación suele recaer en el otro, ya que ellas no están dispuestas a hacer el «trabajo emocional» (Fraad 2008) necesario para mantener el equilibrio en las relaciones. Insensibles a lo que sientan los demás, creen que amarlas significa decirles que sí a todo y dejarlas hacer lo que quieran. Como si fueran criaturas de tres años, obtienen poder angustiando al otro hasta que capitula. Después de dedicar tu atención a una persona emocionalmente inmadura, te sentirás probablemente como si te hubieran absorbido la energía vital.

Incluso las personas EI de tipo más tranquilo son, por instinto, emocionalmente coercitivas, y te intimidarán o intentarán que te sientas culpable, o te avergüences, o dudes de ti para poder controlarte. Si no cedes, te tacharán de insolente o te dirán que no se puede contar contigo para nada, y si haces algo que no les gusta, se lo contarán a otros y los indispondrán contra ti, en lugar de hablar de ello directamente contigo.

Tanto si te exigen abiertamente que les dediques tu atención y te sacrifiques por ellas como si, en silencio, dan por hecho que tu deber es apoyarlas, les cuesta mucho aceptar cualquier muestra de afecto. Si les hablas con cariño, lo rechazan, como si no lo pudieran soportar. Cuando ponen de manifiesto esa *escasa capacidad receptiva* (L. M. Vaillant 1997), se parecen al niño angustiado que no deja que su madre lo calme. Cuanto más te acercas a ellas, más se retraen, ya que tu ofrecimiento de intimidad emocional amenaza con hacerles perder el control y desorganizarlas por completo. Ese miedo a la intimidad emocional suele manifestarse en irritación, provocaciones o conflictos que impedirán el acercamiento y les evitarán sentirse vulnerables.

Dado que acostumbran a proyectar la culpa en los demás, es posible que te embrollen con su visión distorsionada de las cosas y, sin darte cuenta, acabes asumiendo la responsabilidad por cosas de las que no eres responsable. Así que es muy importante que mantengas en todo momento un desapego sano para poder considerar las cosas con objetividad y claridad.

Veamos algunas estrategias y reflexiones que pueden ayudarte a identificar a las personas emocionalmente inmaduras que hay en tu vida.

Estrategia

¿Has reconocido alguna de estas características de la inmadurez emocional en las personas difíciles que conoces? Si quieres, vuelve atrás y rodea con un círculo las que coincidan. Algunas características resultan menos evidentes en los individuos introvertidos o pasivos, por lo que quizá sea mejor que, para determinar si alguien encaja o no en el molde, te fijes más en sus motivaciones básicas y en su perspectiva del mundo que en los comportamientos manifiestos.

El siguiente paso es examinar si la inmadurez emocional de alguien ha afectado a la imagen que tienes de ti y a las decisiones que han ido marcando el rumbo de tu vida, ya que inevitablemente, en el curso de la interacción con una persona EI, su inmadurez tiene un efecto expansivo, que se hace particularmente evidente en las relaciones en que tu autoestima está en juego. Como veremos más adelante, las tácticas que utilizan las personas EI para protegerse tiene un coste para los demás.

Reflexión y autodescubrimiento

Piensa en una persona que creas que puede ser emocionalmente inmadura. ¿Qué sensación te produce considerarla así? Quiero decir, ¿te sientes desleal? ¿Te parece injusto, o más bien un alivio? Anota lo que sientas al respecto, para tener una referencia más adelante.

_____

_____

_____

¿Cómo han afectado los rasgos de inmadurez emocional de esa persona a tu seguridad en ti mismo y a la confianza en que eres digno de recibir amor? Entre sus características de inmadurez, ¿cuáles te han resultado más difíciles o más dolorosas?

_____

_____

_____

Consejo: Como las personas EI adoptan un aparente aire de seguridad, es fácil interpretar la rigidez de su postura como rectitud moral, pasión o fortaleza. Su insistencia en que tienen razón puede intimidarte tanto que acabas permitiéndoles que te dominen. En muchas conversaciones, llegas a dudar seriamente de tu punto de vista, cuando reciben las palabras como un ataque y se ponen a la defensiva. Comprender estas dinámicas te permite no caer bajo su hechizo. Conocerlas es lo que te da poder. Cuando tienes que relacionarte con personas EI, ser consciente de las tácticas que emplea la inmadurez emocional te pone sobre aviso en cuanto las ves dar el primer paso para asumir el control.

¿Cómo es posible que mis padres, personas adultas, sean inmaduros?

Comprender la inmadurez emocional

A Tanya le costaba aceptar que sus padres fueran emocionalmente inmaduros. Cuando, con delicadeza, apunté a esta posibilidad, puso una cara igual de sorprendida que si hubiera visto un rayo atravesar la consulta. Me dirigió una mirada incrédula: «¿Cómo que inmaduros? Estaban al frente de la empresa familiar. Se encargaron de que todos sus hijos estudiáramos una carrera y nos daban toda clase de atenciones cuando estábamos enfermos. Sé que me quieren. Son las personas más íntegras que conozco».

Cuando lo sugerí, fue porque me resultaba cada vez más claro que Tanya no iba a encontrar solución a los problemas por los que había acudido a mi consulta si no tenía en cuenta la posibilidad de que sus padres fueran emocionalmente inmaduros. Aunque con bastante escepticismo, oyó hasta el final las razones que me hacían pensar esto. Pasaron muchas semanas antes de que Tanya estuviera dispuesta a mirar de frente la inmadurez de sus padres y el sufrimiento que a ella le había causado. No la presioné, porque sé que puede parecer de lo más ridículo considerar que tus padres sean menos maduros que tú. Pero era fundamental que Tanya y yo coincidiéramos en cuál era el problema de base, antes de que pudiéramos intentar resolverlo juntas.

Al contrario que Tanya, hay clientes que sienten un gran alivio cuando al fin pueden ponerle nombre al comportamiento de sus padres. Cada persona es un mundo. Pero si la inmadurez parental forma parte de nuestra experiencia de vida, creo que es ineludible examinarla.

Lo que pasa es que suena contradictorio, ¿verdad?, calificar de *emocionalmente inmaduros* a una *madre* y un *padre*. ¿Cómo no iban a ser personas maduras la diosa y el dios tu infancia? Ellos eran cuanto conocías del mundo de los adultos. Ellos te protegían, en ese mundo que era enteramente creación suya. Ellos eran tu modelo, y los imitabas hasta en las expresiones faciales y los movimientos físicos. Durante mucho tiempo, creíste que lo sabían todo y que eran los únicos que tenían derecho a juzgar tu vida. Te castigaban cuando hacías algo mal y te sonreían cuando te portabas bien. Eran para ti un ejemplo vivo. Su forma de ser determinaba lo que se podía esperar de la vida. Sabías que te querían porque estaban pendientes de tus movimientos y te cuidaban. No tenías forma de saber que el amor es más que recibir cuidados físicos.

La razón de que la inmadurez parental nos resulte tan desconcertante es que en la mayoría de los casos coexiste con capacidades propiamente adultas. Es muy posible que el progenitor EI, a pesar de las insuficiencias de desarrollo en algunos aspectos, en otros —intelectual, social, ocupacional— se haya desarrollado magníficamente. Por ejemplo, el padre EI podría ser profesor universitario, un intelectual o un investigador científico, o la madre EI podría ser una empresaria de éxito. Podrían ser personas sociables, respetadas y admiradas en los círculos sociales en que se desenvuelven. Pero que sean personas adultas no significa que hayan madurado. Es enteramente posible que, a nivel emocional, tengas tú más madurez que ellas.

Con frecuencia, el padre y la madre emocionalmente inmaduros son sumamente responsables y abnegados en lo que se refiere a la manutención de la familia y a atender las necesidades físicas de sus hijos. Puede que, además, estén sólidamente integrados en grupos de personas afines que ratifiquen sus valores y comportamientos. En esos contextos sociales, jamás se pondría en tela de juicio su madurez, dado que sus valores coinciden con los del resto del grupo o de la vecindad y son personas respetadas. Este era el caso de los padres de Tanya. La comunidad sentía admiración por ellos, ya que aparentemente lo primero para ellos era la familia, y además dedicaban tiempo a colaborar con la iglesia y hacían donativos.

Pero que la gente de la comunidad tenga tan alta opinión de ellos no significa que estos padres sepan establecer contigo una conexión que te haga sentir que te entienden. Es posible que su inmadurez emocional solo se ponga de manifiesto cuando necesitas una respuesta emocional y buscas en ellos ternura o esperas que sean sensibles a tus sentimientos. Tener unos padres EI significa que posiblemente creciste con un sentimiento de *soledad emocional*, con la sensación de que no veían en ti a quien realmente eras, y triste por no ser del todo la hija que ellos habrían querido.*

Por el contrario, el padre y la madre *suficientemente maduros* han desarrollado un sentido de individualidad, y se conocen a sí mismos lo bastante como para comprender que cada persona, sus hijos e hijas incluidos, tiene una mente y una forma de sentir propias. Consideran a las personas individuos completos y dinámicos. El padre y la madre que han alcanzado suficiente madurez emocional tienen claros sus propios valores y opiniones, pero tratan con respeto aquellos puntos de vista que difieren de los suyos. Tienen en cuenta los sentimientos de los demás, pero protegen también su propio bienestar. Reflexionan sobre sus comportamientos y asumen responsabilidad por sus errores. En general, las personas que han alcanzado un aceptable grado de madurez emocional sienten empatía, reflexionan sobre sus comportamientos, disfrutan conectando emocionalmente con otros e intentan ser objetivas, consigo mismas y con los demás. (Encontrarás una comparación más detallada de la madurez y la inmadurez emocionales en el apéndice B).

Veamos cómo puedes aclarar los sentimientos, quizá contradictorios, sobre la posible inmadurez emocional de tus padres.

---

* N. de la T.: Por la cercanía y calidez con que se dirige la autora a la persona que esté leyendo este libro y el carácter íntimo de los temas que trata, me ha parecido lo más indicado alternar el femenino y el masculino en los capítulos de la traducción para facilitar la conexión directa de cada lectora y lector con esa voz que le habla personalmente.

Estrategia

Tal vez la idea de que tus padres puedan ser personas emocionalmente inmaduras provoque un conflicto entre distintas partes de ti. Quizá haya una parte que reconoce lo evidente, mientras que otra insiste en que no es verdad. Tu tarea en este momento es conciliar esos sentimientos encontrados, para saber a qué atenerte. Nuestro propósito no es criticar lo que hicieron ni ser desleales a esas personas, sino comprender cómo te ha afectado a ti su forma de ser y de dónde provienen sus reacciones. Empleando una técnica que utiliza la terapia basada en los *sistemas de la familia interna* (Schwartz 1995, 2022), vamos a establecer un diálogo entre tú y las partes de ti que están en conflicto.

Reflexión y autodescubrimiento

Pregúntale a la parte de ti que se siente leal a tu padre y tu madre y quiere protegerlos: «¿Qué te da miedo que pueda ocurrir si los consideras emocionalmente inmaduros?».

_____

_____

_____

Pregúntale a la parte de ti que se siente herida y confundida por la manera en que te tratan tus padres —o exasperada y furiosa por su comportamiento— si le ayudaría de alguna manera considerar que son personas emocionalmente inmaduras.

_____

_____

_____

Si ambas partes entienden que nada que descubras tiene por qué interferir en el amor que sientes por ellos, y que podrás seguir respetándolos todo lo que quieras, pregúntales a ambas si estarían dispuestas a seguir investigando para comprender más a fondo lo que siente cada una.

_____

_____

_____

Consejo: Contempla la posibilidad de que el instinto de protección que sientes hacia tu padre o tu madre te esté impidiendo, tal vez, comprender de verdad tu propia historia. Si no tienes conocimiento de las fuerzas que te impactaron en el pasado, quizá tu vida esté limitada a ser una sucesión de reacciones, en lugar de poder crear la vida que quieres. Procesar lo que viviste de niña puede ayudarte a tener relaciones más auténticas, no solo con la gente adulta, sino especialmente con los niños y niñas que haya en tu vida.

¿Son inmaduros los dos, mi padre y mi madre?

Distintos tipos de madres y padres EI

El padre y la madre de Sean eran como el día y la noche. Me contó que Gina, su madre, era como una bomba de relojería, y en cambio su padre, Levon, era «firme como una roca». Su madre se agobiaba y perdía los nervios cada vez que ocurría algo inesperado, mientras que su padre se lo tomaba todo con calma. Cada vez que Gina, hecha una furia, empezaba a lanzar maldiciones contra sus hijos y los mandaba castigados a su habitación, Levon iba a verlos y les explicaba que su madre estaba muy estresada y tenían que ser pacientes con ella: «No lo dice en serio». Sean guardaba buenos recuerdos de momentos de intimidad con su padre y lo admiraba porque se levantara cada día y fuera a hacer un trabajo que no le gustaba para poder darle a la familia estabilidad económica. Sin embargo, su padre bebía más de la cuenta, y aunque es cierto que a veces se acercaba a consolar a sus hijos, nunca intervenía para protegerlos cuando la madre se ponía fuera de sí. Estaba claro que Gina era una madre emocionalmente inmadura, pero Levon era más difícil de clasificar. Sean no creía que fuera un padre emocionalmente inmaduro, puesto que siempre había sido comprensivo con ellos, y no despreciativo como su madre. Sin embargo, lo cierto es que no los protegía y les daba su apoyo solo cuando él personalmente no era también receptor de los ataques directos de Gina. Aunque no tenía el carácter volátil de su esposa, era impulsivo a su manera y se acostaba ebrio todas las noches. Podría decirse que el padre de Sean mostraba una inmadurez emocional pasiva, mientras que el comportamiento inmaduro de la madre era activo y colérico.

La inmadurez emocional se extiende a muy diversos estilos de persona-lidad. Aunque las características de la inmadurez estén presentes en muchos trastornos de la personalidad, y se incluyan entre sus síntomas típicos, también están presentes en personas a las que nunca se les ha diagnosticado una perturbación psicológica. La inmadurez emocional es una afección en sí misma, una forma particular de estar en el mundo que tiene sus repercusiones específicas, tanto para la persona EI como para quienes conviven con ella.

Hay cuatro tipos de madres y padres EI: emocionales, ambiciosos, esquivos y pasivos. Los que pertenecen a los tres primeros tipos son más *activos* en su manera de responder ante las situaciones, mientras que los padres y madres del tipo *pasivo* suelen ser más afables, evitan los enfrentamientos y consiguen camuflar su egocentrismo. Todos pueden pertenecer a más de uno de estos tipos, pero por lo general hay uno en el que encajan especialmente.

Emocionales. Gina era una madre EI de tipo *emocional*. Tenía poca tolerancia al estrés, y explotaba cada vez que algún incidente le hacía perder el escaso control que tenía sobre sí misma. Gina hacía de la necesidad virtud y justificaba luego sus explosiones temperamentales diciendo que, cuando gritaba lo que sentía en aquel momento, solo estaba siendo sincera. Insultar a sus hijos no significaba nada. Había «perdido los nervios» porque llevaban todo el día «poniendo a prueba su paciencia». Así de simple. Se quejaba de que su marido era demasiado blando con los niños, pero a la vez parecía sentirse aliviada cuando lo veía ocuparse de ellos. De los cuatro tipos de padres y madres EI, los emocionales son los que con más frecuencia presentan además síntomas de alguna afección psicológica, ya sea trastorno de la personalidad, trastorno por estrés postraumático (TEPT), depresión o ansiedad. Es posible que, por preocupación o por temor, los hijos e hijas de este tipo de padres respondan a su comportamiento intempestivo tratando de portarse siempre bien, o retrayéndose, o que en cuanto puedan se vayan muy lejos de la familia.

Ambiciosos. En ocasiones, el padre o la madre EI parecen personas maduras y competentes porque tienen éxito profesional y están siempre ocupados con sus numerosos compromisos. Esa es su mayor motivación: estar activos, lograr un objetivo tras otro y despertar admiración en los círculos en que se mueven. Suelen ser perfeccionistas y nada les gusta tanto como ocuparse personalmente de mejorar las cosas, sus hijos e hijas incluidos. Si creciste con una madre o un padre de este tipo, es posible que se desvivieran por cuidarte y te facilitaran toda clase de actividades y ventajas, pero que por otro lado te sintieras obligado a hacer más de lo que querías o se te criticara con dureza por no hacer lo suficiente. En los momentos en que necesitabas su atención, tal vez tenías la sensación de ser un estorbo y de que tus necesidades eran caprichosas y superfluas e interferían en sus actividades, siempre tan importantes y urgentes.

A veces, el padre y la madre ambiciosos llegan a organizarles la vida a sus hijos y a llenarla de actividades hasta tal punto que, como hijo suyo, puedes sentirte a un tiempo saturado y desatendido. La realidad es que estos padres carecen de la ternura y la comprensión que te harían confiar en que puedes expresar tus sentimientos. Les cuesta pararse y conectar contigo de verdad cuando estás triste; evitan entrar en el terreno de los sentimientos y solo les importa resolver de inmediato cualquier problema.

Esquivos. Estos padres se interesan poco por sus hijos y no quieren molestias de ninguna clase. Si creciste con un padre o una madre así, tal vez su distancia y frialdad te hicieron sentir que eras una molestia para ellos, que no te querían. Aunque se ocupen de la manutención de la familia y atiendan las necesidades físicas de sus hijos, dejan el afecto y la comunicación en manos de otra persona, si es que piensan siquiera en cosas como el afecto y la comunicación. Sencillamente, no entienden que sea problema suyo lo que tú sientas. Ya sean personas malhumoradas y taciturnas o ensimismadas y con aires de superioridad, todas mantienen las distancias y se enfurecen si se las interrumpe. La madre y el padre esquivos son de tipo dominante, ya que, incluso aunque apenas abran la boca, comunican enérgicamente antipatía y negatividad con su conducta de rechazo manifiesto.

Pasivos. En el padre y la madre pasivos, como Levon, es en los que más camuflada está la inmadurez emocional. Son en apariencia personas bondadosas y afectuosas a las que les gustan las criaturas y que disfrutan estando con sus hijos. Sin duda son más comprensivos que los tipos anteriores de padres EI; menos hostiles y por lo general más divertidos y cariñosos. Para el niño o la niña, este es normalmente el progenitor favorito, con el que tienen mayor complicidad. Estos padres evitan los enfrentamientos y suelen ceder ante las personas de tipo más dominante.

Sin embargo, que sean más afables no necesariamente significa que se den cuenta de cómo les afectan las cosas a sus hijos. Es posible, por ejemplo, que su interés y su comprensión sean solo superficiales y que en realidad no sepan conectar profundamente con ellos y comprender lo que sienten. Pueden parecer más abiertos y cálidos, pero lo cierto es que, como el resto de los padres EI, son incapaces de pensar más allá de sí mismos y establecer una verdadera conexión emocional. La inmadurez se pone de manifiesto en su egocentrismo a la hora de tomar decisiones. Generalmente no tienen en cuenta las repercusiones negativas que pueda tener en sus hijos un comportamiento suyo. Por ejemplo, si no soportan ya más su relación de pareja, tal vez se marchen sin pensar en cómo les afectará a ellos.

Aunque a nivel superficial el padre y la madre pasivos les transmitan a sus hijos una sensación más estable, cariñosa y divertida que los demás padres EI, esa pasividad les impide protegerlos cuando lo necesitan, y dejan por tanto que los niños sufran. Su cualidad más negativa es esa falta de arrojo que los incapacita para defenderlos de personalidades agresivas, autoritarias o trastornadas. Por ejemplo, puede que hagan la vista gorda cuando su cónyuge los castiga severamente o los maltrata. En lugar de actuar, suelen buscar justificaciones para esas conductas y acaban diciéndose y diciéndoles a sus hijos que, en realidad, su padre o su madre no quería hacerles daño. De este modo, la niña y el niño aprenden a buscar excusas que expliquen cada comportamiento intempestivo o abusivo que van encontrándose en la vida.

Si creciste con un padre pasivo, quizá siempre te pareció que el problema era tu madre, activamente inmadura (o a la inversa), y solo al cabo de mucho tiempo has empezado a descubrir cuánto te decepcionó su pasividad. Con frecuencia, quienes crecieron con unos padres EI sentían tal agradecimiento hacia el progenitor pasivo por su atención y su afecto que no se daban cuenta de que, en realidad, no recibían de ella o de él la protección que hubieran necesitado. Por eso, puede que el enfado hacia ese padre o esa madre tarde años en salir a la luz. Pero es muy importante investigarlo.

Tal vez te preguntes si, aun con todo, por su carácter afable y su menor negatividad, los padres pasivos son más maduros que los demás tipos de padres EI. Murray Bowen, el psicólogo que desarrolló la *teoría de los sistemas familiares* (1978), sostenía que tendemos a buscar una pareja que tenga aproximadamente nuestro mismo nivel de madurez emocional, o «nivel de diferenciación», como él lo llamaba. Decía que, aunque uno de los miembros de la pareja parezca más problemático, lo más probable es que el otro sea igual de inmaduro. Es cierto que, por muy diversas razones –el entorno, las circunstancias, las diferencias culturales–, a veces dos personas con un nivel de madurez emocional dispar pueden acabar formando una familia, pero son parejas que no suelen durar demasiado, debido a esa disparidad. Como observó Bowen, dos personas cuyo grado de madurez emocional difiera, aunque solo sea ligeramente, se acabarán dando cuenta de que son incompatibles.

Categorizar la inmadurez emocional de tus padres –y quizá de otras personas– puede darte el poder personal que quizá no desarrollaste en su momento. Veamos por qué.

Estrategia

Dado que las palabras *padre* y *madre* aluden a un rol mítico, tienen una connotación cultural de poder. Por eso, pensar en su comportamiento, clasificarlo y ponerle nombre puede ayudarte a dejar de verlos como figuras de autoridad, irreprochables e infalibles. Una evaluación objetiva de alguien difícil te da una visión más realista de esa persona, lo cual hace que pierda en parte el poder que tenía sobre ti. Cuando eres capaz de clasificar algo, el sentimiento de intimidación disminuye.

Reflexión y autodescubrimiento

¿Qué estilo de inmadurez emocional —o mezcla de estilos— manifestaban tu padre o tu madre?

_____

_____

_____

¿Qué les dirías a cada uno sobre cómo te afectó en la infancia y la adolescencia su tipo particular de inmadurez?

_____

_____

_____

_____

Consejo: Las palabras nos ayudan a pensar con claridad. Tratar de catalogar la conducta de alguien hace que intervenga la mente analítica, y las reacciones emocionales quedan en suspenso. Si observas y nombras el comportamiento de una persona, es mucho menos probable que lo imites o interiorices.* Una definición y una catalogación aún más específicas te permitirán cuestionar lo que hasta ahora te ha parecido normal, y evaluar el efecto que ha tenido en ti.

---

* N. de la T.: Interiorizar: 1. Incorporar a la propia manera de ser, de pensar y de sentir, ideas o acciones ajenas (*DRAE*).

¿Por qué se comportan así?

Cómo detectar estilos de afrontamiento y defensa inmaduros

La madre de Mehmet, Esma, pertenecía al tipo emocional de padres EI. Hacía tiempo que Mehmet estaba ya agotado de su mal humor y su dependencia emocional. Su padre se había ido de casa cuando él era pequeño y su madre se quejaba a Mehmet a todas horas de la irresponsabilidad de su padre y de que los hubiera abandonado. Mehmet había intentado hacerle comprender el malestar que le causaban sus quejas, pero a ella le daba igual lo que sintiera su hijo. Mehmet detestaba oírla criticar a su padre, pero a la vez se sentía obligado a aguantar sus lamentaciones, porque era una mujer muy infeliz. Cuando Mehmet se casó, su esposa y él se instalaron en el mismo edificio donde vivía la madre, para poder seguir manteniendo un estrecho contacto con ella. Pero Esma, en lugar de estar agradecida por seguir teniendo a su hijo cerca, se quejaba a todas horas de que ahora le dedicara tan poco tiempo. Quería que los recién casados la incluyeran en sus actividades y la invitaran de continuo a su casa. Cuando al final Mehmet le explicó que tenía que aprender a respetar su espacio, su madre lo acusó de haberla abandonado él también. Le dijo que se olvidara de ella y acusó a su esposa de haberlo puesto en su contra. Había días en que se negaba a responder a los mensajes de Mehmet, y al final él se sentía en la obligación de ir a verla. Vivía con la sensación de que nunca hacía nada bien y de que nada era nunca suficiente para su madre. Pero sabía a la vez que había sido un hijo leal y atento. ¿Por qué se comportaba su madre de aquella manera?

Mirado objetivamente, no tenía ningún sentido. Esma había conseguido que Mehmet se sintiera culpable por ser un adulto normal. Había sido un hijo respetuoso y fiel, y ella sin embargo lo había convertido mentalmente en un villano más de su vida. La animosidad de la madre era palpable, pero se escudaba en sus heridas, en su papel de víctima, y le generaba a Mehmet la sensación de que era un hijo cruel si se atrevía a plantarle cara. Si alguna vez la criticaba, se defendía diciendo que era una buena madre, como lo había sido la suya, y que era la obligación de Mehmet ser un buen hijo.

Esma ejemplificaba una de las características de muchos padres y madres EI: esa actitud extremadamente defensiva, que convierte cualquier interacción en un juego de poder con el que estas personas consiguen que la balanza se incline a su favor. Al menor indicio de ansiedad o inseguridad, saltan sus defensas psicológicas, o mecanismos de afrontamiento, para protegerlas (S. Freud 1894; Schwartz 1995, 2022). Son defensas automáticas, involuntarias e inconscientes. Cualquier cosa que le provoque ansiedad a la persona EI puede activar en ella mecanismos impulsivos como los que manifestaba la madre de Mehmet.

Los mecanismos de afrontamiento de las personas EI son igual de inmaduros a lo largo de toda su vida (G. Vaillant 1977, 2000) porque, en lugar de evaluar las circunstancias del momento y ajustar sus respuestas en consecuencia, la realidad objetiva no les interesa y la rechazan, la ignoran o la distorsionan para justificar lo que sienten. Como niñas y niños pequeños, las personas emocionalmente inmaduras están convencidas de que su punto de vista es el correcto, y no darán el brazo a torcer. También es posible que un padre o una madre tengan un comportamiento EI porque era el estipulado en sus respectivas familias. Hay muchos que, como Esma, reproducen el modelo que les dieron sus padres (Bandura 1971), sin pensar en cómo puede afectar a sus hijos.

Las personas emocionalmente inmaduras entienden sus relaciones como una especie de fusión en la que no hay cabida para las diferencias individuales (Bowen 1978). Para ellas, las familias y las relaciones no son conexiones entre individuos autónomos, sino una amalgama de seres con una sola identidad compartida. Como en el caso de Esma, la persona EI no considera que sus seres queridos sean diferentes o estén separados de ella, y cuenta por tanto con que sabrán qué necesita y se lo darán, da igual que sea a costa de sus propias identidades. Si un ser querido reivindica su independencia, desde la perspectiva de la persona EI solo puede significar que no la quiere. ¿Por qué, si no, se apartaría o diría que necesita espacio para hacer su vida? Ella, personalmente, no tiene ninguna necesidad de independencia psicológica. Para ella, solo la fusión psicológica puede ser expresión de una verdadera relación de afecto (una idea de lo más saludable si se trata de la relación con un niño de nueve meses, pero no con un adulto). Mehmet, por su parte, hubiera querido tener una relación auténtica con su madre en la que no tuviera miedo a decirle que no a nada.

Debido a que el padre y la madre EI son personas adultas y saben utilizar el lenguaje, parece que sean más capaces de razonar con madurez de lo que realmente son. Como ocurre con los niños de cuatro años, la comunicación a menudo resulta frustrante, ya que su capacidad de expresión verbal te hace pensar que podrás razonar con ellas, pero su inmadurez las hace testarudas y reaccionan impulsivamente a cada cosa que dices. Son capaces de hablar y razonar hasta que se cuestiona una exigencia suya. A partir de ahí, no ven más allá de lo que quieren y de su derecho a exigirlo.

La *proyección* es uno de los mecanismos de defensa predilectos de las personas EI; en lugar de responsabilizarse de sus fallos, culpan a los demás (A. Freud 1936). Esma acusaba a Mehmet de haberla abandonado, cuando era ella la que desde hacía muchos años lo había abandonado emocionalmente a él, sin haberse preocupado nunca por el daño que le podía hacer oírla hablar mal de su padre y que lo obligara a tomar partido. Acusaba a su hijo de ser un insensible, cuando era ella la que se había mostrado totalmente indiferente a sus súplicas de que no descargara en él su dolor y su resentimiento.

Esma proyectaba en Mehmet su egocentrismo; a sus ojos, era un egoísta. Nada que hiciera él la complacía, pero era porque la desconfianza no la dejaba reconocer y recibir el amor que le daba su hijo. Estaba siempre en guardia, atenta hasta al menor detalle que pudiera interpretar como un desprecio. Tal vez los traumas de infancia la habían hecho así, pero eso no cambiaba lo dolorosa y frustrante que era la situación para Mehmet. La realidad era que su madre se aferraba a la rabia y el orgullo herido por mucho que él intentara hacerle entender las cosas. Al final, llegó a un punto en que dejó de sentirse culpable por tener su vida y se negó a aceptar la acusación de que su independencia demostraba una falta de amor. «La independencia y el amor son compatibles», le dijo.

Una vez que la persona EI se pone a la defensiva, no hay nada que hacer: ella es la víctima y tú el villano. No atiende a razones y tu punto de vista le da igual. Tú, sobre todo si la persona en cuestión es alguien a quien no conoces demasiado, te quedas estupefacto, al verla aferrarse a su perspectiva de las cosas sin atender a razones. Para el individuo EI, bajar las defensas y responsabilizarse de algo que ha dicho o ha hecho es inimaginable. A su entender, admitir la culpa equivaldría a ofrecer el cuello al enemigo.

Veamos ahora cómo desligarte de esa actitud defensiva para evitar su impacto y continuar centrado, seguro de ti mismo.

Estrategia

Es importante que aprendas a reconocer las defensas, distorsiones y proyecciones que utilizan las personas EI como mecanismo de afrontamiento. Cuanto antes las detectes, menos confundido y culpable te sentirás. Fíjate en cómo emplean la culpa, la vergüenza y la intimidación, y cómo te hacen dudar de ti para coaccionarte emocionalmente. No asumas la responsabilidad que intentan atribuirte si ves que lo que dicen no tiene sentido. Estate sintonizado con tu percepción de lo que es verdad y no te dejes confundir y desviar de tu perspectiva de los hechos.

Recuerda que estas personas acostumbran a negar, ignorar o distorsionar la realidad. Por muchas explicaciones que les des, no van a abandonar su actitud defensiva. Lo único que conseguirás si insistes en razonar con ellas es sentirte más y más frustrado. Entonces, ¿qué puedes hacer? De entrada, procura aceptar que tienen derecho a ver las cosas a su manera; ahora bien, eso no significa que tengas que aceptar sus distorsiones. Tu única responsabilidad es decidir lo que *tú* vas a hacer a continuación, independientemente de si su perspectiva de la realidad y la tuya coinciden o no. Reconoce en silencio su comportamiento defensivo, ponle el nombre que le corresponde y resiste el impulso de discutir. En lugar de perder la energía en eso, toma la decisión que tengas que tomar basándote en lo que más te conviene a ti, informa a la persona EI de tu decisión y repítesela tantas veces como sea necesario. Eres adulto. No necesitas su aprobación.

Reflexión y autodescubrimiento

Puedes interceptar un modelo habitual de interacción si lo ves venir. ¿Cuál o cuáles de las siguientes defensas típicas de las personas EI te hacen sentirte más inseguro?

- ☐ Insinúan que eres desconsiderado o egoísta por no hacer lo que ellas quieren.
- ☐ Insinúan que tienes la obligación moral de dar prioridad a sus necesidades.
- ☐ Niegan rotundamente haber hecho lo que dices o que haya sucedido nada.
- ☐ Reaccionan como si las hubieras herido deliberadamente cuando les hablas con franqueza.
- ☐ Quitan importancia a una situación que te preocupa e insinúan que te ahogas en un vaso de agua.
- ☐ Te acusan de tener mala intención y disfrutar haciéndoles daño.
- ☐ Aseguran cosas que son completamente falsas.

Averigua qué estratagemas suyas son las que más te desestabilizan y estate preparado la próxima vez que las utilicen.

En tu diario, escríbele una carta imaginaria a la persona EI que sea motivo de malestar en tu vida en la que le expliques cómo te sientes cuando te hace responsable de su infelicidad.

Consejo: La actitud defensiva de las personas EI puede crearte dudas sobre qué es real y qué no. La mayoría no entendemos qué interés puede tener alguien en deformar por completo la realidad. Tal vez lo hagan por la misma razón que el niño o la niña mienten, incluso sabiendo que tarde o temprano los van a pillar: momentáneamente, se sienten mejor. Mentir les da una ventaja instantánea porque les permite justificarse, y lo que quieren es escapar de la ansiedad de ese momento; no se paran a pensar qué repercusiones tendrá esa mentira en el futuro. Si entiendes esto, todo cobra sentido. En el fondo, tú sabes cuál es la realidad. Eso es lo único que importa.

Son tan contradictorias que me desconciertan

Por qué son incoherentes y extremistas las personas EI

Al final, Jim se cansó del comportamiento abusivo de su padre, Dan. Le dijo que hasta que hablaran con sinceridad del daño que le había hecho y las humillaciones que había tenido que tolerarle a lo largo de los años, no quería que volviera a ir a su casa. Su padre replicó que no tenía ni idea de a qué se refería Jim y negó que hubiera sentido nunca por su hijo otra cosa que orgullo. De todas maneras, añadió que estaba dispuesto a hacer lo que Jim quisiera para arreglar las cosas. Pero cuando este le propuso que hablaran del tema por teléfono, su padre insistió en que era mejor que hablaran de ello en persona, en su próxima visita. Jim le recordó que no habría una próxima visita hasta que hubieran hablado. Entonces su padre se puso hecho una furia, como si lo pillara totalmente por sorpresa. Le dijo que él había sido un buen padre y que, si no quería que hablaran en su casa, él no tenía en realidad ningún interés en oír un montón de tonterías. Jim se quedó tan atónito que por un instante dudó de si no sería él quien estaba perdiendo la cordura: ¿no habían quedado en hablar? ¿No había dicho su padre que quería arreglar las cosas?

No era solo que Dan hubiera cambiado de opinión; Dan se había inventado su propia versión de la conversación que acababan de tener y defendía furioso una visión de la realidad que Jim sabía que no era cierta.

En cuanto las emociones entran en juego, a las personas EI la verdad no les interesa, no va a hacerlas cambiar de opinión. Las respuestas contradictorias de Dan ponían de manifiesto lo poco que le importaba ser incoherente, algo que es habitual en las personas EI. No es que tengan múltiples personalidades, pero tampoco tienen una personalidad cohesionada; y esa falta de integración psicológica hace que a menudo se comporten de maneras contradictorias. Solo prestan atención a la parte que les interesa en el momento y pierden de vista el conjunto. Por eso es posible que digan una cosa y a continuación aseguren haber dicho otra completamente distinta.

A pesar de su incoherencia, las personas EI parecen auténticamente sinceras en el momento. Por eso, cuando cinco minutos después cambian de opinión, resultan igual de convincentes. Pero la parte de ellas con la que entablas una relación *ahora* puede no ser la misma con la que tengas que tratar *después*. Como podrás imaginar, su capacidad de hipocresía es enorme.

En la persona adecuadamente madura, por el contrario, el sentido del «yo» se mantiene intacto a lo largo del tiempo. Las nuevas experiencias se van incorporando a él y formando su memoria de vida, como cuentas que van ensartándose en un hilo. Ese perdurable sentido del «yo» es el hilo que las conecta todas, y los nuevos momentos se van añadiendo de manera organizada al resto de la historia personal. Los individuos suficientemente maduros tienen una conciencia de sí mismos continua y unitaria a través del tiempo, por lo que les causa malestar decir una cosa y luego hacer otra. El resultado es una personalidad integrada y coherente.

En cambio, los fragmentos de memoria personal de los individuos EI son como perlas desperdigadas en una caja de cartón: ruedan libremente sin nada que las unifique. Para ellos, cada experiencia valiosa de su vida constituye un recuerdo emocional independiente, separado de los demás; unos buenos y otros malos (Kernberg 1975) pero sin un sentido unificador de continuidad que enlace sus experiencias a lo largo del tiempo. Por eso su comportamiento es tan desconcertantemente contradictorio. Les trae sin cuidado que en el presente sus actos no concuerden con las personas que eran, ya que su pasado y su presente no están relacionados de forma sustancial. No ven la discrepancia, no entienden qué importancia puede tener eso ni por qué te molesta. A ellos no les genera conflicto, dado que no hay suficiente integración psicológica entre sus recuerdos emocionales como para que el desajuste les incomode.

Una persona EI puede hablarte en tono jovial y cariñoso en este momento y enfurecerse contigo al momento siguiente. Como en su mente cada «perla» está desconectada del resto, vive los momentos de uno en uno y no es consciente de la contradicción. A su entender, el estado de ánimo inmediato está totalmente justificado y desvinculado del pasado o del futuro. Acuérdate de que sus *sentimientos* determinan su realidad, así que la realidad, como su sentido del yo, es maleable: se metamorfosea con cada nuevo sentimiento. Debido a esa carencia de un yo consistente, y a que son incapaces de reflexionar sobre sus comportamientos, estas personas no experimentan *disonancia cognitiva* (Festinger 1957), ese malestar que sentimos cuando tenemos dos opiniones o ideas que parecen excluirse mutuamente. Por ejemplo, a muchas personas EI no les molestaría predicar una cosa y hacer la contraria, mientras nadie se lo censure.

Si tienes una personalidad integrada, con un sentido unificado del yo y de la experiencia personal, detestas faltar a tu palabra, mentirle a alguien a la cara o eludir tu responsabilidad en un problema y echarles la culpa a otros. Pero como los individuos EI carecen de *integridad* —literalmente, de un yo integrado—, a ellos no les preocupa la incongruencia. Por el hecho de no tener una personalidad integrada, no conceden a la realidad o la coherencia una importancia que les impida traicionar sus valores, o a otras personas, para obtener un beneficio. La integridad no significa nada cuando lo que más te importa en cada momento es sacar ventaja. La integridad es insostenible en alguien que antepone sus sentimientos y su visión de la realidad a los hechos reales.

Si eres un hijo de tipo interiorizador, lo más probable es que tengas una personalidad integrada y consolidada, ya que, desde edad muy temprana, el niño y la niña interiorizadores intentan comprender e integrar sus experiencias como partes de un todo (hablaremos más de esto en el capítulo once) y se abochornan si alguien les llama la atención sobre una incoherencia suya, pues entienden la incoherencia como una traición a su verdadero yo. Por eso te resulta exasperante que una persona EI niegue rotundamente haber dicho o hecho algo y te eche en cara lo insolente que eres por mencionarlo siquiera.

Como estas personas se guían por su experiencia emocional inmediata, y viven ajenas a las líneas temporales de causa y efecto, no tienen en cuenta los efectos que sus actos puedan tener en el futuro. Saben qué hora es, claro está, porque es una parte del cerebro distinta la que nos orienta en lo referente a los relojes, los horarios y los plazos, pero carecen de la empatía y la imaginación emocional necesarias para prever las posibles consecuencias que sus acciones tendrán en los demás.

En su vida adulta, muchos hijos e hijas de padres EI harán lo imposible por que cierta persona emocionalmente inmadura comprenda cómo les hace sentirse su comportamiento incoherente. Pero esto significa pedirle un nivel de empatía y mentalización que no tiene.[*] Las personas EI no piensan en los posibles efectos de su comportamiento porque, como si tuvieran cuatro años, a nivel emocional las futuras consecuencias les parecen irreales. Por eso les resulta tan difícil esperar, retrasar el momento de la gratificación o resistirse a decir una mentira de la que puedan sacar provecho. A ti, si eres un hijo interiorizador, el futuro que imaginas puede parecerte casi tan real como el presente, por lo que te resulta más fácil tener paciencia. Cuando piensas en cómo te hará sentirte mañana algo que digas o hagas ahora, tu imaginación da un salto y lo hace muy real. Experimentas interiormente la línea temporal de causa y efecto. Las personas emocionalmente inmaduras no.

---

[*] N. de la T.: En psicología y en psicoanálisis, se entiende por mentalización la capacidad de interpretar el comportamiento propio o el de otros a través de la atribución de estados mentales. Es decir, significa poder «leer» en el comportamiento propio o de otros lo que está ocurriendo en la mente.

A ellas, la falta de continuidad emocional y personal les impide entender por qué sigues enfadado por algo que hicieron la semana pasada o hace un año. Ellas han pasado ya a otra perla de la caja y no sienten ninguna empatía por lo que consideran que es «revolcarse» en el pasado: ¿no entiendes que aquello ya pasó y ahora es ahora? Esperan que las perdones de inmediato y se sienten frustradas y ofendidas si sus disculpas no lo arreglan todo al instante. No quieren aprender ni hacer lo posible por mejorar la relación; quieren que olvides lo ocurrido. Debido a que no tienen un sentido de continuidad de sí mismas, no entienden que al cabo del tiempo alguien siga molesto con ellas (y seguirá estándolo, dado que ellas no van a hacer nada por aclarar las cosas).

No es de extrañar que esa falta de integración psicológica les cree problemas. No pensar en el efecto que tendrán sus acciones las obliga a menudo a sufrir consecuencias que no habían previsto. Es inevitable que, si alguien vive interiormente en estados que se suceden desconectados unos de otros, a la larga se lleve sorpresas. Y si les suceden cosas angustiosas, culpan a la mala suerte, al destino o a los demás, cuando el verdadero problema es su falta de previsión.

Pensemos qué puedes hacer ante esta incoherencia de las personalidades EI.

Estrategia

En lugar de indignarte, perpleja ante sus cambios repentinos o su negativa a mirar las cosas de frente, ¿qué te parece *contar con que dirán y harán* cosas contradictorias? Míralas como harías con una criatura de tres años que tiene la cara manchada de chocolate y niega que haya sido ella la que se ha comido el pastel. ¿Qué te parecería ignorar sus justificaciones y repetir con calma y seguridad tu petición o tu necesidad de espacio? De este modo, no las dejas salirse con la suya, pero tampoco dejas que te depriman profundamente. Aceptas que esta es la clase de cosas que hacen. En vez de intentar cambiar la manera en que funciona su cerebro, aprendes de cada comportamiento suyo cuánto y hasta dónde puedes confiar en ellas en futuras ocasiones. ¿Qué te parece?

Reflexión y autodescubrimiento

Escribe sobre algún momento en que te encontraras ante una de estas incoherencias de una persona EI. ¿Cómo te sentiste? ¿Cómo reaccionaste?

_____

_____

_____

_____

_____

Ahora imagina que entiendes de verdad por qué esa persona es tan incoherente. Escríbele en tu diario una carta imaginaria en la que le expliques que has comprendido al fin que tenga un comportamiento desconcertante.

Consejo: Si quieres tener una relación con una persona EI, lo más práctico es que desarrolles en tu interior suficiente complejidad como para ser capaz de reconocer y etiquetar sus incoherencias y no darte de cabezazos contra la pared. Cuando vayas aprendiendo a predecirlas y sortearlas, todas esas contradicciones empezarán a parecerte simplemente una parte del paisaje que hay que atravesar.

¿Por qué todo gira siempre en torno a ellas?

Cómo ven el mundo las personas EI

Lara vivía en un continuo estado de sobrecarga emocional. Aunque cumplía con sus responsabilidades de madre con sensibilidad y aten-ción, el temor a que pudiera pasarles algo a sus hijos le generaba una ansiedad angustiosa. Tenía dos niños pequeños muy activos, y no ha-bía día en que no se hicieran algún rasguño o les pasara algo todavía peor. Y las enfermedades normales de la infancia la aterrorizaban. En la práctica conseguía ocuparse de todo y vencer admirablemente las dificultades, pero por dentro se sentía como una niña de siete años abandonada, que tenía que responsabilizarse de dos niños pequeños porque no había una persona adulta que lo hiciera. Aunque era capaz de ingeniárselas, nunca se sentía segura de las decisiones que tomaba. No es de extrañar que Lara viviera en un estado de ansiedad crónica a pesar de su excelente capacidad para resolver cualquier problema. Su madre había sido una mujer resentida e irascible, marcada por sus pro-pios traumas de infancia, que se lanzaba inesperadamente al ataque porque todo le recordaba la traición que había sufrido de niña. Solía acusar a Lara de intentar volverla loca, como solía hacer la hermana de su madre. Si tenía alguna dificultad económica, ponía la casa patas arriba y maldecía a su marido por ser un vago como había sido su pa-dre. A la madre de Lara, todo le parecía una repetición de sus proble-mas infantiles; tenía la sensación de que la familia entera conspiraba para recrear su trágica infancia.

Si Lara iba a contarle algún problema, la acusaba de querer compli-carle la vida todavía más. Si le confiaba alguna preocupación senti-mental, su madre en vez de escucharla le relataba cosas que ella había vivido. Es evidente que la madre de Lara se consideraba la persona más importante de la familia. Y Lara se preguntaba: «¿Por qué todo giraba siempre en torno a ella?».

Haber recibido de su madre tan poca empatía y comprensión durante su niñez y adolescencia explica que Lara se sintiera desbordada en cuanto había algún problema. Además, la sensación de que tenía que hacerlo todo bien le hacía examinar con lupa cada una de sus reacciones, lo cual le generaba aún mayor ansiedad. Ahora que la madre era ella, le daba terror tener que ocuparse ella sola de resolver las cosas, por la responsabilidad que suponía. Ese sentimiento de soledad era reflejo de lo que había sido crecer con una madre tan obsesionada consigo misma que no se daba cuenta de que también su hija necesitaba ayuda.

La madre de Lara, al igual que todas las personas EI, veía el mundo a través del objetivo egocéntrico de sus emociones y, como una niña pequeña, carecía de la madurez psicológica necesaria para conceptualizar la situación y los sentimientos de otra persona o empatizar con ella. Los individuos EI están varados en esa meseta de desarrollo temprano desde la que solo tienen capacidad de ver lo que a ellos les ocurre.

La madre de Lara era un ejemplo extremo de esto, y por tanto extremadamente dañino. Otros padres y madres EI más benignos desviarán el diálogo en su propia dirección de una manera menos brusca («Esto que cuentas me recuerda a cuando yo...»); ahora bien, la tendencia egocéntrica es la misma. Solo sentimos interés por los demás si a lo largo de nuestra vida ha habido quienes se han interesado por nosotros. En la infancia, cuando las personas que nos importan muestran curiosidad por lo que sentimos y lo que nos pasa, aprendemos a extender esa misma curiosidad a los demás, aprendemos lo valioso que es mostrar interés por la gente con la que nos relacionamos y aprendemos a mantener un diálogo.

Es posible que las personas EI no tuvieran la fortuna de que, en la infancia, alguien mostrara sincero interés por sus experiencias. Tal vez su mundo interior recibió muy poca atención adulta porque la prioridad en su familia eran las cuestiones económicas, o la pura supervivencia, y los sentimientos y necesidades de los hijos quedaban relegados a un segundo plano. O tal vez porque se criaron en una cultura que desaprobaba la individualidad, excepto la de quienes eran figuras de autoridad en la familia. Así que estos niños y niñas no aprendieron a relacionarse con ecuanimidad y a interesarse por los demás como individuos. Y de mayores, quizá sienten que el premio por haber llegado a la edad adulta es el derecho a ser siempre el centro de atención. Ser personas adultas significa, a su entender, que al fin están en posición de hacer que todo gire en torno a ellas.

También es posible que el egocentrismo del individuo EI se deba justo a lo contrario: a que se le dio en su familia una posición privilegiada; a que sus padres lo consideraban un ser tan especial que no le bajaron los humos —consecuencia natural del trato que recibía— lo suficiente como para que aprendiera a relacionarse con los demás como iguales. A primera vista, esa permisividad puede confundirse con amor incondicional, pero en realidad es una indulgencia muy perjudicial para el niño, que lo ata fuertemente al padre o la madre y le impide aprender a tener en cuenta a los demás. En realidad, los padres egocéntricos que no les enseñan a sus hijos a pensar en los demás están proyectando en ellos la imagen narcisista que tienen de sí mismos. La identidad del niño o la niña consiguientemente se infla, enredada hasta un grado malsano con ese imaginario estatus de privilegio otorgado por los padres, y llegan a la edad adulta convencidos de que merecen que la atención siga recayendo siempre en ella o en él; los sentimientos y necesidades de los demás no cuentan, lo único que importa es su gratificación.

¿Recuerdas alguna ocasión en que, cuando tratabas de explicarle algo a una persona EI, en un instante diera la vuelta a la conversación y de repente fuera ella la que tenía algo que explicarte a ti? Veamos cuál es la mejor manera de responder a esta clase de situaciones.

Estrategia

Si no tienes una comprensión real y clara de tus derechos básicos, puedes caer en la trampa de la persona EI y someterte a su necesidad de protagonismo. Lo primero para cambiar esta dinámica es reclamar tus siguientes derechos fundamentales (encontrarás la «declaración de derechos» completa en el apéndice D):

- Tengo derecho a que me consideres igual de importante que tú.
- Tengo derecho a hablar y decirte lo que realmente prefiero.
- Tengo derecho a dejar de relacionarme con cualquier persona que sea desagradable conmigo o me agote.

Si incorporas estos derechos a tu configuración mental básica, cuando estés con una persona egocéntrica te resultará mucho más fácil dirigir la conversación hacia algo de lo que preferirías hablar con ella o educadamente poner fin a la conversación. Cuando, con la práctica, te sientas aún más segura de ti misma y más relajada, puedes interrumpir respetuosamente el diálogo y decirle a esa persona que, después de escucharle lo que te acaba de contar, te encantaría contarle tú algo que te ha venido a la mente a raíz de su relato o ver si hay otras cosas que podríais tener en común. Ten preparadas unas cuantas preguntas o sugerencias que sirvan para iniciar un diálogo y la desvíen de sus temas favoritos.

Reflexión y autodescubrimiento

Recuerda algún momento en que necesitabas hablar de un problema y que alguien te escuchara pero, en cuanto empezaste a contar cómo te sentías, la persona EI desvió la conversación hacia lo que le pasaba a ella. Describe cómo te sentiste y cómo reaccionaste.

_____

_____

_____

_____

_____

¿Qué sientes al contemplar la posibilidad de pedirle a la persona EI que espere y te deje terminar de hablar, porque tienes algo más que contarle? Adoptar una actitud decidida podría evitarte el enfado o la exasperación habituales.

_____

_____

_____

_____

Consejo: La persona EI espera que aceptes que, en vuestra interacción, la parte más importante es ella. A ti se te asigna un papel de apoyo; tu función es ayudarla a realizar sus planes. Tendrás que decidir si quieres resolver ese desequilibrio y falta de reciprocidad reclamando tu mismo derecho a recibir atención. Resignarte a seguir escuchando a esa persona y no hacer nada para cambiar la situación te deja exhausta, y nunca creará la posibilidad de que tengáis una comunicación que os beneficie a ella y a ti. Recuerda, tus intereses y necesidades son igual de importantes que los suyos.

Haga lo que haga, nunca es suficiente

Por qué a las personas EI la alegría nunca les dura demasiado

Otra característica de las personas EI es que, cuando consiguen que todo salga como ellas querían, la alegría no suele durarles mucho. Aunque al parecer forme parte de la naturaleza humana querer siempre más, no ser capaz de sentir satisfacción o agradecimiento por lo que se recibe es un signo de inmadurez emocional.

Las personas adecuadamente maduras sienten gratitud cuando alguien intenta ayudarlas o les ofrece algo. Tal vez acepten lo que se les ofrece o tal vez no, pero en cualquiera de los casos aprecian la intención generosa que hay detrás del ofrecimiento. Se sienten cuidadas, queridas, y expresan a su vez agradecimiento y afecto, con lo cual se completa un pequeño ciclo de conexión armoniosa que hace que ambas partes se sientan bien. Es un gusto ofrecer ayuda a alguien así, porque sientes que se reconoce la sinceridad de tu gesto.

Lamentablemente, no suele ser demasiado satisfactorio ofrecerle algo a una persona EI, ya que su respuesta suele hacerte sentir que nada que hagas por ella es nunca suficiente. Puede que en un primer instante se ponga contenta, pero el contento rápidamente desaparece, y tú sientes una vez más que no has acertado, que no has sabido adivinar lo que de verdad quería. Hacer algo por animarla o ayudarla es como verter agua a través de un colador: no retiene nada. La psicóloga Leigh McCullough Vaillant (1997) lo llama «escasa capacidad receptiva», y es muy común en quienes tienen un estilo de afrontamiento rígido e inmaduro. Como son incapaces de aceptar emocionalmente lo que les ofreces, te dejan con una sensación de frustración e ineptitud.

El padre o la madre EI que, además, tiene tendencia a la depresión o se enfada con facilidad pone a sus hijos en un verdadero aprieto. Está claro que esos niños no tienen recursos para cambiarle el estado de ánimo a una persona adulta que se siente desgraciada o tiene un carácter colérico, pero la mayoría lo intentarán. Y si no consiguen animarla o apaciguarla, se sentirán derrotados. La insatisfacción permanente de su padre o su madre EI es para ellos desmoralizadora; tienen la sensación de no haberse esforzado lo suficiente. Estos niños creen que las fluctuaciones emocionales de sus padres son culpa suya, dado que secretamente se sienten responsables del trato que reciben de ellos.

También la madre y el padre adecuadamente maduros se deprimen o se enfadan a veces, pero no hacen que el niño crea que han perdido los nervios por su culpa ni le dicen que se sienten insultados porque es un egoísta. Aunque quizá los intentos del niño por alegrarlos no funcionen, estos padres tienen suficiente empatía como para apreciar sus esfuerzos.

A veces, cuando en un momento de enfado el padre o la madre EI reprenden a sus hijos con dureza, no arremeten solo contra su comportamiento, sino contra el niño o la niña directamente, lo cual hace que se resquebraje su sentimiento de valía, pues reciben el mensaje de que no son capaces de hacer nada bien. Esos niños sienten que, por muchos esfuerzos que hagan, sus padres nunca estarán contentos, lo cual puede afectar a su autoestima a lo largo de toda su vida y sembrar en ellos la idea de que tendrán que esforzarse mucho si quieren ser merecedores de amor, consideración y apoyo.

Tuve un cliente al que, tras su divorcio, le aterrorizaba la perspectiva de tener citas románticas. Cuando llegaba el momento, le invadía la angustia de no ser lo bastante atractivo o no tener un coche lo bastante lujoso como para causar una buena impresión. Si ocasionalmente conseguía dar el paso, se esforzaba durante toda la cena por ser divertido, ingenioso y convencer a esa persona de que era un «buen partido», para conseguir una segunda cita. Era tan agotador que se ponía enfermo de solo pensar en quedar con una mujer. Cuando le pregunté por qué no hacía la prueba de dejar de esforzarse tanto, respondió que estaba convencido de que, si no hacía toda aquella comedia, su acompañante no tendría ningún interés en él, pensaría que no daba la talla. Era lo que, de hecho, le había ocurrido con su madre, una mujer hipercrítica.

Convivir durante la infancia con la escasa receptividad de un padre o una madre EI puede condicionar gravemente la opinión que te formes de tu propia capacidad de generosidad y altruismo. Aprendemos a disfrutar de ser generosos cuando las personas con quienes convivimos reaccionan con gratitud a nuestros ofrecimientos; la calidez de su respuesta estimula en nosotros impulsos altruistas. Pero si tu padre o tu madre, porque estaban deprimidos o enfadados con la vida, le sacaban siempre algún defecto a cada cosa que les dabas —o te echaban en cara que no los querías lo suficiente o no de la manera que ellos necesitaban que los quisieras—, es muy posible que en la edad adulta no sepas cómo acertar y te entren toda clase de dudas a la hora de relacionarte. Cuando lo das todo y tienes la impresión de que la persona querida se siente insatisfecha, puede que llegues a la conclusión de que se debe a una insuficiencia tuya. ¡Cómo imaginar que eso que sientes tiene su origen en que creciste con una madre o un padre que eran incapaces de recibir amor!

¿Por qué les cuesta tanto recibir amor a las personas emocionalmente inmaduras?

Tal vez tu padre o tu madre EI tuvieron en su primera infancia experiencias de apego perturbadoras con unos padres emocionalmente inmaduros. En el estudio realizado por Ainsworth, Bell y Stayton (1974) sobre cómo reaccionaban los niños muy pequeños al separarlos de sus madres, se observó que algunos, al reencontrarse después con ellas, mostraban una actitud de recelo, como si no confiaran en ellas plenamente. Cuando su madre se separaba brevemente de ellos, reaccionaban como si los hubiera abandonado, pero no parecía que el reencuentro con ella les tranquilizara del todo. Los niños buscaban el consuelo de la madre, pero luego parecía que estuvieran enfadados o insatisfechos con lo que les daba. Buscaban su pecho, pero cuando ella intentaba amamantarlos la rechazaban. La situación entonces puede agravarse aún más si también la madre se siente rechazada y pierde la confianza en su capacidad para contentar al niño. Puede incluso llegar a creer que su hijo o su hija no la quiere, o que no es buena madre.

Esta inseguridad y ambivalencia por parte de la madre empeoran una situación ya de por sí difícil. Precisamente cuando las circunstancias requieren de ella máxima sensibilidad y perseverancia para establecer la conexión, bien se pone a la defensiva y se retrae, o bien fuerza el acercamiento, y el niño lo recibe como una imposición. Cuando una niña o un niño sienten que su cuidadora o cuidador principal no está en sintonía emocional con ellos, esto puede afectar negativamente a su receptividad en futuras relaciones.

Por tanto, ¿cómo deberías responder cuando a tu padre o tu madre EI —o a cualquier otra persona emocionalmente inmadura— parece que no les satisfaga nada de lo que haces por ellos?

Estrategia

En primer lugar, ten comprensión y compasión contigo mismo. Es natural que te sientas herido y decepcionado si alguien rechaza lo que le ofreces con generosidad. Pero antes de pasar al enfado, párate un momento, da un paso atrás y pregúntate qué pretendías al ofrecérselo. Si la respuesta es que querías tener un gesto que a esa persona la hiciera sentirse bien, retrocede aún más y examina tu motivación, y ajústala si es necesario. Recuérdate que tú *eres* atento y generoso, que el único problema es que tu padre, tu madre o la persona de que se trate no tiene capacidad para recibir de ti esa clase de gesto. Es frustrante y desmoralizador, pero tú has hecho lo que has podido y más. El resto no está en tu mano, no puedes hacer que nazca la alegría en esa persona; si fuera capaz de alegrarse, ya lo habría hecho.

Reflexión y autodescubrimiento

Describe alguna ocasión en que intentaras animar a una persona querida y al final te fueras con una sensación de fracaso e ineptitud, como si no hubieras estado a altura de lo que necesitaba de ti.

_____

_____

_____

_____

_____

_____

Escríbele en tu diario una carta imaginaria y explícale que has dejado de sentirte responsable de su felicidad. Ponlo en palabras tuyas, pero hazle entender que, dada su escasa receptividad, no vas a invertir más energía en tratar de contentarla.

_____

_____

_____

_____

_____

_____

Consejo: Puedes ofrecer ayuda siempre que quieras, pero no a costa tuya. Sacrificarse no es sano. No es tu deber ni está en tu mano reparar la infancia desdichada de nadie y darle una infancia feliz. Y cuando creas sinceramente que has hecho todo lo posible por ayudar a alguien o transmitirle tu afecto, no dejes que el descontento permanente de esa persona te haga dudar de ti. Tú sabes muy bien cómo has actuado. Ninguna persona EI es quién para definirlo o calificarlo.

¿Por qué es tan difícil intimar y comunicarse de verdad con ellas?

Por qué se cierran a la intimidad emocional las personas EI

Brandy hubiera querido tener una madre que se sentara con ella y la escuchara cuando tenía algún problema. Pero la realidad era que su madre, Rose, parecía sentirse incómoda cada vez que Brandy empezaba a contarle algo íntimo. Unas veces se limitaba a contestar que no se preocupara y le hacía alguna sugerencia insustancial que a Brandy no la ayudaba lo más mínimo («Deberías contestarle que tú...»), y otras la interrumpía y le daba algún consejo sin que ella se lo hubiera pedido. Pero la mayoría de las veces, Rose se impacientaba o daba la vuelta a la conversación y la dirigía hacia sí misma («Si crees que tú tienes problemas... ¡Déjame que te cuente lo que me pasó a mí!»). Brandy veía siempre que a su madre no le interesaba lo que trataba de contarle, pero pensaba que era culpa suya, bien porque era demasiado sensible y daba importancia a cosas que carecían de interés objetivo, o bien porque esperaba de su madre una atención inmerecida. A consecuencia de esto, se fue volviendo cada vez más tímida, y le abochornaba contarles a sus amigas las cosas que le pasaban, convencida de que se cansarían rápidamente de ella.

La intimidad emocional y hablar de sentimientos profundos es algo que pone nerviosas a las personas EI. Las de tipo dominante se las arreglarán, de una manera u otra, para impedir o interrumpir la comunicación, mientras que las de tipo pasivo probablemente ignorarán tus palabras o intentarán aplacarte como sea; pero tanto unas como otras prefieren la comunicación superficial, basada en trivialidades y cotilleos (a menudo sobre gente a la que ni siquiera conocen demasiado) o en sus intereses o acontecimientos externos. Esa superficialidad transmite con claridad el mensaje de que no tienen ningún interés en relacionarse a un nivel más profundo. Si intentas contarles, por ejemplo, que te sientes herida por un comentario de alguien, le quitarán importancia («¡No seas tonta!») o te atajarán rápidamente («¡Pero tú sabes que eso no es verdad!»). Sea cual sea su respuesta, acabas sintiendo que eres idiota y que te preocupas por nada. Si, como en el caso de Brandy, creciste con un padre o una madre EI que te respondían habitualmente de esta manera, quizá te cueste imaginar que pueda interesarle a nadie lo que piensas o lo que sientes.

En una pareja o un matrimonio, despreciar los sentimientos del otro tiene un efecto muy dañino, no digamos ya en la relación entre padres e hijos. Que la persona con la que convivimos rehúya hablar de sentimientos (o de cualquier tema serio) genera tensión en la relación y hace que nos aislemos y acabemos sintiéndonos emocionalmente solos. Todos nos sentimos mejor estando con alguien que se toma en serio nuestros sentimientos, que demuestra interés y trata de reconfortarnos. Tiene un efecto fortalecedor que alguien nos mire a los ojos, nos escuche con atención y nos responda con calidez, quizá con una caricia o un abrazo para hacernos saber que le importa lo que nos pasa (Porges 2017). Que las personas cercanas reconozcan el valor de lo que sentimos nos da fuerza como seres humanos para superar las situaciones difíciles.

Pero a los individuos EI las interacciones profundas y auténticas les dan miedo; se ponen nerviosos, se agobian. Evitan cualquier conversación que tenga un componente emocional y pueda hacerlos sentirse vulnerables, ya que no han aprendido a experimentar sentimientos profundos sin desestabilizarse. Incluso los de tipo más tratable y afectuoso se cierran si alguien expresa demasiado sentimiento. No saben cómo actuar cuando les abres tu corazón con el deseo de que te comprendan. En vez de aludir a las emociones que has expresado, es posible que te den razones de por qué no deberías sentirte así; cualquier cosa con tal de acallar la intensidad emocional. Rara vez en su vida han experimentado personalmente esa clase de intimidad, así que no saben cómo actuar ni por qué sientes lo que sientes.

En lugar de hacerte algún comentario directo sobre los sentimientos que acabas de exponer, es más probable que hablen de ti a tus espaldas con alguien cercano. Les resulta más fácil hablar *de ti* que hablar *contigo*. Esta *triangulación* (Bowen 1978) con un tercero les genera una sensación momentánea de intimidad con su confidente, aunque este tipo de alianzas no suelen ser sólidas ni sinceras. La triangulación es como la «política de amistades» que emplea una niña de siete años en el patio del colegio: tú y yo estamos en el mismo bando si a esa otra niña podemos calificarla de «marginada».

No obstante, hay personas EI muy astutas, que son capaces de entrar directamente en temas profundos y de captar con gran perspicacia tus motivos y sentimientos. Crean al instante un clima de intimidad, y es posible que ese interés suyo, similar a un rayo láser, te deslumbre y te sientas profundamente comprendida. (Los líderes de las sectas son expertos en esto). Sin embargo, con el tiempo te das cuenta de que no hay reciprocidad en la relación: esa persona no expone sus experiencias emocionales como haces tú. En vez de una comunicación entre iguales, empiezas a notar que la relación está desequilibrada. En vez de ofrecerte verdadera amistad, esa persona te ofrece una pantomima: tú eres el objeto de su ofensiva revestida de encanto, no alguien con quien se relaciona auténticamente.

¿Qué puedes hacer cuando una persona EI elude por sistema cualquier intento tuyo de acercamiento y comunicación?

Estrategia

Posiblemente no sea la persona EI quien inicie una comunicación auténtica, pero ¿qué pasaría si probaras a expresar *tú* algunos sentimientos un poco más profundos de lo acostumbrado? Podrías empezar por preguntarle si estaría dispuesta a escucharte durante diez minutos y sentar así una pequeña base para una interacción más sustancial. Si la persona acepta pero a continuación te interrumpe con consejos o bromas, pídele que te escuche por favor unos minutos más y explícale lo agradable que es sentir que te escuchan. Cuando hayan pasado los diez minutos, dale las gracias por haberte escuchado con tanta atención y dile lo mucho que te ha gustado hablar con ella. Pregúntale si hay algo que quiera comentar; si no tiene nada que decir, la interacción puede acabar ahí.

Las personas emocionalmente inmaduras no tienen un repertorio de comportamientos con los que transmitirte que te están escuchando de verdad y que les importa lo que dices, así que quizá tengas que enseñarles tú, literalmente, los fundamentos de la comunicación emocional. No será algo que te resulte demasiado grato, pero te servirá de práctica para aprender a expresar lo que necesitas decir. No te recomiendo que utilices esta táctica con demasiada frecuencia, porque podría ser muy frustrante, pero de vez en cuando puedes emplearla para guiar explícitamente a una persona EI y poder mantener con ella esa comunicación que realmente deseas y necesitas. Aunque no es probable que el cambio en ella sea espectacular, te sentirás bien por tu intención sincera y tu franqueza. Dale detalles concretos sobre el tipo de respuestas que te gustaría recibir; no esperes que se le ocurran a ella sola, cuando no tiene ninguna experiencia en esta clase de comunicación.

Reflexión y autodescubrimiento

¿Cómo te sientes cuando ves que una persona EI no te está escuchando de verdad?

_____

_____

_____

_____

¿Qué suele pasar cuando esa persona no demuestra interés en lo que le cuentas? ¿Te sientes decepcionada y te retraes? ¿Te enfadas? Escribe sobre cómo respondes normalmente. ¿Tienes una respuesta pasiva y de resentimiento, o una respuesta activa y de autoafirmación?

_____

_____

_____

_____

_____

_____

Consejo: Si esa persona se niega a tener una conversación más auténtica, ¿por qué no te retiras y aprovechas el tiempo para escucharte a ti misma? Escribir en tu diario sobre cómo te sientes te acercará a ti, por el hecho en sí de definir los sentimientos con palabras. Describe lo que experimentaste en esos momentos, qué es exactamente lo que hubieras querido despertar en esa persona y cómo te sentiste cuando se resistió y cuidó de mantener la interacción en un nivel superficial. Tu diario te ofrece un oído atento cuando lo necesitas, además de ayudarte a procesar tus pensamientos y sentimientos a un nivel más profundo.

¿Por qué hacen que no tengas ganas de relacionarte con ellas?

Qué tiene el comportamiento EI que te obliga a poner distancia

Mandy vivía feliz con su marido, Jack, y sus tres hijos, pero le daban terror las visitas de sus padres. Su padre, Frank, un hombre riguroso y crítico, propietario de una pequeña empresa muy próspera, no aprobaba que Mandy hubiera elegido como marido a Jack, un músico; no entendía qué era lo que veía en él. Cada vez que iba a visitar a su hija, trataba de avergonzarla por la casa tan pequeña en la que vivían e insistía en aconsejar a Jack sobre lo que podía hacer para ganar más, algo que a Jack le traía sin cuidado. Si durante sus visitas ocurría algo que ofendía a Frank en algún sentido, por norma la familia entera tenía que andarse con pies de plomo hasta que lo veían de mejor humor. Parecía que fuera imposible hacer las cosas de un modo que lo complaciera. La madre de Mandy, Pam, una mujer pasiva, era el contrapunto del mal humor y la arrogancia de su padre. Justificaba los comportamientos de su marido dando toda clase de explicaciones, lo atendía como si fuera su sirvienta, y adoptaba una actitud falsamente alegre mientras charlaba con su hija y su yerno y les daba mil detalles sobre cosas intrascendentes de su día a día. Le gustaba cocinar y jugar con sus nietos, pero parecía no saber qué hacer si se caían y se hacían daño, por ejemplo, y se acercaban a ella en busca de consuelo. Solía enviarles regalos por correo, pero era como si los eligiera sin pensar realmente en lo que podía gustarles. Durante las visitas, si Mandy intentaba hablar con ella de algún problema que tuviera en aquel momento, su madre le daba unas palmaditas en la mano y le decía que seguro que al final lo resolvería. Mandy no encontraba nunca la manera de penetrar bajo aquella personalidad que a su madre le servía de coraza.

Aunque el padre y la madre de Mandy tenían personalidades opuestas, ambos presentaban los rasgos característicos de la inmadurez emocional. Ambos carecían de empatía, se preocupaban solo de sus cosas y evitaban la intimidad emocional. Además de esa falta de empatía, demostraban ser incapaces de *mentalizar* (Fonagy y Target 2008) las experiencias internas de otras personas; es decir, además de no conectar con los sentimientos de Mandy, no eran capaces de imaginar, ni por tanto de tener en cuenta, lo que podía estar pasando en la *mente* de su hija.

Mandy y sus padres se encontraban en niveles de madurez emocional e individuación psicológica distintos. Como describió Murray Bowen (1978) en la *teoría de los sistemas familiares*, los miembros emocionalmente inmaduros de una familia buscan la fusión psicológica con los demás, en lo que él denominó un «ego familiar en masa, indiferenciado». En esta situación, cada miembro camufla sus miedos y malestares involucrándose sin límite en la vida de los demás y proyectando en ellos sus problemas. Esta es precisamente la «estrecha» fusión familiar de la que quiere escapar una hija como Mandy. Mandy tenía auténtica necesidad de «diferenciarse» de su familia; quería tener derecho a ser ella misma, en lugar de que ser miembro de la familia fuera su bien más preciado. En la escala de diferenciación que estableció Bowen, atendiendo al grado en que cada miembro de una familia ha desarrollado su identidad individual, Mandy y sus padres estaban a mucha distancia. Veamos ahora las características específicas de la inmadurez emocional que hacían que a Mandy le resultara muy difícil estar con sus padres.

Al igual que la mayoría de las personas EI, Frank y Pam dieron por hecho que, siendo hija suya —es decir, una extensión de sí mismos—, Mandy querría ser como sus padres. No hicieron nada por conocer a la mujer adulta que era Mandy, ni a su marido ni a sus hijos, porque ya se habían hecho su propia idea de cada uno de ellos. Frank no sentía la menor curiosidad por la vida de Jack, por cómo era dedicarse a la música, y a Pam no se le pasaba por la cabeza preguntarles a sus nietos qué les gustaba, antes de salir a comprarles regalos; les compraba lo que ella pensaba que *a cualquier niño* le gustaría. Ninguno de los dos sabía nada sobre la vida *interior* de su hija ni de sus nietos; contaban con que tendrían los mismos gustos que ellos, puesto que, a su entender, ser familia significa que existen unas preferencias compartidas. Con los individuos EI, acabas sintiéndote más un accesorio de su vida que, a sus ojos, una persona real.

Otra razón por la que costaba mucho estar con los padres de Mandy era que se sentían con derecho a tener el control de todo. Las personas EI te controlan psicológicamente arrastrándote a su *sistema de relaciones emocionalmente inmaduras*, haciéndote sentir que es tu deber sacrificarte para apuntalar su *estabilidad emocional* y su *autoestima*. La necesidad de este grado de apoyo emocional, que sería normal en un niño y una niña, es un indicio muy claro de inmadurez en un hombre y una mujer adultos.

La ansiedad, la reactividad y el egocentrismo de las personas EI hacen que nunca te sientas emocionalmente a salvo estando con ellas. Rara vez hacen el *trabajo emocional* (Fraad 2008) necesario para que haya armonía en las relaciones, como por ejemplo ser pacientes y amables o tener tacto al hablar de un problema. En la mayoría de los casos, el trabajo emocional te lo dejan a ti, y esta es otra de las razones por las que relacionarse con ellos es a veces tan agotador. ¿A quién le gusta andar de puntillas alrededor del ego de alguien y prestarle toda su atención sin tener derecho a esperar que en algún momento le corresponda?

Las interacciones con las personas EI te pueden aburrir y dejar sin fuerzas, sumirte en una especie de letargo, pero una parte de ti está siempre extremadamente alerta. Lo mismo que Mandy, sientes como si no te quedara una gota de energía y a la vez estás en tensión. ¿Cómo podrías disfrutar estando con alguien que no tiene interés en conocerte, que espera que antepongas siempre sus necesidades a las tuyas y que adopta una actitud reprobatoria si expresas con sinceridad tus gustos y tu forma de ver las cosas?

Otros momentos difíciles de soportar son aquellos en los que tratan de dominarte dando un giro moralista a sus peticiones. Por el tono y la manera en que las formulan, parece que sea tu obligación moral satisfacerlas (Shaw 2014). El padre de Mandy, por ejemplo, no se limitaba a expresar sus opiniones, sino que adoptaba un aire de superioridad moral mientras lo hacía. Quien se atreviera a decirle que no a algo era una mala persona. Las personas EI dominantes, como era el caso de Frank, esperan que te comportes como una extensión de ellas, un *mini-yo*.

Además, es probable que la *fusión* de las relaciones emocionalmente inmaduras te arrastre a un triángulo dramático (Karpman 1968) en el que, sin darte cuenta, acabes interpretando uno de los tres papeles posibles: víctima inocente, villano agresivo o heroica salvadora. Si escuchas a una persona EI hablar de su vida, podrás detectar cómo estos papeles se repiten una y otra vez, interpretados en situaciones que giran en torno a la traición y el desengaño. De ello debes deducir que, si en la situación presente no te lanzas de inmediato a salvarla, serás una decepción más en su larga historia de víctima. Aunque los triángulos dramáticos son entretenidos en las novelas y el cine, interpretar estos papeles en la vida real provoca un sentimiento de restricción y es, por el contrario, aburrido.

Por último, hay otro subgrupo de personas EI con las que es particularmente difícil relacionarse: aquellas que tienen una vena sádica. Les gusta hacer que la gente se sienta incómoda: disfrutan reventándote el globo, humillándote o incluso causándote dolor o un trauma. Te quitan la alegría, minan tu autoestima, y de este modo consiguen generarte inseguridad y miedo. Cuesta creer que personas cercanas a ti puedan disfrutar haciéndote daño. Pero, como de costumbre, no es que realmente tengan nada contra ti; lo hacen porque les gusta la sensación de poder e invulnerabilidad que eso les da.

¿Qué hacer cuando, debido a estos comportamientos, no disfrutas estando con cierta persona EI pero, a la vez, quieres mantener el contacto con ella?

Estrategia

Las personas EI se las arreglan para que sea difícil disfrutar en su compañía. Querer mantener tu individualidad cuando estás con ellas puede suponer un esfuerzo constante. Haz la prueba de tener encuentros breves y trata de hallar un nivel de conexión que sea tolerable para todos, en especial para ti. Con las personas EI, el verdadero vínculo familiar o de amistad suele manifestarse más fácilmente en pequeñas dosis. Las visitas cortas ayudan a que, por unos momentos, todo el mundo quiera dar lo mejor de sí, mientras que los encuentros más prolongados brindan la ocasión de retroceder a las polaridades habituales, de fusión o resistencia. Dada la disparidad de niveles de *diferenciación*, no es culpa de nadie que no tengas demasiadas ganas de estar con los miembros de tu familia, o tus amigos, emocionalmente inmaduros.

Reflexión y autodescubrimiento

Piensa en alguien cercano que presente características de inmadurez emocional. ¿Qué hace concretamente esa persona que, al cabo de un rato de estar con ella, empieza a incomodarte o a irritarte?

_____

_____

_____

_____

POR QUÉ SON ASÍ LAS PERSONAS EMOCIONALMENTE INMADURAS

Ahora cierra los ojos e imagina que pasas una hora con alguien con quien te sientes a gusto. ¿En qué se diferencia esa interacción de las que tienes habitualmente con la persona EI?

_____

_____

_____

_____

_____

Consejo: Tener conocimiento de que el nivel de «diferenciación» de unas personas y otras puede ser distinto, y de que hay casos en que esos niveles son incompatibles, puede ayudarte a entender por qué a veces, cuando estás con una persona EI, solo tienes ganas de irte. Es inevitable que la disparidad de niveles de madurez emocional genere tensión rápidamente, así que, cuando en una interacción no hay ni afinidad de ideas ni conexión emocional de ningún tipo, no te sientas culpable por querer marcharte. Es tan sencillo como que esas personas y tú tenéis intereses y niveles de complejidad muy diferentes. Si esto acostumbra a generarte conflicto, quizá sea mejor que espaciéis vuestros encuentros. En cualquier caso, te sentirás mejor si, durante las interacciones, te mantienes firme en tu sentido de individualidad, por mucho que intenten presionarte para que seas como ellas quieren.

¿Hay alguna esperanza de que mejore la relación?

¿Pueden cambiar las personas EI?

Si has tenido ocasión de vislumbrar el lado más amable de una persona EI, tal vez pienses que tiene que haber alguna manera de establecer con ella una relación más respetuosa y auténtica. Independientemente de cómo te tratara en el pasado, sigues teniendo la esperanza de que sea posible que surja entre ella y tú una relación más cercana. Esta esperanza de que esa persona sea un día de repente más empática y emocionalmente accesible es a lo que llamo «fantasía de curación»: una fantasía que te inspira a encontrar la manera de llegar emocionalmente a ella, de forjar al fin una conexión que sea de verdad gratificante para ella y para ti.

Si creciste con una madre o un padre EI, necesitabas tener esa fantasía para que te diera fuerza y confianza. Por el bien de tu desarrollo psicológico, te aferraste a la posibilidad de que se estableciera entre tu progenitor y tú una conexión más estrecha. Por mucho que fuera una posibilidad remota, era sin duda una visión que te sostenía.

Tal vez la esperanza de que vuestra relación mejorara tenía cierta base, porque recordabas haber pasado buenos momentos con esa persona. Quizá no siempre adoptaba una actitud defensiva o crítica: cuando sentía que estaban a salvo sus emociones y se relajaba, puede que te demostrara sensibilidad y calidez. Porque no es que las personas EI no tengan capacidad de empatía, sino que sus sistemas psicológicos de defensa eclipsan fácilmente los sentimientos que tienen hacia los demás.

A veces, en determinado momento, las personas EI hacen un esfuerzo sincero por reparar la relación. Tenemos el ejemplo del líder autoritario y despiadado que expresa su arrepentimiento en el lecho de muerte, de los maltratadores que se avergüenzan de sí mismos o del padre o la madre ausentes que expresan auténtico remordimiento. En esos momentos, sus corazones asoman a través de la armadura creada por su inmadurez emocional. Cuando los individuos EI muestran en algún momento auténtica preocupación por sus hijos, el niño y la niña nunca lo olvidan. Así que si has recibido verdadero cariño de una persona EI, aunque fuera una sola vez, es lógico que sigas esperando que se repita.

Sin embargo, las defensas que ha ido construyendo la persona EI se encargan ellas solas de mantener un férreo control sobre su vida emocional. Por mucho que quizá quisiera realmente ser más abierta, su inseguridad crónica activa los mecanismos de defensa a la primera señal de ansiedad. Tus esfuerzos por llegar a ella no tienen nada que hacer ante la aparición fulminante de sus armas defensivas. Es una reactividad emocional involuntaria e instantánea, aunque ella no tenga intención de hacerte daño: se indigna, te critica, te exige o te repudia antes de tener tiempo de darse cuenta.

Entonces, ¿pueden cambiar las personas EI? Bien, quizá la pregunta debería ser: ¿pueden cambiar y *seguir* así? En otras palabras, ¿pueden volver atrás, al principio de todo, y renovar la estructura de su personalidad, procesar sus traumas, comprender su comportamiento, encontrar formas de enmendarlo y hacer el difícil trabajo de superar años de actitud defensiva y proyección de la culpa que se han convertido en un mecanismo reflejo? Es posible, pero extremadamente improbable.

Algunas personas EI se suavizan con la edad; van volviéndose menos impulsivas y más maduras con el paso del tiempo (G. Vaillant 1977), a medida que empiezan a sentirse más seguras de sí mismas y desarrollan mayor grado de comprensión. Por ejemplo, un padre y una madre que fueron sumamente estrictos con sus hijos pueden convertirse en abuelos cariñosos (y pacientes). Liberados de la responsabilidad de la paternidad y la maternidad, hay abuelos que les abren su corazón a sus nietos de una forma que no tuvieron posibilidad de hacer con sus hijos. Todo depende de lo rígidas que sean las defensas que haya creado esa persona y de los factores, favorables o no, que puedan cruzarse en su camino, ya que es igual de probable que las características de inmadurez en algunos casos, en lugar de suavizarse, vayan empeorando con el paso de los años.

Comprensiblemente, los momentos de paz y armonía que pasamos con estas personas nos hacen albergar esperanzas de que podrían ser más razonables, coherentes y receptivas si las tratamos bien. Así que empiezas a tener cuidado de no decir ni hacer nada que pueda ponerlas a la defensiva. Quizá adoptas una actitud de extrema amabilidad con ellas, con la esperanza de que ese comportamiento baste para mantener la concordia.

O quizá te sientes optimista y crees que de verdad puedes hacer algo por cambiarlas porque has aprendido técnicas de comunicación efectivas, tácticas de negociación y maneras de llevarte bien con las personas difíciles. Puede que tengas la esperanza de que tus nuevas habilidades faciliten una relación más igualitaria y auténtica con ellas.

Si tienes la esperanza de que cambien, o de que conseguirás ser lo bastante amable como para que estén contentas y se relajen, probablemente aprovecharás cada ocasión que se presente para intentar estrechar los lazos emocionales. Y puede que no te des cuenta del esfuerzo que supone a nivel subconsciente toda esa tensión y vigilancia, porque con el tiempo empezará a resultarte lo natural. Una y otra vez, la fantasía de curación te dice que el reencuentro milagroso está a la vuelta de la esquina, incluso aunque no haya realmente ni el menor indicio de que vaya a ser así. A veces no sabes por qué lo sigues intentando, pero tu determinación a mejorar la relación es inquebrantable.

Por lo general, sin embargo, la persona EI se mantiene en su posición egocéntrica. Que tú hayas aprendido a tener en cuenta la situación de tu interlocutor y a expresarte con inteligencia y delicadeza no significa que él vaya a responder o a querer comunicarse a un nivel más profundo. Aunque seas un experto en comunicación, tendrás que averiguar qué hacer con sus respuestas egocéntricas.

Puede que a ti te parezca que esa relación merece tus esfuerzos, aunque todo el mundo piense que estás tirando tu tiempo y tu energía. Hay vínculos humanos que existen a un nivel muy profundo, y el hijo de unos padres EI tiene tal grado de empatía y sensibilidad que no da a nadie por imposible. Eso sí, las cosas podrían llegar a un punto en que no tengas más remedio que desentenderte, porque el coste de intentar establecer una conexión sea demasiado alto. Por ejemplo, cuando esa persona se vuelve abusiva, o es exageradamente exigente, o se niega a respetar tus límites, o sigue empeñada en tomar el mando y te da consejos que no le has pedido o intenta dirigirte la vida.

Por tanto, ¿puede cambiar una persona emocionalmente inmadura? No es imposible, pero es poco probable mientras se niegue a reflexionar sobre sus comportamientos.

Quizá sea más práctico preguntarte qué cambios piensas hacer *tú*. Si tus sueños de que la relación mejore no se materializan a pesar de todos tus esfuerzos, ¿cómo piensas responder? ¿Seguirás tomándotelo a pecho y sumiéndote en el dolor y la rabia o retrayéndote? ¿Te hundirás en el desánimo y la impotencia y te enredarás todavía más en las coacciones emocionales y el sistema de relaciones EI de esa persona? ¿O sientes que ya es hora de cambiar tu forma de relacionarte con ella, para sentirte más fuerte y tener más seguridad en ti, aunque ella no cambie nunca?

Tanto si la persona EI cambia como si no, los papeles en la relación se equilibran hasta cierto punto cuanto dejas de concederle el derecho a decirte lo que tienes que sentir y que pensar. Veamos cómo puedes empezar a hacer estos cambios.

Estrategia

Poder contemplar con más objetividad el comportamiento de una persona emocionalmente inmadura, así como tus reacciones a ese comportamiento, te da la oportunidad de transformar la interacción en un encuentro más maduro, en el que haya un mayor grado de diferenciación. En lugar de caer bajo la influencia de su inmadurez emocional, puedes mantenerte en contacto con tus valores y afirmar tu individualidad. Para ello, te paras y observas lo que ocurre en cada momento de la interacción. En lugar de asentir a las opiniones de la persona EI, expresas tus pensamientos y preferencias y te comunicas con ella de forma neutra; es decir, le das la ocasión de que vea cómo responderás a partir de ahora a determinados comportamientos suyos. Mantienes tu forma de ser individualizada, por mucho que ella intente arrastrarte hacia su manera de entender las cosas. El cambio se produce cuando consigues ser una persona independiente a la que le importan los demás, pero que no permite que la controlen.

Reflexión y autodescubrimiento

¿Recuerdas alguna vez que una persona EI hiciera algo que te dio esperanzas de que la relación podía mejorar? ¿Qué fue exactamente lo que te hizo creer que de verdad era posible?

_____

_____

_____

¿Alguna vez has perdido la esperanza de que esa persona cambie? Recuerda ese momento y describe cómo te sentiste al comprender que no iba a cambiar.

_____

_____

_____

Consejo: ¿Y si aprendieras a estar con las personas EI de una forma en la que sientas que tienes control de tus emociones y no eres ya vulnerable a sus reacciones y comportamientos? ¿Y si te sintieras tan a tus anchas cuando estás con ellas que dejara de importarte si cambian o no? Habrías creado, por tu cuenta, una mejor relación aunque ellas no cambien en absoluto. Siempre tienes el poder de ver a los demás de una manera realista y de sentir plenamente tu individualidad, así que siempre está en tu mano hacer que la relación con una persona EI sea más de tu agrado.

En la siguiente parte del libro, veremos cómo te han afectado las personas EI y cómo puedes desligarte de los efectos de su dinámica psicológica.

Segunda parte

Cómo te han afectado
las personas EI

Mi hermano y yo tuvimos los mismos padres. ¿Cómo es que somos tan diferentes?

Diferencias entre hermanos: dos tipos de hijos e hijas de padres EI

Las diferencias entre hermanos son siempre motivo de perplejidad: ¿cómo es posible que dos personas que tienen los mismos padres, que crecieron en el mismo ambiente familiar, sean tan distintas? Muchos hijos e hijas adultos de padres EI que he tenido como clientes eran personas responsables y autorreflexivas que buscaban ayuda psicoterapéutica y asesoramiento para sentirse mejor en su vida. Pero en muchos casos, tenían hermanos o hermanas con problemas de adicción, o de salud mental, o que apenas se relacionaban socialmente o que vivían una relación de enredo emocional con sus padres.

Aunque el comportamiento adulto de los hijos e hijas de padres EI puede ser muy diverso en función de dónde estén situados en el continuo de características comunes, todo parece indicar que hay dos tipos de comportamiento básico muy distintos. Veamos algunos rasgos de cada uno de ellos.

Hijos e hijas interiorizadores[*]

- Tienden a ser conscientes de sí mismos, autorreflexivos, perceptivos y sensibles.
- Les gusta reflexionar sobre las cosas y les encanta aprender.
- Intentan averiguar cómo responder de la manera más beneficiosa posible en lugar de reaccionar.
- Demuestran más madurez y perspicacia y tienden a ser competentes y fiables.

---

[*] N. de la T.: Interiorizar consiste en incorporar a la propia manera de ser, de pensar y de sentir, ideas o acciones ajenas (*DRAE*).

- Procesan a fondo sus experiencias (Aron 1996).
- Sienten responsabilidad hacia los demás.
- Es probable que fueran niños y niñas «parentificados» (Minuchin *et al.* 1967; Boszormenyi-Nagy 1984), es decir, que sus padres EI se apoyaban en sus capacidades y contaban con ellos como confidentes o ayudantes.

A los hijos e hijas interiorizadores les suelen gustar los libros de autoayuda, ya que tienen interés por la psicología y disfrutan aprendiendo sobre el comportamiento humano. Son ellos quienes normalmente buscan ayuda para saber cómo tratar con las personas EI, ya que su manera instintiva de hacer frente a cualquier situación es profundizando en ella todo lo posible y comprendiéndola. A menos que se indique lo contrario, cuando a lo largo del libro hable de los hijos e hijas adultos de padres EI estaré refiriéndome a los interiorizadores.

Hijos e hijas exteriorizadores

- Tienden a impacientarse o irritarse y a reaccionar con impulsividad, incluso aunque de entrada parezcan tranquilos o introvertidos.
- Tienen poca tolerancia al estrés y necesitan actuar –aunque sea de forma irreflexiva– para liberar la tensión.
- Suelen buscarse problemas por no pensar en las consecuencias de sus actos; viven en el momento presente, y la planificación no está incluida en la manera de vivir su vida.
- No son autorreflexivos y les echan la culpa de sus problemas a los demás.
- Se enfadan por la cantidad de cosas frustrantes y angustiosas que les pasan, pero rara vez se les ocurre cuestionar si su comportamiento podría ser parte del problema.
- Pueden caer en adicciones o en relaciones conflictivas y de gran dependencia emocional.

• Tienen muchas probabilidades de ser emocionalmente inmaduros y pertenecer, por tanto, a la categoría EI.

Dado que el extremo interiorizador y el extremo exteriorizador forman parte de un mismo continuo, es posible que muchos hijos e hijas de padres emocionalmente inmaduros muestren una combinación de características de uno y otro tipo, o que se desplacen hacia el extremo opuesto del continuo en circunstancias determinadas. Por ejemplo, todos, interiorizadores o no, tendemos a ser más exteriorizadores y dependientes cuando estamos enfermos, fatigados o muy estresados. Tenemos menos tolerancia a la frustración en esos momentos, e incluso la persona interiorizadora puede volverse crítica o saltar por menos de nada.

Y a la inversa: los exteriorizadores pueden volverse más interiorizadores cuando tocan fondo y se dan cuenta del precio que pagan por su habitual forma de ser. En ese momento, puede que estén más abiertos a recibir orientación y ayuda, sobre todo si proviene de alguien a quien pueden consultar con regularidad y de quien pueden depender. Es posible que los exteriorizadores que examinan su vida con autorreflexión y responsabilidad empiecen a cambiar. Los programas de doce pasos, que tienen una estructura claramente definida, están ideados precisamente para apoyar este proceso de maduración y toma de responsabilidad. También el asesoramiento psicológico ordenado por el tribunal, o proporcionado por la empresa, puede ofrecer incentivos para fomentar un mayor autocontrol y maneras más maduras de afrontar las situaciones difíciles.

En general, la mayor diferencia entre estos dos enfoques de la vida es que las personas interiorizadoras reflexionan sobre sí mismas y piensan en los sentimientos de los demás, mientras que las exteriorizadoras son más propensas a actuar impulsivamente para reducir la tensión y consideran que los demás son la causa de sus problemas.

¿Tienes una idea aproximada de dónde estarías tú en el continuo entre interiorizadores y exteriorizadores? Piensa en qué características de las que se han mencionado te recuerdan más a ti.

¿Cómo se explica que haya tipos tan distintos de hijas e hijos de padres EI? No sabemos si esas diferencias son físicamente innatas o si responden a factores ambientales, como la calidad de la crianza o el orden de nacimiento, pero vamos a examinar a continuación algunas posibles causas subyacentes a cada tipo para comprenderlos mejor.

Cabe la posibilidad de que los interiorizadores nacieran con una predisposición neurológica más perceptiva y sensible que sus hermanos y hermanas exteriorizadores; su neurobiología innata, o utilizar más ciertas partes del cerebro, podría explicar su capacidad para sintonizar con los sentimientos de otras personas a partir de señales mínimas. Parece ser que los interiorizadores tienen además mayor curiosidad intelectual –les gusta pensar y aprender, por lo que anticiparse a las consecuencias les resulta más fácil–, así como gran intuición e interés en profundizar en el comportamiento humano; les intriga su complejidad y buscan las razones subyacentes.

También en el caso de los exteriorizadores podría responder a razones fisiológicas el hecho de que reaccionen con más intensidad y acostumbren a actuar precipitadamente. Su impulsividad y su dramatismo podrían deberse a una dificultad innata para tranquilizarse en situaciones de estrés. Tal vez en la infancia sus reacciones fisiológicas al estrés eran tan fuertes que impidieron el desarrollo óptimo de la función pensante.

Por ejemplo, el neurocientífico Stephen Porges (2011) ha investigado la relación entre reactividad neurológica y emocional, y el tono y el funcionamiento del nervio vago ventral. Todo parece indicar que esta rama del sistema nervioso parasimpático rige la capacidad de la persona para calmarse a sí misma y para reponerse del miedo y la angustia buscando comprensión y afecto en los demás. Según Porges, es posible que quienes manifiestan una alta reactividad emocional –como, por ejemplo, los casos de trastorno límite de la personalidad–

empezaran su vida con una limitada capacidad neurológica para reequilibrarse tras una sensación súbita de peligro o un disgusto. Es como si su cuerpo estuviera programado para entrar de inmediato en un estado de alarma y quedarse en él, lo que significa que estas personas necesitan ayuda externa para calmarse y volver a la normalidad.

De todos modos, sean cuales sean las causas, es comprensible que un niño intensamente reactivo provoque en sus padres un comportamiento diferente del que tienen con sus hermanas y hermanos más interiorizadores y autosuficientes. Quizá, dado lo difícil que es calmarlo, los padres utilicen con él gratificaciones inmediatas para intentar que se tranquilice y de este modo le enseñen que no es capaz de serenarse a menos que reciba un trato especial. El niño pierde así la oportunidad de aprender a calmarse sin la presencia de una gratificación inmediata.

Por otro lado, cuando los padres se sobreidentifican y fusionan emocionalmente con un hijo o una hija, fomentan en ella o en él un comportamiento exteriorizador, pues se convierte a sus ojos en un sustituto de quienes fueron ellos en su infancia, y le brindan las atenciones y gratificaciones que sienten que nunca recibieron. Ese hijo o esa hija podría ser entonces el favorito de los padres, lo cual provoca celos entre sus hermanos. Pero, en contra de lo que podría parecer, la posición en que se encuentra no es envidiable, ya que permanecerá en una relación de enredo emocional con sus progenitores, que premiarán que siga siendo esencialmente dependiente. Los progenitores viven, de hecho, a través de ese hijo o esa hija y no le permiten desarrollar su individualidad.

En cambio, es menos probable que el niño interiorizador incite al padre o la madre a esa clase de enredo emocional, ya que —tal vez por ser más perceptivo y tener mayor conciencia de sí mismo— tiende a mantener su individualidad y su autonomía incluso aunque al padre o la madre quizá les gustaría que fuera más dependiente.

Estas diferencias entre hermanos interiorizadores y exteriorizadores pueden provocar resentimiento en unos y en otros. El interiorizador siente que está solo; el exteriorizador siente que los demás nunca hacen lo suficiente por él. El interiorizador puede acabar cargando con responsabilidades de adulto y teniendo que satisfacer grandes expectativas, mientras que a su hermano exteriorizador parece que todo se le consienta. El exteriorizador, por su parte, tal vez envidie en secreto a su hermano interiorizador que no ha tenido otro remedio que ser responsable y siempre sabe lo que quiere y hace lo adecuado para conseguirlo.

A todo esto se suma que las familias crean un guion subconsciente para cada uno de sus miembros (Steiner 1974; Byng-Hall 1985), guiones que pueden establecerse cuando el niño o la niña están en edad muy temprana y que contribuyen, asimismo, a que haya diferencias entre hermanos. En general, probablemente existe una interacción entre las vulnerabilidades y fortalezas físicas y psicológicas del niño y lo que la familia necesita para sentirse estable como unidad. Los diferentes guiones harán que cada miembro desarrolle una personalidad muy distinta.

Saber si tu personalidad es más bien de tipo interiorizador o exteriorizador puede ayudarte a tener relaciones más satisfactorias, porque una vez que comprendes tus patrones de pensamiento y de comportamiento puedes empezar a cambiarlos.

Estrategia

Utiliza las siguientes preguntas para averiguar con qué tipo de hija te identificas más. Si eres principalmente interiorizadora, tendrás que hacer un esfuerzo consciente para no dejar que la empatía te lleve a sacrificarte por las personas EI. Deberás recordarte que no es responsabilidad tuya enmendar los errores de nadie ni tienes por qué ser tan sensible a los demás que acabes por desdibujarte y no saber dónde está el límite.

Si eres más bien exteriorizadora, desarrollar la capacidad de autorreflexión te dará la claridad para hacer cambios que podrían traducirse en relaciones más felices y en un mayor control de tu vida. Prueba a ser más sensible a lo que sienten los demás y busca oportunidades de aprender técnicas de autocontrol y maneras de afrontar el estrés.

Reflexión y autodescubrimiento

¿Te identificas más con las características de tipo interiorizador o exteriorizador? ¿Cuáles son los rasgos en los que más te ves reflejada?

_____

_____

_____

_____

_____

Si tienes hermanos o hermanas, ¿cómo definirías su personalidad, atendiendo a la clasificación de interiorizadores y exteriorizadores?

_____

_____

_____

_____

_____

Consejo: Si eres de tipo interiorizador, ten cuidado de no dejarte arrastrar a los triángulos dramáticos (Karpman 1968) y a hacer el papel de salvadora mientras ves a las otras dos partes como la víctima y el villano. Piénsatelo dos veces antes de lanzarte a «salvar» a nadie sin tener en cuenta el coste que tendrá para ti. Esto es particularmente importante si has traspasado la línea y te encuentras en una relación de codependencia (Beatty 1986), en la que sientes que es responsabilidad tuya algo tan imposible como transformar la vida de los demás. En tus relaciones, estate alerta a la tendencia a dar desproporcionadamente más de lo que recibes.

Cuando estoy con ellas, es como si no existiera. ¿Por qué no me escuchan ni tienen en cuenta mis sentimientos?

Establece límites y reivindica tu subjetividad y tu individualidad

Anna, la madre de Thomas, era una mujer egocéntrica y obstinada que se negaba a respetar los límites que intentaba ponerle su hijo y que se sentía con derecho a ir de visita a su casa cada vez que se le antojaba. Llegó un momento en que su actitud invasiva y prepotente colmó la paciencia de Thomas, que le pidió que no volviera a ponerse en contacto con él hasta que él la avisara de que estaba en condiciones de comunicarse con ella. Su madre inició entonces una campaña de correos electrónicos: lo acosaba para que cambiara de opinión, le explicaba que no podía dejar de ponerse en contacto con él porque su «amor de madre» no se lo permitía, le preguntaba repetidamente cuándo podían hablar y le proponía un plan de llamadas telefónicas. Era como si Thomas no le hubiera dicho con claridad lo que quería. «No escucha nada de lo que digo —se quejaba—; es como si yo no existiera en esta relación. Da igual lo que le diga, porque ella siempre hace lo que quiere».

Cuando Thomas expresó su petición de interrumpir el contacto con su madre fue una declaración de algo que necesitaba, pero también de su individuación. Afirmó su derecho a ser diferente de su madre y a establecer límites. Ella, sin embargo, no lo respetó. Por el contrario, se opuso firmemente a que tuviera derecho a ser él mismo y decidir sus límites. Cuando Thomas expresó su necesidad de autonomía, su madre lo trató como si no hubiera dicho nada.

Las personas EI se sienten amenazadas cuando los demás afirman su individualidad, especialmente las de tipo narcisista, que necesitan que todo gire en torno a ellas y sus deseos. Consideran que cualquier pretensión suya está moralmente justificada (Shaw 2014), lo cual les da derecho a exigir lo que quieran. Al parecer, piensan que nadie salvo ellas tiene necesidades que merezcan la menor consideración. Acostumbran a ignorar, «olvidar» o rechazar de plano tus deseos porque, si son diferentes de los suyos, para ellas no significan nada. ¿Por qué ibas a querer algo distinto de lo que ellas quieren?

Como a las personas EI no les interesa tu experiencia subjetiva, sentirás que ni te ven, ni te escuchan, ni te tienen en cuenta. Sin ese respeto básico, tienes la sensación de que no existes para ellas salvo como un títere al que manejar. Hay padres y madres EI que ni siquiera consideran que sus hijos merezcan ser tratados con cortesía. Como le dijo su madre a una de mis clientas: «Eres mi hija. No tengo por qué ser amable contigo».

Con una actitud como esta, no puede haber afecto ni bondad. El verdadero afecto se basa en la empatía (Epstein 2022), algo de lo que suelen carecer las personas EI. El amor hacia otro ser humano dice *reconozco tu existencia*. Parece algo muy sencillo, pero en realidad es un acto emocional complejo y maduro, compuesto a partes iguales de reconocimiento, empatía y sensibilidad emocional hacia el ser único y completo de una persona. No puedes mostrar auténtica bondad ni ternura hacia los demás si no has madurado hasta el punto de verlos como individuos sintientes separados de ti.

Cuando hablas con firmeza pidiendo que se respete tu espacio, te parece increíble que alguien ignore tu petición. Que no te tengan en cuenta te exaspera, porque te sientes invisible y menospreciado, como si no te dejaran tener voz en la relación. Las personas EI niegan, ignoran o distorsionan cualquier hecho que no les guste, incluida tu necesidad de establecer límites. Tu «no», aunque cueste creerlo, no es la última palabra para ellas; es solo la puja de salida, que se van a encargar de batir.

Cuando las personas EI te imponen lo que ellas quieren, es porque se niegan a concederte dignidad y autoridad, lo cual es comprensible teniendo en cuenta que te consideran una extensión de sí mismas a la que tienen derecho a dirigir. No respetan tus deseos porque para ellas es absurdo pensar que tus experiencias subjetivas puedan diferir de las suyas. Es como si tu derecho a ser tú mismo ni siquiera existiese a menos que ellas te lo concedan.

Pero lo cierto es que *eres* dueño de tu vida. Puede que las personas EI actúen como si tus sentimientos y preferencias no importaran, pero no es más que su habitual distorsión de la realidad. En cuanto veas que intentan anularte o que se empeñan en demostrar que sus deseos están más justificados que los tuyos, reafírmate en tu postura. No puedes obligarlas a ser empáticas, pero es muy importante que prestes atención a lo que sientes. No tienes por qué aceptar que parezca que no existes cuando estás con ellas. A menos que les concedas el derecho a que te dirijan la vida, no tienen el poder de controlarte.

Lo que sigue son algunas sugerencias sobre cómo responder a cualquier persona, emocionalmente inmadura o no, que intente imponerte su voluntad.

Estrategia

Es más fácil establecer límites cuando imaginas vívidamente cómo te sentirás si permites que los comportamientos dominantes e irrespetuosos continúen. La idea de ese futuro tan poco agradable te hará mantener el rumbo cada vez que tengas la tentación de desviarte de él y ceder a los deseos de una persona EI. Utilizar un tono neutro, repetir lo que quieres tantas veces como haga falta y revestirte de una burbuja protectora hará que les resulte más difícil avasallarte. Lo normal es que la primera vez que expreses un determinado límite no te escuchen, pero a medida que lo repites vas cobrando fuerza. Expresar reiteradamente tus límites hará que cada vez te resulte más fácil mantenerte firme ante las personas EI. No puedes obligarlas a que te tengan en cuenta o respeten tus derechos, pero puedes defender incansablemente tu derecho a la subjetividad.

No obstante, si te preocupa que una persona EI pueda ponerse agresiva si estableces un límite, asegúrate de contar con ayuda profesional o de las fuerzas del orden, si es necesario, para establecer límites sin correr ningún riesgo.

Reflexión y autodescubrimiento

Piensa en alguna ocasión en que le pediste a una persona EI que te diera un poco de espacio, o estableciste un límite, y no respetó tus deseos. Describe cómo te sentiste. ¿En qué lugar del cuerpo sentiste esa reacción física? (En futuras interacciones con personas EI, utiliza esa sensación como señal de advertencia para defender tus límites).

_____

_____

_____

_____

_____

Piensa en una ocasión en la que alguien comprensivo respetó tus límites y describe cómo te sentiste. ¿Notas la diferencia?

_____

_____

_____

_____

_____

Consejo: No les des poder sobre tu bienestar psicológico a las personas EI. Si sigues esperando obtener de ellas reconocimiento y consideración, te enredarás emocionalmente con ellas todavía más. Es mucho más práctico que reconozcas tus preferencias y te respetes a ti mismo ateniéndote a tus decisiones. Si buscas su aceptación, te conviertes en una pieza de su sistema emocional. En cambio, cuando te diferencias de ellas y declaras en tono neutro lo que tienes intención de hacer, te haces emocionalmente independiente.

La responsable era yo, la pequeña adulta, la confidente de mi madre

Hacerse mayor a toda prisa: el elevado coste de la precocidad

Emma era una niña despierta e intuitiva, más seria y madura que las niñas de su edad; parecía un «alma vieja». No era impulsiva ni caprichosa como otros niños; tenía una sorprendente capacidad de previsión, como si fuera una pequeña adulta. Su madre, en cambio, era una mujer insegura y llena de ansiedad, y su padre un académico cuya relación con Emma giraba casi siempre en torno a temas intelectuales. Parecía que la relación paterno y materno-filial se hubiera invertido, ya que era ella la que tenía que apoyar a sus padres y adaptarse a lo que necesitaran. A veces Emma veía a su madre tan desbordada por las situaciones cotidianas que sentía que era responsabilidad suya intervenir y tomar las riendas, sobre todo en lo referente a sus hermanos pequeños. Luego su madre solía contar con orgullo que había sido Emma quien los había criado, sin darse cuenta de lo que eso realmente significaba: que su hija había tenido que asumir a edad temprana responsabilidades de adulta.

Además, Emma era la confidente de su madre, que se quejaba a ella de estar atrapada en un matrimonio sin amor. En esos momentos, sentía que era también responsabilidad suya evitar que su madre se deprimiera. Y con su padre, que a nivel emocional estaba muy lejos, se sentía como la atenta oyente de sus discursos, y de vez en cuando le hacía alguna pregunta de tipo intelectual.

Ella no lo sabía en aquel tiempo, pero todas sus energías iban dirigidas a ser lo que en cada momento su padre y su madre necesitaban que fuera para que la familia se sostuviera en pie. En cuanto pudo, buscó un trabajo y se pagó ella sola su coche y buena parte de los estudios universitarios. Se consideraba una mujer fuerte e independiente, pero a veces le entraban serias dudas de si era en realidad tan capaz como parecía.

Emma había puesto su inteligencia al servicio de madurar a toda velocidad. Desde muy pequeña había aprendido que confiar en los adultos conducía siempre a la decepción y que por lo general era mejor ocuparse de las cosas una misma. Ella sola se encargaba de concertar sus citas médicas, de llevar al día todas las tareas escolares y de saber en qué asignaturas necesitaba mejorar. Aunque era evidente que con sus hermanos se comportaba más como una madre que como una hermana, ni su padre ni su madre eran lo bastante perceptivos o maduros como para comprender que Emma tenía sus propias necesidades de desarrollo.

Ella nunca les decía nada, porque no creía que tuvieran la fortaleza necesaria para encajar la realidad. Nunca se atrevió a quejarse, a enfadarse o a desafiar la autoridad de sus padres; la situación era ya suficientemente precaria tal como estaba. Ella sola aprendió a procurarse la seguridad emocional que necesitaba, imaginando posibles eventualidades y preparándose para cada una de ellas. Se la veía siempre seria porque se pasaba el día pensando y planificando, tratando de entrever lo que podía salir mal y lo que haría en ese caso. Su inteligencia le permitía apelar a su propia mente como principal fuente de seguridad y explotar su precocidad natural para satisfacer sus propias necesidades emocionales (Winnicott 1958; Corrigan y Gordon 1995). Dado el total egocentrismo de sus padres, solo se tenía a sí misma para reconfortarse, resolver sus propios problemas y cuidar de su seguridad.

Si fuiste una niña como Emma, es posible que te recuerdes encontrando en ti misma el cariño que necesitabas, dándote mentalmente indicaciones y ánimos para superar situaciones difíciles, y *utilizando en general tu pensamiento para suplir las palabras que no te llegaban de tus padres.* Tu propia mente se convirtió para ti en una especie de objeto transicional (Winnicott 2002), ese osito de peluche —u otro objeto—

que al niño y la niña pequeños les procura una reconfortante sensación de seguridad cuando sus padres no se la proporcionan.

Pero esta solución tiene sus límites. Cuando has crecido demasiado deprisa, puede que en la edad adulta te sorprenda lo abrumada que te sientes ante una situación imprevista. Aunque intentas estar preparada para todo, una crisis inesperada podría desencadenar en ti la desesperación de una niña pequeña que no tiene ni idea de qué hacer. La razón es que, escondida en tu interior, sigue habiendo una parte infantil que no sabe y que tiembla de miedo, aunque en apariencia seas capaz de hacer frente con entereza a cualquier situación. Es posible que, en momentos de estrés, revivas el profundo sentimiento de inseguridad que tenías de niña cada vez que te encontrabas sola y nadie te ofrecía ayuda, a una edad en que tu intelecto aún no se había desarrollado lo suficiente como para que te hicieras cargo de todo.

Esa angustia no es un síntoma de incapacidad; es semejante a los *flashbacks* característicos del trastorno por estrés postraumático (TEPT), una secuela de haber asumido a edad temprana responsabilidades que te superaban. Cuando entiendes de dónde vienen esos momentos de inseguridad extrema, es mucho más fácil afrontarlos. Quién no se sentiría inseguro, si se lo dejara desprotegido y las circunstancias le exigieran hacer cosas que exceden con mucho su nivel de desarrollo físico y psicológico.

Si al leer algunas partes de esta experiencia sientes como si hablaran de ti, es posible que la fabulosa confianza en tus capacidades mentales te haya convencido de que todos los problemas de la vida pueden resolverse intelectualmente. Cuando las circunstancias te obligan a madurar demasiado pronto, puede que luego, en la edad adulta, te resulte muy difícil entrar en contacto con tus sentimientos. Es posible que en una sesión de terapia muestres una conciencia de ti misma y una perspicacia asombrosas, pero estés a la vez bastante aislada de tus emociones y necesidades más profundas. Por eso es tan importante que, si buscas un psicoterapeuta, sea alguien que esté dispuesto a ayudarte a experimentar y resolver tus problemas emocionales dentro de la propia relación terapéutica. La terapia centrada en las emociones (Johnson 2019) y la psicoterapia dinámica experiencial acelerada (Fosha 2000, 2004) son excelentes para esto.

Permitirte volver a establecer contacto con tus sentimientos y aprender a confiar en otras personas es la cura para la maduración precoz. No tienes por qué ser tan resueltamente autosuficiente. La psicoterapia puede ayudarte a darle a esa niña interior, asustada y abrumada, los cuidados que necesita para que no te sientas tan sola.

Veamos a continuación cómo puedes actuar cuando aparezca de repente esa inseguridad profunda, ahora que tienes una idea más clara de cuál podría ser su origen. Es importante que resuelvas esto, ya que las inseguridades emocionales ocultas te hacen más vulnerable a las personas EI y más propensa a dejarte enredar en sus juegos de dominación.

Estrategia

La próxima vez que te sientas abrumada, acércate a la niña temblorosa y paralizada que hay dentro de ti (Whitfield 1987; Schwartz 1995, 2022), que tuvo que hacerse mayor antes de tiempo, y abrázala con amor. No tienes por qué avergonzarte de lo agitada que te sientes en momentos de estrés. Recuérdate que tienes razones más que suficientes para sentirte así.

Ahora puedes tratarte de otra manera cada vez que te sientas superada por una situación. Prueba a rellenar los siguientes espacios en blanco para reconocer la validez de esos sentimientos de tu niña interior, que son el origen de tu inseguridad:

Cómo no ibas a sentirte _____

[por ejemplo, angustiada, desesperada, aterrada, avergonzada], si

_____ *[por ejemplo, te dejaron*

sola, no sabías qué hacer, tus padres no se daban cuenta de lo asustada

que estabas, etc.].

Cuando ahora surjan situaciones de este tipo, puedes reconfortar a tu niña interior expresando verbalmente o por escrito de varias maneras distintas lo que sientes en esos momentos, hasta que te parezca que has plasmado todos los sentimientos que hacen que la situación actual te resulte tan aterradora. Al mirar de frente esos sentimientos y afirmar en voz alta que tus reacciones tienen un motivo legítimo, viajas atrás en el tiempo y le haces saber a tu niña interior que ahora hay una persona adulta (tú) que cuida de ella. Ahora, la mujer adulta que eres tiene la capacidad mental y la experiencia necesarias para hacerse cargo de la situación paso a paso, aunque tu niña interior esté petrificada.

Recuérdale también a tu niña interior que no tienes por qué saberlo todo desde el principio, como por arte de magia. Como mujer adulta, sabes que para resolver un problema es necesario incubar a la luz de la claridad las posibles soluciones y dar una serie de pasos y que nadie tiene todas las respuestas al instante. De pequeña, sin ninguna experiencia, probablemente creías que las personas adultas sabían de inmediato cómo resolver cualquier problema. Así que ahora tu niña interior piensa que, si de verdad tienes la intención de cuidarte, como persona adulta que eres deberías saberlo todo. Eso es lo que cree la niña precozmente madura que hay en ti. Así que te exiges algo imposible, y todo se derrumba y te mueres de miedo.

Reflexión y autodescubrimiento

Describe algún momento crítico de tu infancia en el que tuvieras que poner buena cara y actuar con más madurez de la que realmente sentías que tenías. Cuando tuviste que enfrentarte a algo tú sola y no sabías qué hacer, ¿cómo lo resolviste?

_____

_____

_____

_____

_____

Ahora piensa en otro momento difícil de tu infancia en el que tuviste que arreglártelas sola. Si pudieras volver atrás, ¿qué te gustaría que alguien te hubiera dicho? ¿Qué te gustaría que esa persona hubiera sabido sobre lo que estabas viviendo?

_____

_____

_____

_____

Consejo: Haber dependido tanto del pensamiento y de la mente durante toda la infancia es una de las razones por las que a los hijos e hijas de padres EI les resulta muy beneficiosa la psicoterapia. Al empezar a prestar atención a los sentimientos, a las sensaciones corporales y las necesidades emocionales, y recuperar recuerdos y revivir las emociones que los acompañan, refuerzas tu sentido de individualidad y te sientes poco a poco con derecho a tener tus propias experiencias subjetivas. Aceptar esos sentimientos y sensaciones primarios te hace sentirte más presente, más viva y más en contacto contigo misma, lo cual te da una base más sólida para soportar las presiones de las personas EI. Tu intelecto es un maravilloso aliado, pero pedirle que te haga emocionalmente independiente del resto de la humanidad es demasiado pedir.

Toma nota si ves que un terapeuta se queda impresionado de tu intelecto y tu madurez formidables, porque puede que esté pasando por alto que algunas de esas cualidades quizá tengan sus raíces en la desesperación, no en un desarrollo normal y sano. Si un terapeuta intenta quitar importancia a lo que tú consideras un problema, argumentando que funcionas muy bien, es que no ha entendido nada. Ese es precisamente el problema: que siempre has funcionado muy bien... y desde edad muy temprana.

Las cosas me van bien, he conseguido crearme una buena vida, pero a veces siento que soy un fraude

Es hora de completar el concepto inacabado que tienes de ti

Aliyah era una mujer de éxito que se había abierto camino a base de inventiva y esfuerzos. No solo había creado su propia empresa, sino que había recibido varios premios a la mejor consultora en su campo. Incluso había encontrado la manera de organizar una rama benéfica de su empresa para asesorar y patrocinar a nuevos talentos de países en desarrollo. Como era la mayor de cuatro hermanos, estaba acostumbrada a cuidar de los demás. Sin embargo, cuando alguien la alababa por sus logros, no podía quitarse de encima la sensación de ser una farsante.

Aliyah sufría el síndrome de la impostora (Clance 1985) y tenía dificultad para aceptar e interiorizar su éxito. Los elogios entusiastas que recibía no encajaban con el concepto que tenía de sí misma en lo más profundo.

A la hora de evaluarse intelectualmente era realista, pero su concepto emocional de sí misma no lo era. A pesar de ser consciente de sus capacidades, en contextos sociales se sentía a menudo insegura y fuera de lugar. Secretamente, la imagen de sí misma que albergaba era la de la «niña huérfana». Le preocupaba que pensaran que iba mal vestida, le avergonzaba estar en grupos donde pudieran compararla con otras mujeres, y sentía siempre que en el momento menos pensado se iba a descubrir que era una intrusa en un mundo de profesionales. Aunque era atractiva y vestía bien, y con frecuencia la gente elogiaba su estilo, ella pensaba que las demás mujeres tenían un aspecto más arreglado.

De joven, había recibido de sus padres muy poco apoyo económico y moral. Cuando se fijaban en ella, era para hacerle algún comentario crítico en tono de desagrado. Su idea de ir a la universidad en una ciudad distinta les parecía egoísta y absurda. No entendían aquella ambición suya de irse lejos; pensaban que hubiera debido contentarse con ayudar en casa y casarse con alguien del barrio. La veían simplemente como parte de la familia y parecían no tener ni idea de quién era realmente como persona.

A pesar de la ayuda que habían supuesto en su vida algunos profesores y terapeutas, Aliyah era una mujer de éxito que seguía viéndose a sí misma a través de los ojos críticos de sus padres. Como ellos no habían valorado los rasgos característicos de su identidad, ella no era capaz de considerar que sus logros fueran genuinos.

Si, como Aliyah, creciste con unos padres EI, es muy probable que tu concepto de ti misma no coincida con la imagen de mujer adulta que proyectas ahora. Puede que seas muy competente y, sin embargo, tengas la sensación de ser una impostora. Esta inseguridad puede hacerte dudar a la hora de aprovechar oportunidades o de subir un escalón hacia el siguiente nivel de éxito.

Cuando convivimos con un padre y una madre que no tienen interés en saber quiénes somos realmente, suele haber un desajuste entre nuestro yo interior y nuestro yo exterior. Aprendemos a interpretar un determinado papel, pero en lo más profundo de nuestro ser no sentimos que nuestros éxitos sean realmente obra nuestra. Párate un momento a reflexionar sobre si es algo que te haya ocurrido a ti. Durante el tiempo que conviviste con ellos, ¿te ayudaron a sentirte bien con tu aspecto y tus capacidades? ¿O sentías que tenías que inventarte quién eras, a medida que ibas haciéndote mayor?

Muchos padres EI no reconocen las cualidades de sus hijos; no ven en ellas un bien precioso ni por tanto la necesidad de ayudarlos a desarrollarlas. Están tan obsesionados con sus propios dramas que no se dan cuenta de las necesidades emocionales de sus hijos. La idea de elogiar a sus hijos tendría para algunos padres EI el mismo sentido que pensar en elogiar la mesa de la cocina. Tienen una visión tan simplista de las cosas —todo es para ellos o blanco o negro— que no les interesan las sutilezas de la personalidad de sus hijos ni sus talentos latentes. Las opiniones de estos padres suben y bajan como la marea, dependiendo de cuál sea su estado de ánimo en ese momento. Como suelen estar irritados y estresados, no es de extrañar que sus hijos acaben sintiéndose culpables sin ningún motivo. Muchos padres EI probablemente no tienen ni idea de que la clase de atención que dediquen a sus hijos (o la ausencia de ella) influirá decisivamente en el concepto que tengan de sí mismos a lo largo de toda su vida.

Los padres adecuadamente maduros piensan en el futuro de sus hijos, y su deseo es que descubran de verdad quiénes son y sean conscientes de sus capacidades. Les señalan sus aptitudes y admiran sus características positivas, para ayudarlos a sentar las bases de una sólida autoestima. Los padres suficientemente maduros tienen la empatía necesaria para darse cuenta de lo importante que es la aprobación parental.

Ser un padre o una madre emocionalmente maduros significa también ser unos padres realistas, que les hacen comentarios precisos y prácticos a sus hijos, que ni sobrevaloran ni infravaloran sus cualidades. Estos niños tan afortunados ven que la aceptación que reciben en casa es coherente con la forma en que el mundo les responde. Se conocen a sí mismos y saben de lo que son capaces. Ni siquiera se les pasa por la cabeza la posibilidad de ser un fraude.

Cuando Aliyah examinó el concepto que tenía de sí misma, empezó a verse de forma muy distinta. En lugar de avergonzarse por tener metas muy ambiciosas, ahora comprende que sus ambiciones provienen de la energía creativa, no del egoísmo. Se ha dado cuenta de que es una persona atenta y generosa en el trato con su pareja y sus amigos, por más que sus padres se quejen de que nunca hace lo suficiente por ellos. No le sale espontáneamente ir a la moda como a algunas de sus compañeras, pero reconoce que tiene su estilo personal, el que la complementa y está en consonancia con sus objetivos. En vez de sentirse inferior por tener que dedicar cierto tiempo a su físico, ahora aprecia que le importe causar una buena impresión. Y aunque vuelva a asomar de vez en cuando en su interior la «niña huérfana», ahora siente compasión por ella en lugar de vergüenza. El concepto que Aliyah se va formando de sí misma es cada vez más preciso y matizado, a medida que va encontrando los calificativos adecuados para describir a la persona en la que se ha convertido. Ahora el sentimiento de ser quien es le viene de dentro, en lugar de balancearse con inseguridad sobre una identidad falsa.

Veamos cómo puedes desarrollar o completar un concepto de ti misma que sea preciso y esté anclado en tus verdaderos intereses y capacidades, y no en los de tus padres EI.

Estrategia

No hay verdadera autoestima sin autoconocimiento. Si tus padres no te conocían, y por tanto no te dieron una descripción acertada de quién eras, es probable que hayas llegado a la edad adulta con muy poca autoestima y un concepto general de ti misma bastante incierto. Puede que seas consciente de tu talento y tus capacidades, pero sin un conocimiento profundo de quién eres, podrías sentir que tus logros no son tuyos.

Si el concepto que tienes de ti parece que se haya quedado rezagado en alguna etapa del camino, y ya que no se corresponde con los dones y capacidades reales que reconoces en ti, considera la posibilidad de buscar la ayuda de un terapeuta o un *coach* para conocerte mejor y construir conscientemente un nuevo concepto basado en la realidad de la persona que eres ahora. Como seguirás cambiando y madurando, procura que sea un concepto dinámico, basado en lo esencial y abierto a innovaciones, una especie de trabajo en curso. Puedes preguntarles directamente a tus amigas de confianza, tus compañeros de trabajo o miembros de tu familia con los que tengas una buena relación cómo te ven ellos y anotar sus comentarios en tu diario.

Reflexión y autodescubrimiento

¿Cómo te describirían tus padres en estos momentos? ¿Crees que, a la vista de la mujer adulta que eres ahora, harían una descripción acertada de ti o crees que seguirían viendo en ti lo mismo que cuando eras niña?

_____

_____

_____

_____

_____

_____

Y tu concepto de ti misma, ¿cómo ha evolucionado a lo largo del tiempo? ¿Qué imagen tenías de ti en la infancia y en qué se diferencia de la que tienes ahora? ¿Cómo crees que te veían los miembros de tu familia y en qué se diferenciaba su percepción de la que tú tenías de ti? ¿Y ahora?

_____

_____

_____

_____

_____

_____

¿Hay atributos nuevos que se hayan incorporado al concepto que ahora tienes de ti? ¿Qué aspectos de esa imagen te gustaría seguir desarrollando y mejorando?

_____

_____

_____

_____

_____

Consejo: Tu autoconcepto es un logro en sí mismo, tanto como lo es cualquier otra característica que hayas desarrollado. Te estás construyendo a ti misma constantemente, a medida que vas haciendo nuevos descubrimientos sobre quién eres en realidad. Para definirte, no necesitas tener en cuenta el rol ya obsoleto que desempeñaste en tu familia ni qué lugar ocupabas por orden de nacimiento; tu concepto de ti puede ser mucho más profundo. Empieza por unos cuantos rasgos esenciales que conozcas de ti, de esos que no cambian nunca, y luego ve añadiendo las peculiaridades y habilidades que constituyen tu singularidad. Esta descripción realista y sincera te dará un autoconcepto sano en el que confiar plenamente y que contrarrestará cualquier sensación de impostura que pueda surgir. Y una cosa importante: tu concepto de ti misma jamás debe estar por debajo de tus logros reales (independientemente de cómo te traten o lo que piensen las personas EI de este mundo).

¿Cómo puede costarles tanto hacerme algún comentario positivo?

Por qué no reconocen tus esfuerzos las personas EI

Expresar recíprocamente sentimientos positivos en una relación es uno de esos aspectos íntimos que a las personas EI les resulta aterrador. Huyen de la intimidad emocional que genera el elogio mutuo entre dos personas. No tienen ni idea de cómo iniciar o mantener una espiral positiva de comentarios agradables y estimulantes. Así que te pasas la vida probando distintas maneras de ganártelos y ves que ninguna de ellas surte efecto.

En lugar de imaginarse lo que podría significar para ti oír un comentario positivo —y hacértelo—, muchas personas EI carecen de la empatía que las inspiraría a apuntalar tu seguridad en ti mismo o a animarte a seguir intentándolo. Así que hacen todo lo contrario: se quedan calladas, y eso te genera confusión o frustración. En un entorno en el que sientes que se te evalúa constantemente y nunca recibes unas palabras de aprobación, te acabas sintiendo tenso e inseguro (Porges 2017). Al principio, es probable que ese mutismo emocional te haga esforzarte por inspirar unas palabras elogiosas, pero acabas por desmoralizarte al ver que nada es suficiente.

La alegría compartida por un trabajo bien hecho es una de las grandes satisfacciones de la vida. Nos hace felices que los demás reconozcan y celebren nuestros esfuerzos. Ese apoyo mutuo refuerza la confianza en nosotros mismos y nos inspira a conseguir grandes cosas. No buscamos empatía solo en los momentos tristes o difíciles; queremos compartir también lo que sentimos cuando estamos contentos.

El padre y la madre EI avergüenzan a veces a sus hijos por sentirse orgullosos de algo que han hecho; les dicen que son unos «vanidosos» y que deberían aprender a tener un poco de modestia. Pero, seamos sinceros, ¿quién no quiere que se valore su trabajo, especialmente que sus padres lo valoren? Cuando unos padres se hacen partícipes del orgullo que sienten sus hijos, eso les da a todos la oportunidad de valorarse mutuamente. No solo no contribuye a que el niño o la niña se vuelvan unos vanidosos, sino que les comunica el mensaje de que los logros acercan a las personas de una manera feliz.

Los estudios han revelado que las parejas en que cada miembro acostumbra a responder con naturalidad a las pequeñas peticiones de conexión positiva que hace la otra parte son las que tienen una relación más sana (Gottman y Silver 1999). Se vio que las parejas en que cada miembro mostraba interés por los comentarios de la otra parte, y en que la proporción de comentarios positivos era superior a la de críticas, permanecían juntas más tiempo. Cada parte empatizaba con los intentos de conexión de su pareja y apreciaba manifiestamente su gesto. Es comprensible que todo esto incremente la energía, la seguridad y el optimismo de ambos miembros de la pareja.

Las personas EI, en cambio, no suelen fijarse en esas peticiones de reconocimiento, afecto o conexión. Viven tan ensimismadas en sus asuntos que ni se dan cuenta de esos pequeños intentos de acercamiento. Procesan los comentarios de la otra persona desde una perspectiva egocéntrica y en sentido literal, y solo responden si creen que está justificado, es decir, si tiene interés para ellas lo que acaban de oír. Si están de mal humor, es posible incluso que reaccionen haciendo alguna observación sarcástica o crítica. Que su respuesta sea, o no, cálida y apreciativa dependerá de su estado de ánimo, no de lo que tú necesites.

Muchas personas EI se guardan los elogios como si fueran un bien muy valioso en peligro de extinción. Piensan que haber hecho un buen trabajo debería ser suficiente recompensa para ti, y que no mereces ningún reconocimiento por hacer algo que es tu responsabilidad hacer. No entienden que haya razón para concederle mayor importancia. Una atmósfera en la que reina esta clase de tacañería emocional hace que todo el mundo se sienta juzgado y estresado, ya que, por mucho que te esfuerces, apenas si conseguirás alcanzar lo mínimo que se espera de ti. Puede que la persona EI piense que está poniendo el listón tan alto para inspirarte a la excelencia, pero tú te sientes desbordado y desmoralizado. Vivir es ya suficientemente difícil como para malgastar tus energías intentando recibir el reconocimiento de gente que no tiene intención de dártelo.

Con frecuencia, las personas EI manifiestan su irritación por que se espere de ellas una respuesta positiva. Pero cualquier relación humana conlleva promesas implícitas, tanto si estás de acuerdo con ellas como si no. Es razonable esperar que si interactúas frecuentemente con alguien, os respondáis mutuamente con tacto y empatía. No por una necesidad patológica de aprobación y consuelo, sino por simple reciprocidad. Los directivos y los docentes que hacen que los trabajadores o el alumnado sientan que se valora de verdad su trabajo suelen contar luego con su cooperación y conseguir de ellos un alto rendimiento. Es más fácil ser productivos en un ambiente estimulante que en una continua atmósfera de estrés.

Puede haber otras razones que expliquen la tacañería emocional de las personas EI. Quizá el problema sea que ellas, en su infancia, muy pocas veces recibían un elogio o eran testigo de cómo la gente se animaba entre sí. Quizá estén profundamente resentidas o deprimidas, y no le vean sentido a reconocer los logros de nadie solo para que esa persona se sienta bien. No se dan cuenta de que la generosidad emocional podría hacer que no solo la otra persona, sino también ellas, tuvieran una vida más feliz. No, los individuos EI necesitan que hagas algo que los deslumbre, antes de pronunciar una palabra de alabanza. En estas condiciones, quizá haya quienes se lo tomen como un reto y perseveren hasta el límite de sus fuerzas por brillar, pero habrá quienes simplemente se desanimen y abandonen.

Veamos ahora qué podrías hacer para conseguir una respuesta más satisfactoria de las personas EI que hay en tu vida.

Estrategia

Partamos de la premisa de que no todo el mundo es consciente de que necesitas oír comentarios estimulantes. No es que te estén privando de ellos; simplemente no se dan cuenta de que para ti es importante recibirlos. Así que, en vez de esperar a que las personas EI se vuelvan por arte de magia más agradables y generosas, háblales de algo que has hecho recientemente de lo que te sientes satisfecho. Puedes pedirles, con educación pero sin rodeos, un reconocimiento: «¿Qué te parece?». Si esto no mejora las cosas, queda con ellas para tener una conversación sobre el tipo de respuesta que te gustaría recibir y por qué. Explícales por qué es importante para ti que exista esa reciprocidad en vuestra relación y que incluso un instante de reconocimiento hace que la vida sea mucho más satisfactoria. Algunas necesitarán que se lo expliques con todo detalle, así que ensaya cómo expresar exactamente lo que quieres. Por ejemplo, podrías aclararles que no esperas necesariamente un elogio efusivo, que bastaría un breve comentario que te haga ver que se dan cuenta de tus esfuerzos.

Reflexión y autodescubrimiento

Piensa en una persona EI que sea importante para ti y que rara vez te haya elogiado. ¿Qué ocurría normalmente si intentabas obtener de ella alguna respuesta positiva? ¿Cómo te hacía sentirte en esas ocasiones su reacción?

_____

_____

_____

_____

En tu vida actual, cuando una persona no te elogia o no expresa reconocimiento por algo en lo que has trabajado con dedicación plena, ¿cómo sueles responder a esa situación, qué sueles hacer? ¿Consigues así lo que quieres?

_____

_____

_____

_____

Consejo: Algunas personas EI te hacen sentir que eres un ingenuo o que estás muy necesitado de cariño si expresas tu necesidad emocional de que reconozcan tu trabajo. Suelen justificar su reserva emocional con el argumento de que un hombre adulto no debería necesitar que nadie le conceda tanta atención. Pero se equivocan. Todos la necesitamos. Querer que se nos valore no es una necesidad infantil, sino un deseo sano de que haya reciprocidad en nuestras relaciones. El verdadero problema no es tu deseo de recibir una respuesta estimulante; el verdadero problema es su necesidad de mantenerse a distancia de las necesidades emocionales de los demás. Querer que la gente con la que te relacionas te reconozca y te trate bien es una señal de respeto y amor a ti mismo, no de necesidad. No dejes que nadie te haga sentir lo contrario.

Por el menor motivo, me siento culpable, asustada y dudo de mí

Aprender a detectar la coacción emocional

Aunque Rayna era una mujer de treinta años que tenía su propia familia, su madre, Julia, la dominaba fácilmente e iba a visitarla cada vez que se le antojaba. Para cuando Rayna vino a la consulta por primera vez, había empezado a sentir ya que tenía derecho a vivir su propia vida y que las expectativas y el control de su madre eran excesivos. De modo que empezó a ponerle límites y dejó de darle tanta información sobre su vida como había hecho hasta entonces. Espació las llamadas telefónicas; en vez de hablar con ella a diario, lo redujo a dos veces a la semana. Su madre se puso furiosa y la acusó de dejarla sola, aunque la realidad era que tenía una comunidad eclesiástica y varias amigas de confianza. Cada vez que Rayna intentaba defenderse, su madre le espetaba otra acusación. «Me resulta más fácil razonar con mi hija de tres años que con mi madre», me dijo.

Rayna estaba decidida a distanciarse de su madre, pero le costaba mucho. «Me siento muy culpable —añadió—. Sé que es la única manera de recuperar mi vida, pero causarle tanto dolor me hace preguntarme si vale la pena. Me siento muy egoísta cuando la oigo hablar así. ¿Qué hago con ese sentimiento de culpa?».

Las personas que recurren al control coercitivo utilizan contra ti tu necesidad de conexión y seguridad para que accedas a lo que ellas quieren. Su *coerción emocional* se aprovecha del amor que sientes por ellas y de saber cómo intimidarte. Cualquiera que sienta afecto por alguien puede caer en la trampa, pero si hay un caso en que esto es particularmente fácil es en la relación paterno y materno-filial. Rayna quería tener relación con su madre, lo que no quería era sentirse obligada a tener más contacto con ella del que le resultaba natural. Cuando empezó a ponerle límites, su madre la hizo sentirse culpable, avergonzada, asustada, y le generó toda clase de dudas. Tenía miedo de estar siendo una egoísta y arrepentirse luego de sus decisiones si a su madre le pasaba algo.

A veces oímos decir que nadie tiene el poder de *hacernos* sentir nada que no queramos. De entrada, parece un pensamiento muy positivo, pero en la vida real no se sostiene. Cuando alguien se propone hacer que te sientas culpable, aunque rechaces de plano lo que dice, su lenguaje corporal, su expresión facial y su tono de voz te afectan. La comunicación no verbal es más poderosa que las palabras, y la mayoría de las personas neurológicamente normales sentirán la presión emocional, crean o no en la verdad de lo que oyen.

Como muchos padres EI, la madre de Rayna recurrió a la coacción emocional cuando se dio cuenta de que su hija se estaba independizando emocionalmente de ella. Para que Rayna se sintiera moralmente obligada a obedecer sus deseos, buscó la manera de provocarle sentimientos de culpa y de vergüenza. Probablemente a Rayna le tocó cargar con la culpa por todos los abandonos y traiciones que su madre había sufrido hacía mucho. Pero ella no tenía nada que ver con aquello, y era muy injusto hacerla sentirse culpable por querer tener su vida.

Hay personas EI que, ante la perspectiva de perderte, no se conforman con culpabilizarte, sino que utilizan el miedo para mantenerte bajo su mando. Por ejemplo, la madre de Rayna a veces le gritaba que le daba igual estar viva o muerta, con lo que conseguía atemorizar a su hija y que acabara llamándola a cada momento —con ganas o sin ganas— para asegurarse de que estaba bien. Otras personas EI podrían provocarte el temor a sufrir daños corporales, a perder la custodia de tus hijos, a quedarte sin trabajo, o amenazar tu seguridad o incluso tu vida. Sea cual sea el miedo que despierten en ti, consiguen volver a tenerte bajo control. Puede que al final renuncies a tu derecho a la independencia solo por impedir que te hagan daño.

Hablar de suicidio es una coacción particularmente eficaz, ya que a la mayoría nos infunde miedo. Es muy difícil saber cómo actuar ante este tipo de amenazas. Incluso a los terapeutas nos cuesta saber qué es lo acertado en estas situaciones. Pero, al final, quizá un día decidas que no estás dispuesta a que esa persona juegue contigo y te obligue a vivir pendiente de sus amenazas, implícitas o manifiestas. Puede que estés tan harta de la coacción emocional y del peso de la culpa que no quieras volver a saber nada de esa persona. Si necesitas protegerte emocionalmente alejándote de ella, puedes responder a una amenaza de suicidio actuando a distancia, por ejemplo pidiendo a la policía o a los profesionales de salud mental del servicio de urgencias que le hagan una visita para asegurarse de que está bien.

Después de haber estado sometida al control de una persona EI durante mucho tiempo, tal vez te sientas con derecho a explotar o a devolver el golpe, porque tienes la sensación de que al hacerlo recuperarás momentáneamente tu poder. Pero, en realidad, solo te enredarás aún más en una dinámica destructiva. Pelearse con las personas EI, arremeter verbalmente contra ellas o humillarlas puede provocar en algunas una reacción agresiva, así que procura refrenarte si muestran señales de inestabilidad. Dado que es mucho lo que está en juego, es importante que te tomes en serio sus amenazas de agresión y antepongas a todo tu seguridad. Para tener libertad, no hace falta que expreses tu ira abiertamente contra el individuo EI. Puedes imponer tus límites con calma y de manera neutra. Con el tiempo, encontrarás otras formas de liberarte. La libertad empieza dentro de ti, no en mitad de una pelea.

Veamos ahora cómo puedes afirmar tu individualidad cuando las personas EI te presionen para que te ajustes a sus normas.

Estrategia

Si quieres mantener el contacto con cierta persona EI, quizá puedas negociar una nueva normalidad en vuestra relación en la que tú establezcas los límites que son condición imprescindible para que os podáis seguir relacionando. Tendrás que reafirmar tus límites con frecuencia y esquivar la culpa, la vergüenza, el miedo y las dudas que surjan en el proceso de liberarte de su coacción emocional. Cuenta con que aparecerán. Estate preparada para hacer frente a esos sentimientos. Son los que te han mantenido prisionera hasta ahora; no desaparecerán sin tu percepción consciente y tu negativa a aceptarlos.

Incluso aunque la persona EI se enfurezca al oírte establecer tus límites, debes mantener la calma y la confianza, exponer una y otra vez tu postura y animarla a que se plantee recibir tratamiento de salud mental o buscar apoyo en vez de esperar que lo hagas todo tú. Tú no eres la única persona que puede ayudarla, aunque en medio de la coacción emocional así lo parezca. Puedes explicarle que quizá tengas que interrumpir el contacto durante un tiempo si no está dispuesta a cambiar. Puedes decirle que solo podrás mantener una relación con ella si recibe la ayuda adecuada de otras personas y no espera que seas tú quien satisfaga todas sus necesidades. Es una petición razonable, aunque ella la interprete como un abandono. Si te mantienes firme en tu postura, al final tendrá que aceptar lo que le propones.

Reflexión y autodescubrimiento

Piensa en alguna ocasión en la que le hayas puesto un límite a una persona EI y luego te hayas sentido culpable. ¿De dónde nació ese sentimiento de que habías actuado mal? ¿Te remordía la conciencia o te lo provocó su reacción?

_____

_____

_____

_____

Piensa en diferentes ocasiones en las que alguien te haya coacciona-do emocionalmente. ¿Hay alguna maniobra de las personas EI que siempre te haga sentirte culpable, avergonzada, asustada o te llene de dudas? (Si es así, ser capaz de detectar a tiempo la coacción puede hacerte inmune a esta estratagema en el futuro).

_____

_____

_____

Consejo: Después de un encuentro con una persona EI, en cuanto aparezcan el sentimiento de culpa, la vergüenza, el miedo o las dudas, siéntate, presta toda tu atención a cada sentimiento y escribe sobre ellos. Concéntrate en la intensidad del sentimiento y en todos los pensamientos que lo acompañan hasta que llegues al fondo de por qué te sientes así (Gendlin 1978; Fosha 2000). Si te quedas con las emociones incómodas hasta explorarlas a fondo, te darás cuenta de que son reacciones infantiles condi-cionadas, que ya no tienen por qué controlarte. En cambio, si te limitas a reprimir los sentimientos, seguirán dominándote en secreto, con más fuerza si cabe por haberlos ignorado.

Recuerda que las personas EI adquieren poder cuando tú no te das cuenta de lo que está pasando. Lo mismo ocurre con tus sentimientos cuando no los miras de frente. Dales la oportu-nidad de entrar en el nivel consciente y acepta la verdad emo-cional que te muestran. La coacción emocional solo funciona cuando tenemos miedo de nuestros sentimientos y de las per-sonas que los incitan.

Parece que hablen desde la superioridad moral, que sean la voz de la rectitud

*Las personas EI narcisistas y tu falsa
obligación moral*

Los narcisistas son un subtipo de personas EI que te hacen dudar de tu calidad humana. Tienen una capacidad única para hacerte sentir que no eres nadie —y que nada de lo que digas tiene por tanto ningún valor—, mientras que ellos son seres especiales que tienen derecho a todo. La señal más característica de que estás interactuando con un narcisista es que poco a poco te va invadiendo un sentimiento de inferioridad. Eso es precisamente lo que se proponen estas personas: demostrar su superioridad, ya sea enalteciéndose ellas o rebajándote a ti, o de ambas formas. Tanto si eligen elevar su autoestima como disminuir la tuya, en definitiva el resultado es el mismo: se inventan una jerarquía de relación que les otorga el derecho a llevar la voz cantante.

Al igual que las demás personas EI, las narcisistas carecen de empatía, pero su grado de egocentrismo supera con mucho al del resto. La grandiosidad narcisista infla todavía más el habitual sentido de merecimiento que caracteriza a los individuos EI en general. El hecho de que se crean superiores, y legítimamente con derecho a todo, define un estilo de relación que es una sucesión de empellones verbales para dejar clara su posición de dominio. Y para que su autoestima no decaiga, tu papel es permitir que te impongan su voluntad.

Una cosa es no tener empatía, pero los narcisistas van un paso más lejos. Las personalidades narcisistas tienen cero interés en tu experiencia subjetiva (Shaw 2014). Para ellas, es como si tú no tuvieras un mundo interior de pensamientos y sentimientos propios. No están dispuestas a concederles al resto de los mortales el mismo derecho a la existencia que a ellas les ha sido otorgado. Así que te relegan a

119

un plano en el que tu función es vivir pendiente de lo que ocurra en su vida y satisfacer sus necesidades, sin pararse ni por un momento a reconocer tu individualidad o ni siquiera tu condición de persona.

El narcisista emocionalmente inmaduro se siente autorizado a tener siempre la última palabra en todos los aspectos de la relación, pues no considera que tú tengas ningún derecho, así que hará un despliegue de grandiosidad si demuestras la menor resistencia. Si no accedes al instante a una exigencia suya, se indignará; no solo porque frustres sus planes, sino porque te atrevas a cuestionar la sacrosanta regla tácita que rige la relación con él: la de que todo el mundo debe someterse a sus opiniones y aprobar sus deseos.

Si no los acatas, las personalidades narcisistas adoptarán un aire de desdén y te avergonzarán para que te sientas culpable por tu atrevimiento. Y lo conseguirán, por irracional que sea su juego. El tono de superioridad y rectitud en el que expresan su indignación egocéntrica da a entender que tienes la obligación *moral* de hacer lo que quieren. Lo transmiten de una forma tan convincente que es fácil creerlas. Y es que ellas están realmente convencidas de esa superioridad moral y de que merecen, por tanto, que obedezcas cualquier petición suya. Así que cuando tengas la impresión de que alguien trata de imponerte una obligación moral, considéralo un aviso de que podrías estar hablando con un narcisista.

Si estas personas se limitaran a expresar aparatosamente su enfado cuando haces algo que las decepciona, sería fácil ver en ello un reflejo de su egocentrismo. Pero debido a ese aire de superioridad moral con que condenan tus decisiones y las tachan de egoístas o equivocadas —y cuestionan de paso tu lealtad y calidad humana—, es probable que te hagan realmente dudar de ti. Puede que incluso sientas el impulso de disculparte por tener valores y puntos de vista diferentes. (El líder sectario narcisista se vale del miedo de sus adeptos a una condena moral, para consolidar su control absoluto).

Las personas EI narcisistas son auténticas maestras en hacer que te sientas culpable por querer ponerles límites. Su explosión colérica combinada con la punzante condena moral te hace sentirte insignificante. En lugar de expresar lo que sienten («Me decepciona y me duele oírte decir eso»), emiten juicios morales («Si de verdad tuvieras corazón, no serías tan egoísta. Eres un desconsiderado, no te importa nadie»). Si te comunicaran lo que sienten, podrías hablar con ellas y quizá encontrar una solución. Pero cuando te acusan de ser el villano de la historia, han cerrado la puerta de golpe. Los hijos e hijas de padres EI narcisistas podrían interiorizar esa voz moralizadora y sentirse culpables y avergonzados simplemente por tener ideas propias.

He aquí una estrategia para tratar con las personas EI narcisistas.

Estrategia

Párate un momento la próxima vez que alguien intente obligarte a hacer algo que no quieres, sobre todo si sueles sentirte culpable cuando se hace el ofendido. (Ten presente que esta es una reacción muy propia de las personas EI). *Piensa, con la mayor claridad posible, si realmente has hecho o dicho algo hiriente o si lo que ocurre es que esa persona se siente ofendida porque cree que nadie tiene derecho a llevarle la contraria.* Muchos individuos EI con tendencias narcisistas son expertos en estructurar cualquier situación de un modo que, en apariencia, limita tus posibilidades de respuesta a lo que quieren oír. Pero tú no tienes por qué dejarte engañar por ese sistema de elección forzosa ni por qué sentirte culpable por querer responder algo distinto. Sus deseos no tienen autoridad moral. Sencillamente, no tienes el deber moral de cumplirlos.

Pídele a esa persona que te aclare qué es exactamente lo que te está pidiendo. Dile que tienes que pensarlo y que le comunicarás tu respuesta. Date tiempo y espacio para decidir si puedes o quieres ayudarla y para determinar lo que puedes hacer cómodamente por ella. De este modo, no solo estarás cuidándote a ti, sino que evitarás que la relación se vuelva tensa, o demasiado unilateral, a causa de las exigencias abusivas. Cuando te pongas en contacto con esa persona, ofrécete a ayudarla de una forma que te resulte natural y no te comprometas a darle más de lo que te parezca justo. Si no puedes o no quieres ayudar-la, ofrécete a tratar de encontrar otras soluciones, pero mantente en un punto neutro si intenta hacer que te sientas culpable. Es de esperar que trate de hacerte sentir que tienes la obligación moral de prestarle ayuda; detéctalo rápidamente y no caigas en la trampa.

Reflexión y autodescubrimiento

Recuerda alguna ocasión en que alguien te hiciera sentir que eras una mala persona por no acceder a lo que te pedía. Describe cómo lo hizo y el efecto que tuvo en ti.

_____

_____

_____

Supón que alguien acaba de insinuar que tienes la obligación moral de hacer algo que no quieres hacer. Imagina que detectas la señal de alarma y observa la reacción de culpa o vergüenza que aparece en ti. A continuación, imagínate dando un paso atrás y diciéndole que tendrás que pensarlo. ¿Cómo crees que te sentirías haciendo esto? ¿Cómo te gustaría sentirte?

_____

_____

_____

_____

Consejo: A veces, la mejor respuesta a una persona EI que está disgustada contigo porque no te puede controlar es no tomarla en serio. Si un niño tuviera una rabieta y te dijera que eres la peor persona del mundo, entenderías que son esos sentimientos de rabia los que dictan su realidad en ese momento. Prueba a hacer lo mismo con las personas EI narcisistas. Mantente firme en tu postura, sé objetivo e insiste en tener el grado de relación que a ti te parezca adecuado. Concédeles tanto espacio como necesiten para ser conscientes de su ira y sus acusaciones. Si no te tomas a pecho sus juicios morales, puedes comunicarte con ellas a continuación de la manera que a ti te parezca correcta. No eres una mala persona, y ellas no son quiénes para juzgarte.

La religión de mis padres me hacía vivir con miedo y sentir lástima de mí

Encontrar tu propia religión y espiritualidad

El padre de Dave era el pastor de una pequeña iglesia evangélica, y por tanto la vida familiar giraba en torno a la oración, la asistencia a la iglesia y otras actividades de la comunidad religiosa. La idea de Dios que le inculcaron sus padres era la de un juez implacable y un castigador irascible, lo cual significaba para Dave tener que mantenerse dentro de los márgenes de un camino muy estrecho hacia una bondad basada en los principios de la iglesia. La disidencia no estaba permitida. Si alguien se oponía, era rechazado y exiliado de la iglesia. En una etapa posterior de la terapia, una vez que estuvo en condiciones de intentar comprender la inmadurez emocional de sus padres, las ideas religiosas de Dave empezaron a cambiar. Al pensar en la descripción de Dios que sus padres hacían, empezó a ver hasta qué punto era reflejo de ellos, de su rigidez y estrechez de miras. Dave solía preguntarse de niño: «¿Es posible que Dios, soberano supremo del universo, sea sin embargo un ser igual de reactivo y amargado que mis padres?». Algo no encajaba. Ahora, a medida que se iba distanciando de todas las ideas que le habían inculcado, le resultaba cada vez más difícil creer en un Dios que era al parecer menos comprensivo y compasivo de lo que era él.

Para Dave, uno de los aspectos más dolorosos de individualizarse y separarse de la religión de su familia fue perder la certeza espiritual y el sentimiento de cercanía a Dios. Se sentía como un barco a la deriva, incapaz de encontrar nada que le diera la misma seguridad que había experimentado viviendo en la casa familiar y formando parte de la que había sido su iglesia. Aunque el Dios de su infancia le había parecido un juez inflexible, al menos se había sentido seguro de su amor y protección, mientras creyera en Él. El Dios actual de su vida adulta parecía más abstracto y remoto, comparado con el Dios aterrador pero reconfortantemente omnipotente de su infancia.

La gente tiende a definir la religión como un conjunto de prácticas, creencias y normas comunitarias de compromiso, mientras que la espiritualidad tiene mucho más que ver con la experiencia personal directa, por ejemplo el conocimiento intuitivo y ciertos estados emocionales inspirados por una profunda admiración y reverencia (G. Vaillant 2009). Las religiones tradicionales, con su énfasis en las creencias y los códigos de conducta, tienen su sede en las partes organizativas del cerebro, que dan importancia a las normas y los límites. La espiritualidad, en cambio, parece originarse en las áreas del cerebro más emocionales e intuitivas.

Es posible que las personas conscientes de sí mismas y autorreflexivas, que valoran la individualidad, se inclinen más por una espiritualidad experimentada personalmente que por la religión organizada. Tienen sentimientos espirituales, dado que la mayoría de los seres humanos contamos con el potencial cerebral para ello (Newberg y Waldman 2009), y prefieren explorar la espiritualidad por sí mismas en lugar de que nadie les diga en lo que deben creer.

Por el contrario, las personas EI de mentalidad religiosa podrían inclinarse más hacia grupos religiosos jerárquicos, bien estructurados, que les ofrezcan una sensación de seguridad y certeza. Está claro que puede haber gente muy distinta que elija vivir su espiritualidad dentro del marco de una comunidad religiosa organizada, pero los formatos rígidos y autoritarios suelen resultarles particularmente atractivos a las personas EI.

La relación conflictiva con unos padres EI puede afectar a la impresión que tengamos de Dios en la edad adulta y a nuestra confianza en la religión. Los niños suelen formarse una imagen de Dios basada en sus padres, por lo cual es posible que la forma en que te trataron en la infancia influya en la imagen de lo divino que tienes en la actualidad. Podría ser motivo de inquietud y confusión, si la imagen de Dios que te transmitieron se asemeja a la de un padre EI: vengativo pero leal, irascible pero afectuoso mientras te portes bien. Puede que tengas el temor de que Dios, lo mismo que tus padres EI, te retirará su afecto si le das el menor motivo de disgusto. Como me dijo un cliente: «Sé que Dios no es eso, pero no puedo quitarme de la cabeza la imagen de un anciano sentado en un trono juzgando al mundo». No es fácil confiar en que Dios te ama si ese amor está supeditado a la aprobación de tus actos. Lo mismo ocurre con el amor de los padres EI.

El egocentrismo de padres emocionalmente inmaduros puede hacer que a sus hijos les cueste concebir a Dios como un ser amoroso que se interesa de verdad por ellos. Si en la infancia te formaste una imagen de Dios tomando la inmadurez emocional de tus padres como modelo, es posible que imagines a Dios como un líder inseguro, un ser que da amor pero que de repente puede volverse contra ti si te desvías de lo esperado. O puede que hayas llegado a la edad adulta pensando que le debes a Dios adoración constante para que reine la calma y ganarte su buena voluntad, una situación que se parece más bien a lo que exigen los padres EI narcisistas. Concebir a Dios como un padre celestial de estas características puede ser muy inquietante y quizá te lleve a rechazar de plano la religión.

Otro precepto religioso muy difundido, y que favorece la actitud emocionalmente inmadura, es que los hijos deben sacrificarse y pensar primero en los demás para que se los pueda considerar buenas personas. Como a los niños —y a los adultos— les resulta casi imposible no ser egoístas en algún momento, este precepto hace que se sientan culpables continuamente, sobre todo si el pensar en sí mismos de un modo natural se considera pecado. Si a un niño o una niña sensibles se les presenta el altruismo como ideal de comportamiento, sentirán que son unos negados, cuando la realidad es que no han alcanzado un nivel de desarrollo que les permita comportarse así. Con enseñanzas como estas, la religión se convierte en una meta inalcanzable, no en una reconfortante ayuda.

Dave acabó dándose cuenta de que sus padres no le habían dado una base funcional para su espiritualidad naciente. La religión que aprendió de ellos le generaba tensión y un sentimiento de indignidad en vez de darle apoyo interior; le infundía miedo en lugar de amorosa confianza. Aun con todo, echaba de menos la sensación de seguridad que había encontrado en sus primeras prácticas religiosas, la tranquilidad que da lo predecible. Al empezar a alejarse de la idea parental de Dios, le costaba procesar la sensación de pérdida y se sentía desorientado e inseguro. Tenía un poco la sensación de estar creando su propia espiritualidad él solo, por instinto e intuición. Así que fue un gran alivio para él encontrar una comunidad religiosa de mentalidad más abierta, que le ofrecía rituales y ceremonias con los que expresar sus sentimientos espirituales y no le exigía que obedeciera toda una lista de preceptos, so pena de expulsión.

Si tu versión infantil de la religión ya no se sostiene, es posible que te sientas identificado con los conflictos internos de Dave. He aquí algunas ideas que quizá te den fuerzas para encontrar el marco en el que vivir tu propia espiritualidad.

Estrategia

¿Qué te parecería partir de la base de que tienes derecho a explorar y descubrir una forma de espiritualidad o religión que te dé fuerzas y te ayude a afrontar la vida, de la que no formen parte el miedo y la culpa y en la que sea bienvenida tu individualidad? Pregúntate qué necesitas que te den tus creencias espirituales y piensa en cuál ha sido tu experiencia personal de Dios o el Espíritu.

Si la religión no forma parte de tu vida, tal vez hayas tenido de todos modos ciertas experiencias espirituales que te han despertado una sensación de asombro o de pertenecer a algo que te trasciende. ¿Puedes dejar que tu espiritualidad evolucione junto con los demás aspectos de quien eres y apoye tu proceso vital de descubrimiento en lugar de imponerte restricciones? No tienes por qué renunciar a tu individualidad para creer en Dios; de hecho, tal vez descubras que conocer tu verdadero yo y reclamar tus derechos individuales te permite vivir una espiritualidad de dimensiones que hasta ahora desconocías.

Reflexión y autodescubrimiento

¿Cuál era el tono emocional de las creencias espirituales que te enseñaron de pequeño? ¿Cómo te enseñaron que debías considerarte con respecto a Dios?

_____

_____

_____

_____

_____

Ahora, como adulto, ¿qué creencias espirituales te resultan más convincentes? ¿Cómo sientes que es tu relación con Dios? ¿Te ayudan tus actuales creencias a afrontar los problemas de la vida y amar a los demás?

_____

_____

_____

_____

_____

Consejo: En definitiva, tienes derecho a descubrir tu propia manera de vivir la espiritualidad. Encontrar una comunidad espiritual que te acoja tal como eres y valore tu individualidad puede permitirte desarrollar tu lado espiritual de un modo que te dé fuerzas y sea liberador, en vez de sentirte sometido a él. Encontrar personas afines puede unir, además, la espiritualidad a la conexión emocional. En un entorno en el que te sientas a gusto y acompañado, los sentimientos espirituales pueden surgir de formas nuevas que te enriquezcan en lugar de limitarte. La espiritualidad y las emociones positivas y enriquecedoras (como el amor, la fe, la esperanza y el asombro) están conectadas tan íntimamente (G. Vaillant 2009) que buscar oportunidades de dar y recibir más amor, compasión y cooperación puede abrirte a un tipo de espiritualidad más revitalizante y menos conflictiva.

Me enseñaron a pensar cosas de mí que no son ciertas

Cuando la autocrítica refleja un lavado de cerebro a edad temprana

En el trabajo, Bonnie era una experta en resolver toda clase de proble-mas, pero luego en casa se criticaba sin piedad y se decía cosas como: «¡Pero mira que eres tonta! ¡Qué descuidada eres! ¿No te da vergüen-za?». A veces esta autoflagelación llegaba a tal grado de ensañamien-to que Bonnie entraba en un estado de depresión y se sentía abatida durante días. La imagen que tenía de sí misma estaba escindida en dos partes: una, adulta sensata y resolutiva y otra, incompetente y me-recedora de toda clase de insultos, incapaz de hacer nada bien. Cuan-do la Bonnie autocrítica tomaba el mando, creía realmente que esta segunda parte que cometía errores sin cesar merecía ser maltratada sin misericordia.

Como muchas hijas e hijos de padres EI, Bonnie había aprendido en su infancia que tenía motivos de sobra para estar avergonzada, ya que, cada vez que cometía un error, sus padres pensaban que la mejor forma de educarla era hacerle ver lo estúpida y descuidada que era, dándole a entender que, si hubiera tenido un poco más de cuidado, no lo habría cometido. En lugar de replicar a sus críticas inclementes, Bonnie acep-taba que tenían razón. Como interiorizadora que era, también ella se daba cuenta de en qué y por qué se había equivocado, así que tomaba la firme determinación de no volver a cometer el mismo error. Hacía lo imposible por ser perfecta y no darle a nadie motivos para criticarla.

En su libro *Brainwashing* [Lavado de cerebro], la neurocientífica Kathleen Taylor (2004) describe cómo el aislamiento, la falta de con-trol, la ausencia de apoyo exterior, el sentimiento de impotencia y la erosión del sentido de identidad contribuyen a la eficacia del lavado de cerebro; condiciones, todas ellas, que se corresponden exactamente con la situación de vulnerabilidad en que se encuentran el niño y la niña frente a sus padres. Aunque la mayoría de los padres negarían rotundamente haberles lavado el cerebro a sus hijos, unos padres EI autoritarios, como los de Bonnie, utilizan inconscientemente tácticas similares para influir en la mente de sus hijos y modelar su pensamiento. Bonnie interiorizó las voces críticas de sus padres y tomó la determinación de ser perfecta. No se diferenciaba en nada de la víctima de un lavado de cerebro que hace suyas las ideas de sus captores. Veamos otro ejemplo.

Cada vez que Sandra se oponía a los deseos de su madre o no los cumplía de inmediato, ella le decía que era una egoísta y que no tenía corazón. Un día Sandra había quedado con ella para ir de compras, pero en el último momento tuvo que cambiar de planes porque le falló la persona que iba a cuidar de sus hijas. Cuando llamó a su madre y le propuso que se vieran la semana siguiente, ella le espetó indignada: «¡Olvídalo! Está claro que no quieres que vaya. Eres una egoísta. No me quieres y nunca me has querido». Sandra intentó hacerle comprender que no era verdad y finalmente consiguió convencerla para que se vieran la semana siguiente.

Un sinfín de episodios similares habían sembrado en la mente de Sandra a lo largo de su vida el mensaje de que era una egoísta y una insensible. Estas críticas, que estaban totalmente fuera de su control, se habían infiltrado en su psique. Sentía automáticamente que era una mala persona cada vez que su madre se enfadaba con ella.

Tanto Bonnie como Sandra sabían que la manera en que acostumbraban a reaccionar sus madres era exagerada y se debía a algún tipo de discapacidad emocional, pero eso no cambiaba el hecho de que en el fondo interiorizaran sus críticas. Cada una de aquellas reacciones exageradas les producía una conmoción emocional, que a

Bonnie la hacía sentirse una inútil por cometer errores y a Sandra, una desconsiderada y una egoísta por tener sus propias necesidades. Esta intensidad emocional es otro de los factores que favorecen el lavado de cerebro (Taylor 2004).

Para que el lavado de cerebro sea efectivo, la persona debe interiorizar los mensajes de su captor, y es más fácil que esa interiorización se produzca en un contexto de sobreexcitación emocional. ¿Y puede haber un impacto emocional más fuerte para un niño que tener a un adulto iracundo gritándole a la cara? Este es uno de los parecidos que tiene la reacción desorbitada de los padres con un lavado de cerebro.

Son muchos los niños y niñas que, como Bonnie y Sandra, desarrollan un reflejo de autocrítica feroz que se activa en el instante en que se arrepienten de cualquier comportamiento. Adelantándose a las críticas externas, se evitan la angustia de tener que oírlas y, en definitiva, tienen más control de las situaciones. La idea de base es que, si te criticas tú primero, puede que los demás se abstengan de hacerlo. No es un hábito saludable, pero para muchos hijos e hijas de padres EI es preferible a que les llegue por sorpresa un ataque encolerizado de su padre o su madre, o de cualquier otra persona emocionalmente inmadura.

Por suerte, ningún progenitor EI promedio tiene la habilidad o la intención de ser un auténtico lavador de cerebros. De niña, no eras realmente su prisionera. Lo más probable es que las acciones de tus padres no fueran tan metódicas como para poder calificarlas de lavado de cerebro, y además tenías la posibilidad de recibir apoyo del exterior. No obstante, puede que sus reacciones se te quedaran grabadas en la mente y se traduzcan ahora en esa autocrítica despiadada con la que vives.

Afortunadamente, puedes cambiar muchas opiniones negativas o desacertadas que tienes sobre ti a medida que vas haciéndote mayor y te llegan de otra gente comentarios que se ajustan más a la realidad. A esto se suma que, a finales de la adolescencia y comienzos de la edad adulta, una está deseando experimentar con nuevas ideas y cuestiona todo lo que le han enseñado. Puede que encuentres una pareja o una amiga que te apoye y vea todas las cosas buenas que hay en ti. En el caso de muchos hijos e hijas de padres EI, las opiniones distorsionadas sobre su valía cambian cuando se van de casa y entran en contacto con campos de pensamiento más extensos; por ejemplo en la universidad, o en sus viajes, o al empezar un trabajo nuevo.

De todos modos, aunque tu mundo se expanda, las creencias negativas que tienes sobre ti pueden persistir o resurgir, sobre todo durante la interacción con personas emocionalmente inmaduras. He aquí algunas formas en que puedes averiguar de dónde proceden esas opiniones y cómo podrías facilitar un cambio de perspectiva.

Estrategia

En primer lugar, abandona ya la idea de que sentirte fatal por ser como eres indica que tienes una conciencia clara de ti misma. Esas percepciones que te hacen sentirte culpable y desalentada no se corresponden con los hechos; están ligadas a recuerdos dolorosos y, sencillamente, no son verdad.

Así que la próxima vez que, tras interactuar con una persona EI, te oigas empezar a criticarte, escribe todas las creencias sobre ti que te ronden por la cabeza. Pon tus autocríticas por escrito para que puedas contemplarlas objetivamente. Siente compasión hacia la niña que hay en tu interior, a la que le hicieron creerse mentiras tan desalentadoras como esas. Pídele a tu mente adulta que opine sobre esas ideas y presente pruebas concretas de por qué no son ciertas. Reconsidera las ideas que tienes sobre ti una vez al día durante un par de semanas, hasta que sientas que empiezan a desdibujarse y a dar un giro.

Probablemente tus padres te trataron con tanta severidad porque había algo que los asustaba. Imagina que eres tu padre o tu madre en aquel tiempo y trata de intuir qué pudo ser. Desde ahí, completa esta afirmación (Ecker y Hulley 2005-2019):

Te criticaba (diciéndote/haciendo) _____ *porque me daba miedo que* _____ .
(Por ejemplo: Te criticaba mirándote con desprecio porque me daba miedo que avergonzaras a la familia).

Da igual que tu interpretación sea cierta o no; lo importante es que te des cuenta de que las críticas de tus padres eran un mecanismo de defensa y que no tenían una justificación objetiva.

También puedes hacer la prueba de escribir un diálogo con la parte de tu personalidad que te critica y te deprime (Schwartz 1995, 2022). Pregúntale por qué cree que hace falta que te trate tan mal para que entiendas lo que te quiere transmitir. Anota su respuesta y mira a ver si te parece convincente. Si no es así, pregúntale si estaría dispuesta a intentar transmitírtelo de otra forma.

Puedes trabajar con esa parte agresiva y crítica que hay en ti para que te ayude a mejorar poco a poco, en lugar de dejarte destrozada. Pregúntale si estaría dispuesta a ayudarte de una manera más amable. Mira a ver si accedería a transformar su papel de crítica en el de mentora o amiga de confianza, en el de alguien que quiere lo mejor para ti y te hace comentarios claros pero con dulzura. ¿Cómo imaginas que te hablaría esa voz compasiva? (Si te gustaría saber con más detalle cómo trabajar con las partes negativas de tu personalidad, puedes consultar el libro de Richard Schwartz *No hay partes malas*).

He aquí otras técnicas que te ayudarán a trabajar con las creencias distorsionadas.

Reflexión y autodescubrimiento

Elige dos creencias o pensamientos distorsionados que hayas hecho tuyos a raíz de las críticas de personas EI. Por ejemplo:

Una creencia sobre ti como persona.

_____

_____

_____

_____

Una creencia sobre el mundo u otras personas.

_____

_____

_____

_____

Actualiza ahora esas dos creencias sustituyéndolas por otras nuevas.

_____

_____

_____

_____

_____

Consejo: Te creíste ciertas frases negativas sobre tu forma de ser porque alguien te las decía con frecuencia o las pronunciaba con intensidad emocional, o ambas cosas. Esos pensamientos se fueron abriendo camino en tu psique hasta convertirse en una preocupación angustiosa por ser como eras. Sin embargo, utilizando las mismas vías por las que se instalaron en ti —es decir, la repetición y la intensidad emocional—, puedes actualizar la programación. No deberías permitir que las palabras irreflexivas de unas personas EI en plena crisis emocional constituyan los cimientos de tu concepto de ti misma. No tienen por qué permanecer en tu mente ni su voz encolerizada debería ser la que oigas en la cabeza. A partir de este momento, pon tu energía en resolver los problemas, y no en hacerte pedazos reproduciendo las voces que interiorizaste en tu infancia.

Siempre me involucro más de la cuenta en las necesidades y problemas de las personas EI

Detén los intentos de apropiación emocional y la sobreidentificación

La *apropiación emocional* consiste en que una persona EI haga que te preocupes más por cómo se siente ella que por cómo te sientes tú. Por eso se le llama «apropiación», porque no se te tiene en cuenta como persona; lo único que importa de ti es que satisfagas de inmediato cualquier necesidad suya. Cuando un individuo EI tiene un problema, te hace sentir que tienes la obligación de dejar tu vida en suspenso y ponerte a su servicio.

Estas personas acaban saliéndose con la suya porque consiguen hacerte creer que sus necesidades son de verdad urgentes y que debes anteponerlas a todo, ya que no hay nada en tu vida que sea tan importante como lo que a ellas les pasa. Te comunican el mensaje de que, si fueras una persona íntegra, no dudarías en darles lo que necesitan. Su conjetura es que, como tú tienes tanto, te costaría muy poco hacerlas felices. En definitiva, eres un insensible si no las ayudas al instante.

Si creciste en un ambiente emocionalmente inmaduro, es muy probable que una parte de ti se crea *de verdad* sus conjeturas. Recuerda que los dos objetivos principales de su sistema de relaciones emocionalmente inmaduras son: 1) que las estabilices emocionalmente y 2) que apuntales su frágil autoestima. Si no accedes a sus peticiones, tendrás que soportar que se enfaden mucho o que se derrumben a causa del estrés. Y su malestar, como si fuera el de un niño pequeño, te altera tanto que haces lo que sea para que estén tranquilas.

Cuando las personas EI se sienten desbordadas por la complejidad de una situación, consideran que es una emergencia. Sus emociones magnifican y desfiguran el mínimo problema hasta convertirlo en un cataclismo; crean lo que el psicólogo Brian Wald llama un «campo de distorsión» que hace que todo parezca mucho más grave de lo que es. El *contagio emocional* (Hatfield, Rapson y Le 2009) te arrastra entonces a su miedo y su sentimiento de impotencia, y te convence de que ¡hay que hacer algo de inmediato! Ese campo de distorsión te convence de que su malestar es una emergencia en tu vida, algo a lo que debes dedicarte en cuerpo y alma hasta que consigas resolverlo. Apresado en la apropiación, te fusionas emocionalmente con ellas (Bowen 1978) y asumes la misión de rescatarlas.

La fusión emocional con una persona EI es como estar de guardia veinticuatro horas al día todos los días de la semana. Se espera de ti que hagas cualquier cosa que esta persona frenética, emocionalmente inestable, piense —atacada de miedo— que es necesaria. Se espera que pongas manos a la obra e inventes de la nada una solución. Y tú, sin darte cuenta, estás atrapado en algo de lo que te gustaría estar lo más lejos posible. Cualquier respuesta tuya que no sea «sí» —una explicación racional, cuestionar sus conjeturas, plantear alternativas, pensar las cosas con calma o buscar información— se considera una demora innecesaria y una demostración, además, de tu insensibilidad y falta de cariño.

Sin embargo, puede que cualquiera de esas respuestas sea justo lo que la situación requiere. No tienes por qué convertir su urgencia en tu problema. Si tienes la sensación de que te están pidiendo ayuda, tienes derecho a pararte ahí mismo. Cualquier presión añadida debería ser la señal para retroceder y pensar con calma.

La *sobreidentificación* con el dolor o el malestar de la persona EI es lo que hace posible la apropiación emocional. Te identificas tanto con su sufrimiento y su desazón que los haces tuyos y los sientes incluso más que ella: te angustias por la situación que está atravesando, lo avergonzada que debe de estar esa persona, lo impotente que debe de sentirse, lo terriblemente doloroso que debe de ser para ella lo que le acaba de ocurrir... La *sobreidentificación* es tan instintiva que hay quienes tienen la sensación de estar captando literalmente el dolor de la otra persona como si fuera una onda de radio. Lo más probable es que solo estén imaginándose vívidamente todo lo que creen que puede estar viviendo.

Una clienta mía, por ejemplo, contaba que había acabado sollozando de rodillas en el suelo después de que su madre la llamara para decirle de que su tío —el hermano de su madre— había muerto. Sentía como si hubiera absorbido el profundo dolor de su madre, aunque ella no estaba especialmente unida a su tío. Otro cliente, un chico joven, sintió de golpe un bochorno terrible cuando en una reunión familiar su padre tropezó y se cayó; de vuelta en su casa, se había echado a llorar al pensar en lo avergonzado que debió de sentirse su padre. Esta hija y este hijo adultos tenían unos límites tan permeables en la relación con sus padres que pensaban que la única forma de ser leales a ellos era sentir por entero su dolor. La manera de demostrar su amor y lealtad a unos padres emocionalmente distantes era sobreidentificándose con sus experiencias a causa de un exceso de empatía.

Sea cual sea el motivo, la sobreidentificación con el sufrimiento ajeno puede ser perjudicial para ti. Quizá pienses que es una demostración de amor hacer tuyo el dolor de la otra persona, pero como la sobreidentificación es una empatía muy exagerada, puede que acabes sufriendo más tú que ella. La empatía deja de ser realista cuando el dolor imaginario es tan excesivo.

Si en el pasado has sido presa fácil de las apropiaciones emocionales y has tendido a la sobreidentificación, vamos a ponerle fin. No hay razón para que las experiencias de las personas EI te absorban hasta tal punto que pierdas el contacto contigo. Dejarte enredar tan exageradamente en sus asuntos no las ayudará en nada. El cariño de verdad no exige fusión ni sacrificios. Veamos cómo impedir que se produzcan la apropiación emocional y la sobreidentificación.

Estrategia

Las apropiaciones emocionales empiezan con el acuerdo tácito entre tú y la persona EI de que sus sentimientos son más importantes que los tuyos. He aquí algunas medidas que puedes tomar para esquivar una tentativa de apropiación:

1. En primer lugar, es hora de que comprendas que tus sentimientos y tu bienestar son igual de importantes que los suyos. Como dos personas adultas que sois, las necesidades de ambas importan lo mismo.

2. Si empiezas a asustarte o a ponerte nervioso por el problema de esa persona, observa tu reacción, da un paso atrás y desconéctate de ella. Intenta recuperar la objetividad y la calma. Ten presente en todo momento que, en última instancia, la responsabilidad de la situación es suya.

3. Dile unas palabras de consuelo si quieres, pídele tiempo para reflexionar sobre su problema y vuelve a ponerte en contacto con ella una vez que hayas recuperado la sensación clara de que tienes derecho a vivir tu vida.

4. No vuelvas a hablar con esa persona hasta que estés seguro de que puedes y quieres realmente hacer lo que vas a ofrecerle. El poder secreto de las apropiaciones emocionales está en que los individuos EI presentan sus problemas como si fueran tan urgentes que no hay tiempo para pensar. Por eso, en lugar de sumirte en su caos, pídele a esa persona que tenga un poco de paciencia mientras consideras todos los aspectos de su situación. Para cuando vuelvas a ponerte en contacto con ella, es posible que se haya olvidado de ti y haya buscado a alguien distinto. Las personas EI solo disfrutan con sus apropiaciones emocionales si te involucras en sus problemas sin rechistar.

La sobreidentificación no puede hacerse efectiva a menos que aceptes que los sentimientos de la persona EI son más importantes que cualquier otro elemento de la situación. Cuando empieces a imaginarte vívidamente cada detalle espantoso de su tormento, date cuenta y párate; acto seguido, bájales el volumen. Recuérdate: *Esto no me está pasando a mí. Puedo ser comprensivo y afectuoso sin convertirlo en mi dolor. Fusionarme con esta persona es perjudicial, no saludable.* Un cliente lo definió como el proceso de «encontrar los límites dentro de mi propia mente».

La sobreidentificación no es una prueba de tu amor por esa persona; es señal de que te estás dejando absorber en su vida hasta un grado malsano. Mostrar empatía en su justo grado es suficiente demostración de amor; no hace falta que hagas tuyos los sentimientos más desoladores de otra persona.

Reflexión y autodescubrimiento

Recuerda alguna ocasión en la que, estando con una persona EI, hayas caído en su apropiación emocional y te hayas sobreidentificado con sus problemas. Describe detalladamente lo que sentiste.

Si hubieras sabido algo sobre las apropiaciones emocionales, los campos de distorsión y la sobreidentificación, ¿en qué habría cambiado tu forma de responder a la persona EI?

_____

_____

_____

_____

_____

_____

Consejo: Deja que las personas EI vivan su dolor de la forma en que lo viven; no te corresponde a ti hacerlo tuyo. No se debería esperar que nadie haga eso por otra persona. Puedes ser leal y expresar tu cariño sin abusar de ti mismo. Muestra empatía, pero no asumas que es tu responsabilidad compensar a esa persona por todo el dolor que ha sufrido en su vida. Entre otras cosas, porque es imposible.

No puedo ni pensar, cuando estoy con ellos. Me siento tan confusa que no me salen las palabras

Cómo aclarar el revoltijo mental

Karyn se sentía preparada para ir a visitar a sus padres. Sabía que no les parecería bien que cambiara de trabajo, pero tenía la conversación planeada. No quería mantenerlo en secreto y estaba dispuesta a ponerles algunos límites si era preciso. Se había protegido mentalmente contra la avalancha de advertencias que sabía que le iban a hacer.

Pero cuando regresó a su casa tras la visita, se sentía absolutamente derrotada. Sus padres se habían alarmado tanto cuando les contó su decisión que los límites que tenía pensado ponerles se evaporaron al instante. Acabó escuchando todas sus preocupaciones y sintiéndose cada vez más incapacitada y vacilante a medida que avanzaba el discurso. Ahora, de vuelta en casa, estaba furiosa consigo misma por haberse dejado manejar.

«Me avergüenzo de no haber sido más enérgica con ellos —explicaba unos días después—. Pero es que no era capaz de concentrarme en qué quería y necesitaba yo. No conseguía decir nada coherente; cada vez que hablaba, me daba la impresión de que todo se volvía aún más confuso. Los escuchaba y sus palabras me daban vueltas en la cabeza. No podía ni pensar. Me quedé totalmente en blanco. Casi tartamudeaba cuando quería intervenir».

El desconcierto absoluto que había sentido Karyn aquel día con sus padres tenía historia, una historia fundamentada en el principio: «Si me dices que he hecho algo mal, doy por sentado que tienes razón —continuó—. Me enseñaron a pensar que, si ellos y yo discrepábamos en algo, era yo la que estaba equivocada».

Explicó que tenía este problema siempre que intentaba comunicarse con personas difíciles o autoritarias. Aunque se preparaba de antemano cada vez que iba a ver a sus padres, estar cara a cara con ellos la dejaba indefensa y confusa. Ella lo consideraba un signo de debilidad y se sentía profundamente abatida.

Puede que también tú experimentes lo que la terapeuta Jenny Walters llama «revoltijo mental» cuando intentas hablarle de algo importante a una persona EI. Es posible que, como le ocurrió a Karyn, intentar transmitirle tu punto de vista en circunstancias similares te haya hecho sentirte una absoluta inepta para la comunicación. El problema no está en ti, sino en la persona emocionalmente inmadura, que no tiene ningún interés en lo que le estás contando, así que no te escucha o no te responde.

Si dices algo que no le gusta, rechaza de plano tu realidad. Es su defensa favorita para todo. Le da seguridad, porque le permite tomar el mando de cualquier situación. Para los padres de Karyn, que su hija hubiera decidido cambiar de trabajo no era un hecho que tuvieran por qué aceptar; se sentían en su derecho a decirle que de ninguna manera. Como a las personas EI no les interesan tu mundo interior ni tu experiencia subjetiva, no tienen la menor motivación para intentar comprenderte. Dado que su vía de pensamiento es de sentido único («¿Cómo me afectará esto a mí?»), no ven más allá de la sensación que a *ellas* les produce lo que les cuentas. Puede que lo disfracen de preocupación por tu bienestar, pero la realidad es que no quieren ni oír hablar de un cambio que no les gusta.

Además, les incomoda el ambiente de intimidad emocional que se crea cuando les hablas de algo que te importa de verdad. Demasiada cercanía, para ellas. Perciben tu sinceridad y tu emoción y se retraen. En lugar de escucharte hasta el final, aprovechan el mínimo detalle que les dé pie a poder defender su punto de vista, y lo demás hacen como si no existiera. Tú te quedas desconcertada, porque pensabas que estabas siendo muy clara y muy directa, y sus respuestas no tienen para ti ningún sentido. No te das cuenta de que no te están respondiendo a ti, sino más bien a su propia ansiedad y a sus preocupaciones.

Cuando intentas comunicarte con sinceridad y la persona EI se sale por la tangente, te quedas inmovilizada. No sabes qué hacer. ¿Deberías repetir el mensaje? ¿Esforzarte por entender qué trata de decirte y por qué? ¿Intentar relacionar su respuesta con lo que tú has dicho? Da igual lo que hagas, porque su respuesta, sencillamente, no tiene lógica y es imposible encontrarle ningún sentido. Así que te quedas perpleja y ya no estás segura de nada. Pero eso no es debilidad, es simple confusión inducida por su inmadurez emocional.

La inesperada falta de lógica de las personas EI te desbarata el pensamiento. Intentar seguir el hilo de sus razonamientos va sumiéndote más y más en la confusión. Y ese desconcierto tuyo es el estado propicio para que puedan hacerte tranquilamente sus sugerencias y dirigirte. Una vez desestabilizada, te conviertes en su oyente y empiezas a prestar atención a sus indicaciones. No es que tengan el plan diabólico de ejercer sobre ti alguna clase de control mental; es simplemente que, cuando se sienten incómodas con una situación que podría perturbarlas, se activan instintivamente sus mecanismos de defensa para desarticular tu mensaje. Automáticamente, interrumpen y desestabilizan cualquier interacción que amenace con llevarlas a donde no quieren ir.

Es imposible comunicarse con una persona que no quiere escuchar ni entender. Es muy difícil mantener el hilo de los pensamientos estando con alguien que es como un muro. Si tratas de comunicarte a nivel emocional, buscas el contacto visual del otro, gestos de asentimiento, de perplejidad, cualquier señal de que esa persona está intentando entenderte. Así que cuando empiezas a hablarle a alguien EI y lo ves distraído, con cara de que no le interesa lo que le estás contando o con expresión reprobadora, es fácil que te quedes sin la motivación para seguir hablando y notes una especie de niebla mental. Percibir su oposición antes siquiera de que hayas terminado de hablar hace que hasta se te olvide lo que intentabas decirle.

El error de Karyn fue abrir la puerta a lo que sus padres opinaban sobre la decisión que había tomado. Estaba convencida de que la claridad que tenía podría hacer frente a cualquier objeción suya, así que escuchó sus opiniones. Lamentablemente, perdió de vista que tenía también derecho a *no* entrar en una discusión sobre el tema. En lugar de darles explicaciones intentando que la entendieran, podría haberlos informado, simple y brevemente, de que iba a cambiar de trabajo y haberse negado a discutir el asunto o a darles la oportunidad de que opinaran al respecto. Podría haberles dado la noticia en un entorno neutral, un restaurante por ejemplo, donde no se hubiera sentido atrapada; haberles dicho que había tomado la decisión y que por el momento eso era todo. Y acto seguido, podría haber cambiado de tema; o haberse marchado, en caso de que no quisieran dejar de lado el asunto. De este modo, se hubiera evitado tener que oír sus comentarios tangenciales y confusos, y sentir que no tenía más remedio que procesar en serio sus reacciones. Habría podido comunicarles la noticia sin sentirse obligada a escuchar su opinión.

Aclaremos todavía más cómo puedes evitarte el «revoltijo mental» y esas conversaciones frustrantes que no llevan a ningún lado.

Estrategia

No te esfuerces por encontrarle sentido a algo que no tiene ni pies ni cabeza. Tú sabes lo que has dicho y sabes si la respuesta de la persona EI es coherente con ello o no. Date cuenta de su táctica, pero no intentes cambiarla. Reconoce que está tratando de desviarte y generarte un revoltijo de ideas. No intentes entender por qué lo hace; mantente centrada exclusivamente en lo que quieres comunicar, utilizando frases cortas y claras. No te dejes arrastrar a una discusión sobre temas de los que no quieras discutir.

En lugar de dejar que la conversación siga libremente su curso, empieza cualquier comunicación incómoda con un plan preciso. Estate preparada para posibles respuestas evasivas y coacciones emocionales. No intentes ganar la batalla haciéndoles entender tu punto de vista y no aceptes discusiones ni comentarios. Di lo que tengas que decir con objetividad y naturalidad, y no esperes una respuesta que te pueda ser útil o te vaya a ayudar en nada. Si limitas tu comunicación con una persona EI sencillamente a los hechos, te sentirás menos confusa y herida al despedirte.

Reflexión y autodescubrimiento

¿Has tenido alguna vez esa sensación de revoltijo mental mientras hablabas con una persona EI? Describe el incidente, cómo reaccionó y qué fue concretamente lo que te hizo perder el hilo de lo que querías decir.

_____

_____

_____

_____

Después de haber leído esto, ¿cómo actuarías en el futuro si tuvieras algo importante que decirle a una persona EI? Ahora que tienes más detalles sobre el «revoltijo mental», ¿cuál sería el plan?

_____

_____

_____

_____

_____

Consejo: Si discutes con una persona EI o intentas convencerla de algo, es muy probable que acabes sumida en un estado de confusión. Vete preparada. Cuenta con que intentará darle un giro a la conversación y desviarla hacia sus propios problemas. Si tienes claro que no quieres venderle nada, que quieres informarla simplemente, le comunicarás lo que sea necesario. Esperar su aprobación o unas palabras que de verdad te ayuden es pedir mucho.

No puedo hacerles frente. Siempre ganan

Los cuatro jinetes del derrotismo

Aaron tenía una relación difícil con el que era su mentor en el despacho de abogados donde trabajaba desde hacía poco. No quería quejarse, pero este hombre, ya mayor, se aprovechaba de que fuera un abogado joven y lo cargaba con mucho más trabajo del que a Aaron le correspondía hacer. Además, recibía de él críticas constantes. Las cosas llegaron a tal punto que Aaron acabó solicitando un traslado a otra sucursal. Esto generó en su mentor un resentimiento añadido, y lo atosigaba todavía más. Aaron empezó a sentirse deprimido y decidió buscar ayuda terapéutica.

Las situaciones que Aaron vivía en el trabajo le traían a la memoria momentos muy dolorosos de la infancia, sentimientos de soledad emocional e impotencia que lo hacían replegarse sobre sí mismo y le quitaban las ganas de vivir. Cuando le pregunté si en aquel tiempo se lo había contado a alguien, si había pedido ayuda, contestó: «Ni siquiera se me pasó por la cabeza. Supongo que pensaba: "¿Pedir ayuda? ¿Para qué molestarse?". Si me derrumbaba, buscaba yo solo la manera de salir».

Habría podido decirle a Aaron que hubiera debido pedir ayuda antes, ya que no hacer nada al respecto había prolongado innecesariamente su dolor. Pero el dilema en el que se encontraba en la actualidad tenía sus raíces en la relación con personas EI a edad temprana, lo cual hacía que el problema actual fuera más complejo de lo que parecía. Aaron estaba atrapado en la pasividad porque, de niño, había aprendido de su padre y su madre EI lo siguiente:

- Es inútil esperar la compasión o la ayuda de nadie porque nadie se da cuenta de la angustia que sientes ni tiene el menor interés en tu bienestar emocional.
- Es responsabilidad tuya encargarte de resolver tú solo el dolor emocional que sientas.
- Si pides ayuda, será todavía peor, porque te avergonzarán y te harán sentir que eres débil por quejarte.
- Si necesitas ayuda con demasiada frecuencia, la gente pensará que eres un quejica y te evitarán.

Los hijos e hijas de padres EI constituyen un grupo especialmente vulnerable a dejarse explotar en el trabajo y en las relaciones, ya que no suelen creer que tengan derecho a expresar con naturalidad lo que necesitan. Si acostumbras a encontrarte en este tipo de situaciones, tal vez sea porque te preocupa que verbalizar tus necesidades te convierta en un incordio para todo el mundo. O tal vez te cuesta un esfuerzo enorme quejarte, o incluso preguntar algo que necesitas saber, sencillamente porque temes que puedan ridiculizarte o mirarte con desdén.

Como consecuencia, es posible que esa incapacidad de expresar lo que querrías decir te provoque reacciones derrotistas. Yo las llamo «los cuatro jinetes del derrotismo»: pasividad, disociación, inmovilización e impotencia aprendida. Tal vez en algún momento de la infancia recurriste a estas formas internas de hacer frente a las situaciones porque, como en el caso de Aaron, habías llegado a la conclusión de que adoptar una actitud más activa acababa empeorando las cosas en lugar de mejorarlas.

Examinemos estos estilos de afrontamiento con más detalle y veamos si reconoces alguno de ellos.

La *pasividad* es el sentimiento de que es más fácil ceder. Quienes aprendieron en su infancia a dar siempre prioridad a los demás suelen desarrollar este estilo de afrontamiento. De niño, si vivías con un padre o una madre EI, estaba claro quién tenía derechos y quién no,

150

así que probablemente se te obligaba a ceder a sus exigencias. Tuviste que reprimir tus instintos, por naturaleza activos y asertivos, y es inevitable que esto provoque conflictos internos que generan ansiedad, en lugar de una acción sana. Hay niños que se rebelan contra sus padres, que no ceden tan fácilmente a sus deseos, pero el niño interiorizador y sensible, como Aaron, es más propenso a obedecer, retraerse e intentar resolver las cosas por su cuenta. La pasividad puede ser una manera eficaz de evitar los conflictos con una persona EI dominante.

La *disociación* es una defensa más seria que la pasividad, ya que te separa de ti. Suele comenzar en alguna situación demasiado abrumadora como para poder procesarla; pero luego, cuando te das cuenta de lo bien que funciona la disociación, es posible que acabes pillándole el truco y utilizándola con mucha frecuencia. En casos extremos, puede traducirse en experiencias extracorpóreas o incluso amnésicas, aunque normalmente adopta modalidades más leves, como desconectar del momento, enajenarte mediante el consumo de alimentos o sustancias, o dejarte invadir por una sensación de vacío y de no estar presente. Puede hacer que te sientas muy lejos de todo, desvinculado de lo que te rodea, o como si estuvieras en mitad de una escena surrealista o virtual. En cualquiera de los casos, dejas de sentir tus reacciones como propias y te conviertes en un observador de tu vida, desconectado de ella.

A diferencia de la disociación, que es un estilo de afrontamiento más bien mental o existencial, la *inmovilización* es una desconexión involuntaria de todo el cuerpo, que se produce cuando te sientes físicamente «muerto de miedo» o paralizado. En ese momento eres como el ciervo clavado en mitad de la carretera, mirando fijamente los faros del coche que viene de frente sin ser capaz de apartarse. Es una reacción instintiva del sistema nervioso autónomo que experimentamos tanto los seres humanos como los animales ante una situación de peligro de muerte. Y una persona EI encolerizada puede ser tan intimidante que desencadene esta respuesta.

Por último, la *impotencia aprendida* (Seligman 1972) es un estado mental que se deriva de haber experimentado repetidamente la imposibilidad de escapar de ciertas situaciones y haber aprendido de ello que la única opción es rendirse. Curiosamente, no hace falta tomar medidas deliberadas para provocar en los animales ni en los seres humanos un sentimiento de impotencia; ellos solos acabarán desarrollándolo de forma natural en condiciones de adversidad incesante (Maier y Seligman 2016). Esto significa que en muchos casos el sentimiento de impotencia puede ser la respuesta natural al sufrimiento psicológico crónico que no está en nuestras manos resolver, como por ejemplo cuando depende de los comportamientos de alguna persona EI. Razón de más para que te trates con compasión y comprendas que el sentimiento de impotencia surge involuntariamente y no es un defecto tuyo.

Veamos algunas cosas que puedes hacer para superar estas tendencias derrotistas cuando interactúes con personas EI. Una vez que te decidas a empezar a tener una actitud más activa en tu relación con ellas, ten presente que es mejor avanzar a pequeños pasos.

Estrategia

Pasar de una actitud pasiva a una más activa en tu interacción con las personas EI es un proceso gradual. No se trata de que les plantes cara de repente a todas las que conoces. De todas maneras, hay pocas probabilidades de que, tras un esfuerzo de tal magnitud, fueran a responder como a ti te gustaría. Pretender que un discurso enérgico tenga algún efecto en estas personas es como empeñarte en clavar a la pared a martillazos un flan de gelatina: no estarán de acuerdo con una sola palabra tuya y esquivarán todos tus intentos por obtener la respuesta que deseas. Así que, en lugar de empeñarte en que te escuchen, mira a ver si puedes descubrir aspectos de una determinada interacción sobre los que tienes control y actúa basándote en eso. Por ejemplo, una vez que Aaron se dio cuenta de que su mentor iba a seguir explotándolo, podría haber pedido el apoyo de algún socio veterano del bufete o haber acudido al departamento de recursos humanos para denunciar el abuso de poder del que estaba siendo víctima. Aaron tenía la posibilidad de pedir ayuda externa, pero no de hacer que a su mentor le importara lo que él sentía.

Cuando notas que empiezas a desconectarte o a sentirte inmovilizado, retírate a un espacio donde nadie vaya a molestarte, respira con calma enfocando la atención en la respiración y sintoniza con lo que sientes en el cuerpo, tensando y relajando alternativamente los brazos y las manos. Ser consciente de las sensaciones corporales te mantendrá en contacto contigo y te impedirá disociarte. Reconectar contigo mismo y permanecer presente en tu cuerpo te ayuda a desaprender hábitos disociativos que formaban parte de la pasividad y a aprender a responder de una manera que te reafirme en lugar de anularte.

No hace falta que te conviertas en un héroe de acción. Lo importante para que tus palabras surtan efecto no es la contundencia con que las pronuncies, sino cuántas veces estés dispuesto a repetirlas. Incluso pequeños progresos aparentemente mansos e insignificantes acabarán llevándote a donde quieres estar. Repite lo que tengas que decir tantas veces como haga falta hasta que estés satisfecho de haberte expresado con claridad. Ten pensado de antemano lo que vas a hacer y hazlo. Ahora bien, no esperes convencer ni cambiar a las personas EI. Ni siquiera los héroes de acción son capaces de eso.

Reflexión y autodescubrimiento

A lo largo de tu vida, ¿quién te ha hecho sentirte más impotente o indefenso? ¿Qué hacía exactamente esa persona para humillarte o enmudecerte? Describe el tipo de comportamiento que con más frecuencia te paraliza o te genera indecisión a la hora de actuar.

_____

_____

_____

_____

_____

¿Qué respuesta defensiva —pasividad, disociación, inmovilización o impotencia aprendida— te resulta más familiar o más problemática? Describe cómo han afectado a tu vida en algunos momentos esta y otras reacciones derrotistas.

_____

_____

_____

_____

_____

Consejo: Las personas EI solo te pueden vencer si no tienes claro lo que quieres. Para defender activamente tu postura no necesitas ser agresivo ni formidable, basta con que seas auténtico y fiel a ti mismo cuando alguien te presione. Asegúrate de darte cuenta cada vez que te mantengas firme en tu postura y elógiate abundantemente por ello. Estaría bien que anotaras esos momentos en tu diario, porque es fácil olvidarlos. Cuando empieces a pasar menos tiempo en compañía de los cuatro jinetes del derrotismo, tendrás más tiempo para intentar conseguir lo que quieres en la vida.

Estoy furiosa con ellos; no puedo dejar de pensar en lo que me han hecho

Ira, resentimiento y rabia persistentes

Las personas EI tienden a provocar sentimientos de ira en la gente con la que se relacionan. A veces, su insensibilidad te enfurece hasta tal punto que no puedas dejar de darle vueltas a algo que han hecho.

Es fácil de entender que puedan desencadenar en cualquiera un sentimiento de enfado y de rabia, ya que son reacciones naturales a sentirnos menospreciados, invalidados, desautorizados o controlados. Así que, cuando una persona EI no quiere escuchar tu punto de vista, o intenta dirigirte la vida sin tener en cuenta tus deseos, es posible que te enfades, mucho. En especial, cuando no respeta tu espacio personal y se empeña en imponerte lo que a ella le conviene.

También hay ocasiones en que las personas EI te provocan mediante actos aparentemente inofensivos, que en realidad encubren una transferencia de su propia ira. Puede que, por ejemplo, tengan conductas exasperantes pero estén convencidas de su inocencia y hagan ver que eres tú quien tiene un problema. En el capítulo anterior, esto es exactamente lo que hacía el mentor de Aaron. Justificaba su trato abusivo con la explicación de que estaba dándole a Aaron la formación profesional que necesitaba; habría negado rotundamente que estuviera rabioso contra él. Así que era Aaron quien interiorizaba la ira de su mentor y se sentía provocado por la situación. Esta clase de personas EI conocen tus debilidades y se aprovechan de ellas para ir haciéndote enfadar poco a poco, hasta que al final explotas; pero no son conscientes de la ira que hay en ellas. Y si tú no te das cuenta de que, en realidad, cuando te provocan están proyectando en ti esa ira que no quieren reconocer, es posible que caigas en la trampa de su hostilidad y, sin saberlo, te contagies de toda su rabia acumulada.

Si cada vez que interactúas con determinada persona te invade una sensación de enfado, vale la pena que te plantees si tal vez te carga a ti con la ira que ella no está dispuesta a aceptar, para que seas tú quien la exprese. Es a lo que se denomina *identificación proyectiva* (Ogden 1982), un proceso por el que, de forma subconsciente, una persona incita a otras a asumir como suyos los sentimientos y deseos que ella rechaza. Esta es una de las maneras en que los problemas emocionales no resueltos se transfieren inconscientemente en una familia a través de las generaciones (Bowen 1978; Wolynn 2016).

Además de estas fuentes de ira psicológicamente complejas, tu enfado podría responder a causas más obvias. Por ejemplo, a que no se respete tu *libertad mental* o tu *autonomía emocional*, algo a lo que son dados especialmente el padre y la madre EI de tipo dominante. No se limitan a criticar tu comportamiento, sino que te dicen literalmente lo que debes pensar y sentir.

Es frecuente que el padre y la madre EI provoquen en sus hijos una reacción de rabia al negarles la libertad de pensamiento y pretender que se sientan culpables, avergonzados o incluso malos por pensar ciertas cosas («¡Ni se te ocurra pensar eso!»). En algunos casos, llegan a ponerte en un terrible aprieto con sus prohibiciones de carácter religioso, diciéndote por ejemplo que tener pensamientos de odio o de rabia contra alguien es igual de inmoral que hacerle daño directamente. Esta fiscalización moralista no solo no te ayuda a procesar tus sentimientos, sino que te crea además la supuesta obligación de controlar qué pensamientos te vienen a la cabeza. Tener que satisfacer estas expectativas imposibles acaba generándote en muchos casos todavía más rabia y frustración.

Los padres EI suelen interferir también en la autonomía emocional de sus hijos y prohibirles mostrar sus sentimientos o incluso castigarlos si los expresan. La razones de esto son, por un lado, su aversión a las emociones fuertes y auténticas (McCullough *et al.* 2003) y, por otro, la facilidad con que se sienten agobiados; tienen un umbral de estrés emocional tan bajo que enseguida se impacientan y se enfadan con sus hijos si expresan angustia, pena o incluso una alegría desbordante. En las familias en las que el padre y la madre son más comprensivos, su interés y empatía tranquilizan al niño y le ofrecen un marco seguro en el que vivir su malestar (Winnicott 2002). Por el contrario, los padres EI no solo no lo ayudan a procesar su angustia, sino que suman a ella su propio enfado e incluso lo castigan por expresar sus sentimientos. A consecuencia de todo esto, el niño no solo se siente angustiado, sino además inseguro, incomprendido y rabioso.

Esa rabia que el niño siente cuando recibe un trato injusto o falto de empatía puede acabar generando odio, su primo hermano. Y el odio hacia un ser querido —aunque sea una reacción involuntaria— despierta en él un sentimiento esencial de culpa. Los niños, en su ingenuidad, se sienten culpables por tener sentimientos de antipatía tan intensos, sin comprender que el odio es una de las posibles respuestas a sentirnos controlados o coaccionados.

Cuando no tenemos posibilidad de expresar la rabia que sentimos contra alguien, por temor a las consecuencias o porque el ambiente es tan estricto que ni siquiera nos lo planteamos, puede que esa rabia se vuelva contra nosotros, en forma de autocrítica o incluso de autolesiones. Esta clase de autoagresión da salida a la ira al tiempo que oculta su verdadera causa. Es posible que en la edad adulta los hijos e hijas interiorizadores se sientan menos culpables si dirigen su furia y su odio contra sí mismos, en lugar de enfrentarse a la persona que los ha intimidado o que es la causante de su frustración.

Rumiar la ira refuerza los lazos en lugar de aflojarlos. Si en tu relación adulta con una persona EI te quedas atrapada en la ira, ese sentimiento te hace seguir activamente enredada con ella a nivel emocional. Puede que la rabia te haga reaccionar muchas veces al día a cada cosa que hace y dice, como si aún siguieras luchando contra sus tentativas de controlarte. Ahora eres una mujer adulta, y tu padre y tu madre no tienen control sobre ti, pero esa rabia que viene de lejos podría estar ocultando la preocupación por que puedan volver a tomar el control. Afortunadamente, solo pueden tomar el mando si tú, sin darte cuenta, entras en su juego.

Si al cabo de los años sigues sintiendo rabia contra una persona EI, puede que sea porque una parte de ti espera que eso la obligue a tener una relación más genuina contigo. Tal vez una parte de ti fantasea con que tu enfado la hará reflexionar sobre su posible contribución a que vuestra relación sea tan difícil. La ira puede ser una forma paradójica de, por un lado, tener motivos para mantenerte a distancia de tu padre o tu madre emocionalmente inmaduros y, por otro, seguir sintiéndote conectada con ellos.

Por último, tu rabia podría deberse a la creencia de que tu padre o tu madre podrían cambiar si no fueran tan testarudos. Pero estás dando por hecho que las personas EI son más capaces de cambiar de lo que realmente son. Tu rabia sobrevalora sus capacidades. Lo más probable es que tus padres sean dos seres humanos que sienten la necesidad de defenderse en todo momento a causa de su profunda inseguridad, dos personas incapaces de sentir empatía y que nunca te podrán dar la comprensión que tú quieres. Con personas como estas, quizá sea más fácil para ti seguir enfadada con ellas que aceptar las profundas limitaciones que las incapacitan para relacionarse como personas adultas emocionalmente accesibles.

Veamos algunas formas de abordar el enfado que quizá sientas hacia determinados individuos EI.

Estrategia

La próxima vez que notes que empieza a emerger en tu interior un sentimiento de ira al pensar en una persona EI, imagina que procede de una parte de ti que intenta protegerte, que quiere cuidar de ti lo mejor posible (Jung 1997; Schwartz 2022). Imagina que entrevistas a esa parte de ti para poder comprenderla. Puedes hacerlo mentalmente, en voz alta o escribir el diálogo en tu diario.

Muestra interés por esta parte enfadada de ti e invítala a que hable contigo, como si fuera otra persona. Si le haces preguntas, y no intentas dirigir sus respuestas, se establecerá una relación de empatía contigo misma y quizá comprendas por qué has estado tan enfadada. Estas conversaciones internas pueden acercarte a todos tus sentimientos, no solo a la ira.

Si comprendes los distintos propósitos que han mantenido vivo tu enfado, puedes preguntarte cuánto tiempo más necesitarás sentirlo y si tal vez su fuerza podría canalizarse hacia algo que te diera más satisfacciones.

Reflexión y autodescubrimiento

Cuando eras niña, ¿qué actitud tenía tu familia sobre los sentimientos de ira o de odio? ¿Esperaban que los reprimieras o te daban alguna indicación? ¿Qué te enseñaron tus padres sobre qué hacer cuando estabas furiosa?

_____

_____

_____

_____

_____

Piensa en alguna época de tu vida en la que estuvieras enfadada con alguien durante mucho tiempo por algo que te había hecho. ¿Cómo te hubiera gustado que respondiera a tu enfado? ¿Qué efecto esperabas que tuviera en esa persona saber que estabas enfadada?

_____

_____

Consejo: En algún momento, ponte al día con tu rabia: ¿te sirve para algo actualmente o está entorpeciéndote la vida? Utilizando las ideas del ejercicio anterior, piensa en qué más puede estar ocurriendo en ti además de los sentimientos de ira. No intentes deshacerte de la rabia o el odio sin haber llegado al fondo de por qué están ahí. Si necesitas seguir enfadada, disfruta conscientemente de la fuerza que te da, hasta que encuentres maneras más gratificantes de procesar lo que te ocurrió. Al ir sintiéndote cada vez más una persona con derechos como individuo, tal vez descubras que la ira ya no te es tan necesaria.

He tenido varias relaciones amorosas decepcionantes. ¿Cómo lo hago la próxima vez para que funcione?

Buscar signos de madurez emocional en una posible pareja

Tal vez el mayor obstáculo para cualquier hijo o hija adultos de padres EI sea su excesiva tolerancia a las relaciones unilaterales. En lugar de buscar una pareja bondadosa y receptiva que los tenga en cuenta y los apoye emocionalmente, es posible que se sientan atraídos por seres incompletos, que necesitan que se les recuerde que está bien pensar en los demás de vez en cuando o estar más abiertos a la intimidad emocional. Muchos de estos hijos e hijas adultos son capaces de aguantar esta clase de relaciones con la esperanza de que la evolución natural de la vida —tal vez casarse, tener hijos, comprar una casa— hará que su pareja madure y creará mayor intimidad en la relación. Sin embargo, no es muy probable que tener que asumir nuevas responsabilidades vaya a mejorar las cosas, a menos que las personas implicadas hayan evolucionado.

Si creciste a la sombra de personas EI, fundamentalmente egocéntricas, tal vez tengas asumido que es tarea tuya hacer trabajo emocional añadido en tus relaciones. Por ejemplo, quizá trates de compensar la inmadurez emocional de tu pareja facilitando tú la comunicación, iniciando los diálogos, tomando la iniciativa de hacer las paces tras un desencuentro e intentando fortalecer la conexión. Con esto, aceptas tácitamente ser la parte adulta de la relación. Y lo que pasa es que, desafortunadamente, esto da pie a relaciones codependientes (Beatty 1986), en las que asumes una responsabilidad tan excesiva por la recuperación o la maduración de la otra persona que acabas desatendiéndote a ti.

¿Interpretas un comportamiento decepcionante como un aviso o como una invitación a rehabilitar a esa persona? ¿Tenías la esperanza de enseñarle a tu pareja lo que es la empatía y de poder ayudarla a responsabilizarse de sus emociones? ¿Dónde aprendiste que las relaciones son un trabajo así de agotador?

Si has tenido una relación insatisfactoria en el pasado, ¿cómo elegir bien la próxima vez? Un buen comienzo es fijarte en cómo te trata esa persona, especialmente en situaciones de estrés.

Parece sencillo, pero si creciste con un padre, una madre u otros individuos EI, se te enseñó a *no* darte cuenta de cómo te tratan. Las personas difíciles suelen mostrar desde el primer momento señales de falta de empatía, resistencia a la intimidad emocional, dificultad para controlar los impulsos, poca tolerancia al estrés y poco respeto por los límites ajenos. Si cometes el error de creer que esas carencias son salvables, no las verás como los patrones de comportamiento arraigados que son. Cuando al empezar a conocer a una posible pareja enfocamos toda nuestra atención en su potencial, en lugar de en sus actos reales, solo vemos lo que queremos y nos las arreglamos para hacer que, mentalmente, todo lo demás encaje.

Luego, por lo común, en algún momento de la relación la persona EI hace algo tan desolador o insultante que no encuentras explicación posible. No te puedes creer que actúe de esa manera o estás furioso porque se porte tan mal contigo. Tal vez esa persona llevaba tiempo insinuando que las cosas no iban bien o que no era feliz, pero si creciste en un ambiente familiar en el que las relaciones no eran precisamente satisfactorias, puede que no lo consideraras razón suficiente para poner fin a la relación. Puede que aceptaras con fatalismo que las relaciones exigen mucho trabajo y que provocan infelicidad en muchos momentos; que te pareciera incluso heroico perseverar en relaciones insatisfactorias (una conclusión lógica, aunque equivocada, tras haber pasado la infancia con un padre o una madre EI particularmente difíciles).

Pero tienes elección. ¿No sería más fácil buscar desde el primer momento rasgos de madurez emocional en una posible pareja?

En general, a las personas emocionalmente maduras les gusta establecer con los demás una relación sencilla y cordial; no son ni distantes ni demasiado dependientes. Son empáticas y capaces de anteponer las necesidades de los demás a las suyas cuando es preciso, pero sin perder de vista su propia dignidad y sus necesidades. Son adecuadamente autorreflexivas y tienen verdadero interés en madurar y mejorar. Y, por supuesto, su autoestima y su estabilidad emocional no dependen de que estés siempre pendiente de ellas.

Veamos más concretamente cómo identificar a un buen compañero o compañera y evitar a los emocionalmente inmaduros.

Estrategia

Hazte las siguientes preguntas sobre una potencial pareja: ¿es atenta contigo?, ¿muestra empatía hacia los demás?, ¿respeta los límites personales? Cuando hablas con ella, ¿te escucha con interés?, ¿te hace comentarios que demuestran que te ha escuchado?, ¿recuerda las cosas que dices y posteriormente hace referencia a ellas?, ¿es ecuánime y sientes que hay reciprocidad en la relación?, ¿se muestra comprensiva si te sientes frustrado por algo y trata de animarte? Todos ellos son comportamientos muy básicos, pero no serán naturales en una persona EI.

El respeto a los límites del otro es una característica especialmente importante. Si le dices que no quieres hacer algo, ¿intenta convencerte para que acabes accediendo? Si expresas algún límite concreto, ¿lo acepta o lo cuestiona? Si no consigue lo que quiere, ¿se enfada o lo acepta de buen grado? ¿Te hace dudar de ti porque psicoanaliza cada decisión tuya? ¿Se comporta como si te conociera mejor que tú? En ese caso, no te equivoques: eso no es perspicacia, es dominación.

Cuando habláis, ¿esa persona se interesa por tu forma de ver las cosas o se reafirma en sus opiniones y desestima las tuyas? ¿Qué ocurre cuando no estáis de acuerdo en algo o debatís sobre un tema? ¿La comunicación entre ella y tú sigue siendo clara y directa, sin adquirir un tono agresivo o carácter insultante? ¿Te parece que intenta comprender tu punto de vista, esté o no de acuerdo contigo?

¿Es una persona alegre, capaz de disfrutar el momento? ¿Te hace disfrutar más de la vida? ¿Te resulta estimulante estar en su compañía y hacer cosas con ella? ¿Comparte tu entusiasmo cuando le hablas de *tus* sueños y ambiciones? ¿Acepta las cosas que tú necesitas para sentirte feliz, aunque sean diferentes de las que a ella le interesan? ¿Responde con gusto a tus gestos de acercamiento y los acoge como una oportunidad de vivir pequeños momentos de conexión (Gottman y DeClaire 2001)?

¿Te parece que afronta las situaciones con suficiente madurez? Por ejemplo, ¿sabe ponerles una nota de humor a las circunstancias menos gratas de la vida? ¿Es capaz de no tomarse a sí misma demasiado en serio o necesita tener siempre la razón? ¿Tiene un temperamento afable, que hace que sea fácil llevarse bien con ella, o se irrita y adopta un aire de antagonismo y rivalidad cuando las cosas no son como ella quiere? ¿Es capaz de ver las cosas con objetividad, de ser flexible y prestar atención a los hechos, o se vuelve sarcástica y despectiva si alguien no está de acuerdo con sus opiniones? ¿Tiene dominio de sus emociones o se enfada o desanima con facilidad?

¿Qué puedes deducir sobre ella a partir de lo que te ha contado sobre relaciones anteriores? ¿Su pasado es un gran drama? ¿Su vida ha estado llena de villanos? ¿Continúa hablando del daño que le hizo alguien hace tiempo? ¿Se adivina un patrón de relaciones conflictivas o de victimismo en lo que te cuenta? ¿Cómo se lleva con sus compañeros de trabajo? Si es padre o madre, ¿cómo es la relación con sus hijos?

Y por encima de todo, ¿te sientes relajado en compañía de esa persona? ¿Te sientes seguro y reconocido en su presencia? ¿Puedes ser tú mismo cuando estás con ella? ¿Sientes que puedes llegarle al corazón y que te comprende en lo que de verdad importa? ¿La has visto en momentos de gran presión, potencialmente estresantes? ¿Admirarías cómo hace frente a las cosas incluso si no estuvieras saliendo con ella?

Aunque a veces te sientas solo o inseguro, no eres un niño abandonado que necesita que alguien lo adopte ni alguien indeseable que deba sentirse profundamente agradecido si otro le presta atención. Eres un adulto autosuficiente que ha tomado la decisión de «auditar» a sus potenciales parejas para encontrar aquella con la que podrá *disfrutar*.

Reflexión y autodescubrimiento

Piensa en una buena relación que hayas tenido. Puede ser con un amigo o una amiga íntimos o una relación de pareja. ¿Qué cualidades tenía esa persona que hicieron que vuestra relación fuera para ti tan gratificante?

_____

_____

_____

¿Ha habido relaciones íntimas en las que hayas tenido que hacer demasiadas concesiones para que las cosas funcionaran? Describe en qué aspectos o momentos crees que asumiste demasiada responsabilidad por mejorar la relación, especialmente aquellos en los que la otra persona no mostraba el mismo grado de compromiso.

_____

_____

_____

_____

Consejo: Podrías conocer a alguien muy diferente de ti con quien te sientes realmente a gusto. Los polos opuestos se atraen. Pero esas diferencias deben ser complementarias, no incompatibles. Para evaluar la madurez emocional de alguien, expresa desde el primer momento tus preferencias y necesidades. Deja que esa persona responda a tu verdadero yo y mira a ver cómo te sientes. Evita cualquier tendencia a la pasividad, a poner buena cara o a ser demasiado complaciente. La relación debe fluir con facilidad y ser igualitaria desde el principio y debe haber una natural sensibilidad por ambas partes.

La única forma de conocer de verdad a alguien es pasando suficiente tiempo con esa persona como para verla actuar en momentos de estrés y frustración. Toma nota, porque así es como podría actuar algún día contigo.

¿Qué puedo hacer para asegurarme de que no seré una madre EI?

Conocerte a ti misma es la clave para una crianza emocionalmente madura

Si te preocupas por tus hijos, quiere decir que probablemente no te comportas como una madre EI porque 1) piensas en ellos, lo que significa que no eres prioritariamente egocéntrica; 2) estás siendo autorreflexiva, responsabilizándote de su crianza, y 3) estás siendo empática con sus sentimientos.

Si escuchas a un padre o una madre adecuadamente maduros hablar de sus hijos, te da la sensación de que describen a individuos a los que conocen de forma integral, personas con sus propios sentimientos y necesidades. Por el contrario, el padre y la madre EI suelen describir los atributos de sus hijos de forma fragmentaria y superficial, y pintan una imagen «buena» o «mala» de ellos basada en las partes que, según la ocasión, les interese destacar: sus comportamientos, su atractivo, sus logros o lo problemáticos que son.

Tener la sensibilidad de reconocer la experiencia de tus hijos es la base de un apego materno y paternofilial sano (Ainsworth 1982; Winnicott 2002). El padre y la madre suficientemente maduros se interesan por la personalidad única de cada hijo y cada hija en lugar de pretender que sean un reflejo suyo. También se dan cuenta de que sus hijos necesitan de ellos sensibilidad y capacidad de responder a sus necesidades emocionales, no solo protección y cuidados físicos.

Si has procesado las experiencias difíciles de tu infancia, tendrás suficiente seguridad en ti misma como para establecer un vínculo sólido con tus hijos. En cambio, si niegas la verdad de tus experiencias emocionales pasadas, estarás sometida a una preocupación subconsciente que te hará muy difícil estar emocionalmente a su disposición.

Los sentimientos que reprimimos o negamos nos hacen menos sensibles y empáticos hacia los demás, ya que cortamos la conexión con esas experiencias emocionales dentro de nosotros mismos.

Cuando repasas con compasión tus experiencias de la niñez, van creciendo simultáneamente en ti la sensibilidad y la empatía hacia las de tus hijos. Al darte cuenta de cómo te afectó el comportamiento de tus padres, puedes definir tus propias ideas sobre la maternidad y establecer tus propias prioridades, que tal vez tengan poco que ver con las suyas. Cuanto más consciente seas de cómo te afectaron los comportamientos de las personalidades EI, menos probable será que repitas ciegamente los patrones del pasado.

Por desgracia, a veces nos cuesta resistirnos a los patrones de comportamiento que rigieron nuestra vida durante la infancia. Tal vez una parte de ti siga enredada en el modelo de crianza emocionalmente inmaduro que te tocó vivir. Es posible que, en situaciones de estrés, te comportes como lo hacían tus padres y te enfades con tus hijos por pequeñeces, o te sientas abandonada y herida en los momentos en que te ponen límites y sientes que se distancian de ti. O habrá veces en que te des cuenta de que le has hecho daño a tu hija o a tu hijo pero será ya demasiado tarde.

Como es imposible ser la madre o el padre perfectos, cabe la posibilidad de que en más de una ocasión decepciones o hagas daño a tus hijos y te pases años lamentándolo. Pero aquí es donde el trabajo que has hecho —las lecturas, terapias y autorreflexión— da sus frutos. En cuanto detectes en un sentimiento o comportamiento tuyos el enredo persistente con modelos de crianza emocionalmente inmaduros y te des cuenta de lo que estás haciendo —o has hecho—, puedes dar marcha atrás y corregir el rumbo. Si te arrepientes de algún aspecto concreto de cómo los educaste, pregúntate por qué actuabas así. ¿Te sentías insegura? ¿Temías por ellos? ¿Estabas decidida a ser una madre «fuerte»? Piensa en cómo te gustaría haber actuado. Si te sientes capaz, háblales de lo que sientes, incluso aunque hayan pasado los años.

Puedes pedirles disculpas, decirles que estuvo mal lo que hiciste, explicarles lo que desearías haber hecho en aquella situación. Y luego, escuchar su perspectiva de lo ocurrido y cómo les afectó tu comportamiento. Si eres una persona responsable y tienes la integridad de admitir que te equivocaste, crecerá además su confianza en ti. Sentarte a hablar con tu hija o tu hijo y expresarles tu arrepentimiento les muestra cómo reparar una relación.

Si tus hijos son pequeños o todavía no han empezado a hablar, no podrás tener con ellos la misma clase de conversación que tendrías con un niño de más edad, pero aun así puedes disculparte y expresar que estás arrepentida. Tu arrepentimiento sincero, tu expresión facial y tu deseo de reconciliarte, además del sonido de las palabras «siento mucho haberte hecho daño», les comunicarán cuanto necesitan saber. De este modo, serás un modelo para que ellos hagan lo mismo en el futuro. Tus disculpas sembrarán en ellos un espíritu de reconciliación que les dará fuerzas el resto de su vida.

Cuando tu hijo o tu hija vayan haciéndose mayores y empiecen a comportarse como si ya no te necesitaran, o aparentemente pases para ellos a un segundo plano, recuérdate que tu interés sincero, tu apoyo y la conexión emocional con ellos nunca dejarán de beneficiarlos. Date una palmadita en la espalda cuando tu hijo o tu hija te haga saber que necesita más espacio; significa que vuestra relación es lo bastante sólida como para que pueda hablarte con franqueza. No considera que seas demasiado frágil o que tu autoestima o tu propósito en la vida dependan de su presencia constante. Así que, como hija adulta de padres EI, si eres sensible a los sentimientos de tus hijos y manifiestas con naturalidad el deseo de conexión emocional, podrás disfrutar de un vínculo especialmente estrecho con ellos. Todo puede ser muy diferente de lo que tú viviste con tus padres.

Y ahora que ya hemos tratado la parte principal, que son los factores emocionales de la crianza, veamos cómo puedes ser más madura como madre.

Estrategia

Dado que los padres EI no son el mejor modelo de educación infantil, puedes acudir a grupos de crianza, buscar asesoramiento parental o recurrir a buenos libros sobre el tema para sentirte más segura como madre. Pide consejo a los padres y madres a los que admires, pero asegúrate de que los libros que leas enfocan la crianza de un modo que tenga verdadero sentido para ti. Cualquier libro que admita la posibilidad de recurrir al castigo físico, el autoritarismo o la humillación te perjudicará más de lo que te ayudará. Podrían serte útiles, por ejemplo, *Cómo hablar para que sus hijos le escuchen y cómo escuchar para que sus hijos le hablen* (Faber y Mazlish 2013),* *El niño tozudo (niños y adolescentes)* (Kurcinka 2004), *El niño explosivo* (Greene 2013), *Cómo amar de verdad a tu hijo* (Campbell 2018) y *Cómo amar de verdad a tu hijo adolescente* (Campbell 2019). También te será de mucha ayuda leer sobre el desarrollo físico y psicológico del niño y la niña a lo largo de su infancia y adolescencia, para saber lo que es natural que manifiesten a distintas edades. Así, en lugar de tomarte como algo personal ciertos comportamientos de tus hijos –como es fácil hacer–, quizá los percibas de otra manera sabiendo que eso es lo que hacen la mayoría de los niños y niñas a esa edad. También tienes la posibilidad de leer la serie de libros breves de Ames, Gesell e Ilg (1982), que empieza con *El niño de uno a cinco años* y va avanzando año a año hasta la preadolescencia.

Reflexión y autodescubrimiento

Piensa en algún momento en que te hayas sentido especialmente orgullosa de tu labor como madre. ¿Cuáles eran las circunstancias y qué hiciste? ¿Por qué crees que este recuerdo te da tanta satisfacción? ¿Ofreciste a tu hijo o tu hija en ese momento más ayuda o empatía de la que tú solías recibir de niña?

---

* N. de la T.: Los años de publicación corresponden a la edición en castellano de cada uno de los títulos.

_____

_____

_____

_____

_____

_____

Piensa en tres cosas que hayas hecho de forma diferente en la relación con tus hijos y que podrían poner fin a determinados patrones de crianza emocionalmente inmaduros que se han ido transmitiendo a través de las generaciones.

_____

_____

_____

_____

_____

Consejo: Lo más sencillo es recordar que el niño y la niña son también personas. Míralos a los ojos y siente la conexión. Tienen el mismo conocimiento de lo que es digno y justo que la gente adulta. Sienten las cosas profundamente y quieren ser buenos. Necesitan recibir empatía cuando tienen problemas y no saben qué hacer; necesitan que veas su potencial. Confía en lo mejor que hay en ellos y préstales tu colaboración para que puedan alcanzar sus metas. Dales orientación y ánimos; no todo es disciplina. Ayúdalos a prepararse mentalmente para situaciones nuevas y después hablad de cómo han ido las cosas. Trátalos con consideración y respeto, como tratarías a una persona adulta. Estos son algunos de los regalos más preciosos que puedes ofrecerles a tus hijos como madre adecuadamente madura.

Tercera parte

Da un paso atrás

No puedo evitar sentirme culpable cuando se disgustan conmigo

26

Cómo liberarte de la culpa por ser tú misma

Theresa, que tenía un niño de cinco años, le dijo a su madre que de momento no quería que siguiera cuidándolo por las tardes, como solía hacer. A Theresa no le parecía que el novio de su madre fuera una buena influencia para su hijo Charlie, y su madre lo sabía, y aun así, Theresa acababa de enterarse de que lo había dejado solo con él. Aquello era una clara violación de las instrucciones que le había dado sobre quién podía estar al cuidado de su hijo y quién no.

Después de esto, su madre la llamaba, unas veces llorando por el dolor de no poder ver a su nieto, y otras enfurruñada, diciéndole que era una egoísta y una exagerada por obligarlos a estar separados. No era la primera vez que su madre contravenía los deseos de Theresa y que hacía, a escondidas, lo que a ella se le antojaba. Pero esta vez Theresa sintió que se había pasado de la raya y que tenía que suspender las visitas hasta que se comprometiera de una vez a respetar sus deseos.

Su madre ni se disculpó ni asumió la responsabilidad de haber infringido la norma de Theresa. En lugar de eso, actuaba como si tuviera motivos para estar ofendida, como si su hija le hubiera arrebatado el derecho a decidir ella sola si su novio era o no una buena influencia para su nieto. Discutió con su hija sobre lo absurdo de aquella norma, en lugar de disculparse por incumplirla. Insistió en que, como abuela de Charlie, tenía derecho a verlo.

Cuando la irritabilidad y las protestas no funcionaron, cambió de táctica y empezó a enviarle mensajes lastimeros, en los que le hablaba de lo sola y deprimida que se sentía, y le decía que la vida no valía la pena si no podía tener contacto con su familia. Se convirtió así en la víctima de la historia, maltratada y abandonada por su hija, a la que no le importaban sus sentimientos o que estuviera viva o muerta. En ningún momento se paró a considerar lo que podía sentir Theresa o preguntarse si tal vez realmente se había pasado de la raya.

Theresa se daba cuenta del juego y no se dejó ablandar por las protestas; se mantuvo firme en su postura. No había nada en la reacción de su madre que indicara que no lo volvería a hacer. Theresa tenía claro que se lo había buscado ella sola al ignorar sus normas. Sin embargo, a la vez se tomaba muy a pecho sus acusaciones y se sentía una mala hija por ponerle límites. Sabía que estaba haciendo lo correcto, pero a nivel emocional se sentía muy culpable.

«¿Qué hago con esta culpa que siento?», me preguntó.

Está claro que el miedo y la vergüenza responden a algo que proviene del exterior. Sabes que el motivo de tu angustia es otra persona y cómo te está tratando.

Pero la culpa es diferente, y en cierto modo más difícil de manejar. Existen la culpa irracional y la culpa constructiva. La *culpa irracional* es poco más que un castigo autoinfligido por sentir que somos una «mala persona». La *culpa constructiva*, en cambio, es sentir la responsabilidad de un comportamiento nuestro y el impulso de corregirlo para resolver un problema. Desgraciadamente, la madre y el padre EI no te enseñan a sentir una culpa constructiva que te anime a mejorar, sino que hacen que te sientas culpable por ser como eres, y esa culpa irracional que te generan es una manera más de tener control sobre ti.

La culpa irracional que sentía Theresa nacía de la empatía hacia su madre. Aunque tenía claro que se lo había buscado ella sola, sabía a la vez que estaba disgustada y se sentía responsable de su dolor. Estaba acostumbrada a que su madre la acusara de toda clase de cosas y a sentirse culpable por no haber sido mejor hija.

Mantenerte firme en tu postura, cuando sientes una culpa irracional, puede ponerte en un aprieto muy serio en tu relación con las personas EI. Aunque en realidad sepas que no eres responsable de su malestar, puedes sentir que lo eres, si a lo largo de tu vida te han hecho creer que sus estados de ánimo son, no se sabe bien cómo, responsabilidad tuya.

Cuando una persona EI te acusa de no tener corazón y te hace sentirte culpable, está explotando tus principios adultos de bondad y respeto. Tú no quieres pensar solo en ti ni quieres hacer daño a nadie. Ella lo sabe, y sus acusaciones y sus quejas angustiadas tienen precisamente el objetivo de suscitarte dudas a nivel emocional, por muy segura que estés de tu decisión. Se aprovecha de tu empatía y la utiliza en tu contra, haciéndose la víctima y generándote incertidumbre sobre si tal vez estás siendo de verdad desconsiderada.

Poco a poco, Theresa aprendió a desvincularse del sentimiento irracional de culpa. Empezó a no caer en la trampa, porque sabía de antemano que su madre adoptaría el papel de víctima para hacerla sentirse culpable cada vez que le ponía algún límite. Al ir tomando perspectiva, vio que aquella culpabilidad que durante tanto tiempo le había parecido inevitable era una reacción mecánica del pasado, y dejó de tomársela tan en serio. Comprendió que la culpa y las dudas provenían de una parte infantil de sí misma que aún se sentía responsable de todo el dolor que su madre había sufrido en la vida.

Veamos algunas formas de no enredarte en el sentimiento irracional de culpa cuando tratas con personas EI.

Estrategia

Cuestiona tu culpabilidad. Cuando te entren dudas sobre tu perspectiva de las cosas y empiece a asomar la culpa, es el momento de que des un paso atrás y te preguntes por qué te sientes culpable. Quizá una parte de ti sigue detenida en la infancia y se siente culpable cada vez que tienes la impresión de que alguien sufre. Pero no puedes dejar que esa parte infantil, confusa y angustiada por la culpa, dirija tu vida. Puedes entender la causa de ese sentimiento, pero no tienes por qué aceptarlo. Oponte a ese mecanismo reflejo de autoculpabilidad. Tú, la mujer adulta, eres la que manda, no esa parte infantil que aprendió a sentirse culpable por todo hace muchos años. Pídeles a esos sentimientos que den un paso atrás y te dejen espacio para reflexionar (Schwartz 1995, 2022).

Entonces pregúntate: «¿He hecho algo mal, o simplemente no le gusta lo que he hecho?». Piensa en de dónde proviene ese sentimiento y si tal vez la persona EI está dándole la vuelta a la situación y haciendo que su comportamiento desconsiderado sea culpa *tuya*.

Reflexión y autodescubrimiento

Piensa en alguna ocasión en la que te hayas sentido culpable por ponerle un límite a una persona EI. Describe el incidente y los pensamientos que te hicieron sentirte culpable.

_____

_____

_____

_____

_____

_____

_____

Intenta identificar los desencadenantes de ese sentimiento: ¿cuál fue el momento exacto en que la persona EI dio la vuelta a la situación y te señaló *a ti* como causante del problema? ¿Qué dijo o hizo exactamente que te hizo sentirte culpable?

_____

_____

_____

_____

_____

_____

_____

Consejo: Si te sientes culpable cada vez que alguien se disgusta contigo, imagina que se invierten los papeles. Si alguien a quien aprecias te pusiera un límite similar, ¿cómo reaccionarías tú? Por ejemplo, si esa persona te dice que has hecho algo que está afectando a vuestra relación y te pide que no lo hagas más, ¿cuál sería tu respuesta? ¿La acusarías de no quererte lo suficiente? ¿De ser ridícula o egoísta? ¿Te harías la ofendida y la tratarías con frialdad a partir de ahora por atreverse a pedirte algo tan inaudito? Creo más bien que, por el contrario, te preocuparía que te dijera eso y harías lo posible por solucionar la situación.

El sentimiento de culpa es un reflejo aprendido. En un tiempo, te sirvió para que las personas a las que querías estuvieran contentas contigo. Ser una mujer adulta adecuadamente madura no significa que no vayas a sentirte culpable nunca más. Significa que tienes la posibilidad de evaluar si el sentimiento de culpa es un reflejo infantil o una preocupación con fundamento.

Soy consciente de que no saben ni lo que hacen ni lo que dicen, pero sus reacciones son tan absurdas que no sé cómo responder

Cómo detectar y esquivar las proyecciones y distorsiones de las personas EI

Cuando las personas EI se ponen a la defensiva, pueden llegar a decir y hacer cosas absurdas. No dudarán en recurrir a acusaciones y conductas ilógicas para recuperar como sea el control de la interacción. Sucede todo tan rápido que no consigues seguir la secuencia de lo que dicen. Así que, ahora, vamos a ralentizar la escena y a ver los cinco pilares en que se sostienen las absurdas reacciones de las personas emocionalmente inmaduras.

Para las personas EI, todo es o bueno o malo. Sus mentes absolutistas hacen que todo les parezca o blanco o negro, o todo o nada. Por lo tanto, perciben cualquier crítica o queja puntuales como un rechazo generalizado de su valía. Todo aquello que perciben como una amenaza para su autoestima les provoca una actitud defensiva desproporcionada.

Las personas EI no toleran la intimidad emocional. Cuando le explicas a alguien que te afecta cierto comportamiento suyo, estás sincerándote con esa persona a un nivel profundo. Esa sinceridad hace que la relación sea más auténtica, y esto es algo que los individuos EI no son capaces de tolerar durante demasiado tiempo.

Las personas EI están convencidas de que tienen razón. Recuerda que su realidad se basa en sentimientos, no en hechos.

Sienten que son inocentes, por lo cual tu queja les parece injusta. No se pueden creer que les digas que se han pasado de la raya o que te han hecho daño. No actuaron con mala intención, así que no les entra en la cabeza que te hayan podido perjudicar. Debería importarte lo que ellas pretendían al hacer lo que han hecho, no que a ti te haya gustado o no.

Las personas EI tapan sus errores culpándote a ti. Para muchas de ellas, la mejor defensa es una ofensiva inmediata. Dan la vuelta a la situación y hacen que el culpable seas *tú*, por todo el daño que les estás haciendo. Si te enfrentas a ellas, tergiversan todo lo que dices y lo utilizan como prueba de que no las quieres ni las comprendes y disfrutas atacándolas. Esto refuerza el relato de vida que han ido tejiendo en torno a su papel de víctimas inocentes a merced de villanos despiadados (Karpman 1968). Su narración de cualquier conflicto es una especie de ilusión visual que, como si se tratara de una banda de Möbius, no hay manera de seguir sin acabar en el más absoluto desconcierto.

Las emociones de las personas EI son enormemente variables. Sus estados emocionales cambian de un instante a otro, dependiendo de si tienen la impresión de estar al mando o se sienten amenazadas. Están siempre pendientes de que hagas o digas algo que, a su entender, indique tu intención de hacerles daño sin motivo. Puede parecer, por ejemplo, que recuperan la calma tras un desacuerdo o una crítica, pero al día siguiente vuelven a sacar el tema y empiezan a defender su postura otra vez desde el principio. Su aparente sensatez se evapora en cuanto asoma de nuevo su manía persecutoria.

El siguiente ejemplo ilustra hasta qué punto pueden virar hacia el absurdo las personas EI.

La madre de David, Marilyn, le dijo que no quería perderse el quinto cumpleaños de su nieto, para el que faltaban un par de semanas, y que iría a celebrar el día con ellos, aprovechando que tenía pensado ir a visitar a una antigua compañera de piso y apenas tendría que desviarse para ir a verlos. No le pidió permiso a su hijo ni le preguntó si era un buen momento para ir a hacerles una visita. Tampoco le dijo a qué hora llegaría, porque no le gustaba tener que ajustarse a ningún horario fijo cuando viajaba. Sabiendo lo imprevisible que era su madre, David se dio cuenta de que podían pasarse el cumpleaños entero esperando a que llegara la abuela, en lugar de salir a hacer algo que a su hijo le hiciera ilusión. Así que le comunicó a su madre que iban a hacer una excursión para celebrar el cumpleaños y que saldrían de casa a las dos en punto. Confiaba en que pudiera llegar a tiempo, pero entendería que por el motivo que fuera se retrasara, así que iba a dejarle una llave debajo del felpudo para que pudiera entrar y descansar después de un viaje tan largo.

Marilyn explotó. David acababa de demostrarle que no querían que fuera. Estaba claro que no era bienvenida. Muy bien, pues cancelaba el viaje. Tampoco iría a visitar a su antigua compañera de piso, de lo cual debía entenderse que su hijo la había destrozado hasta tal punto que no le quedaba ánimo para ir a ninguna parte. Fue buscando toda clase de razones para amplificar el dolor de la ofensa, daba igual si tenía que inventárselas.

David se quedó atónito ante este arranque de ira. Le aseguró que nada de lo que decía era cierto, pero su madre no lo quiso escuchar. Al día siguiente la llamó y le dejó varios mensajes en el contestador, pero ella no le devolvió las llamadas. David estaba harto de las fantasías persecutorias de su madre. Estaba enfadado con ella y aún más enfadado consigo mismo porque le importara tanto lo que su madre pensara. Se sentía culpable y frustrado por haberse enredado una vez más en aquella retahíla de conjeturas absurdas.

Para rematar el episodio, Marilyn llamó a su hijo al cabo de unos días y lo saludó con voz alegre, como si no hubiera pasado nada. Pero luego, al día siguiente, lo llamó para quejarse de nuevo, aún más indignada por lo mal que la había tratado. David estaba perplejo por aquellos repentinos cambios de humor.

Las personas EI, cuando están disgustadas, son como criaturas de cuatro años que están aprendiendo a discutir: la forma en que exponen sus argumentos es poco más que una rabieta. Saben que tiene que haber un intercambio verbal, y saben que quieren ganar, pero no son capaces de presentar argumentos sensatos porque todavía no tienen la capacidad de pensar con lógica. De modo que exigen tener razón, y para ello recurren a lo que sea que les dé poder en ese momento (por ejemplo, ellas son las ofendidas, siempre es culpa del otro; ellas no han hecho nada, eres tú el que estás siendo un insolente; no fue eso lo que ocurrió...). Distorsionan la realidad para que todo confirme lo injusto que estás siendo con ellas. Puede que carezcan de lógica, pero tienen una capacidad inigualable para expresar indignación, hacerse las ofendidas y lanzar acusaciones vitriólicas del modo más convincente.

Por suerte, una semana antes del cumpleaños, David consiguió distanciarse lo suficiente del comportamiento absurdo de su madre como para que empezaran a ordenársele las ideas. En cuanto se dio cuenta de que lo primero para él en aquellos momentos era el cumpleaños de su hijo, y no los sentimientos heridos de su madre, todo se puso en su sitio. Tomó perspectiva y vio las cosas con claridad. Llamó a su madre y le dijo tranquilamente que, para él, la prioridad era su hijo, «por encima de mí, de mi esposa o de ti, Mamá». Su madre no fue a verlos, su hijo pasó un día de cumpleaños genial y David se sentía orgulloso de haber sido capaz de recordarle a su madre la realidad de las cosas. Al negarse a que el cumpleaños girara en torno a la visita de la abuela, estaba simplemente siendo sincero con su madre, en lugar de fingir que le parecía bien cualquier cosa que a ella se le encaprichara. Pero por ese momento de sinceridad, pagó el precio de tener que escuchar su retahíla de acusaciones absurdas.

A veces tendrás que sopesar lo que te reporta ser auténtico y el *coste energético* de mantener con firmeza tu postura. Para David, en este episodio con su madre mereció la pena; quizá en otra ocasión no habría tenido el vigor necesario para enfrentarse a ella. No te sientas mal si cuando estás cansado o estresado acabas cediendo. Si te obligas a enfrentarte a la persona EI o a ponerle límites cuando en realidad preferirías retirarte o evitar un enfrentamiento, acabarás enredado emocionalmente con ella de todos modos por no haberte escuchado a ti mismo en ese instante.

Estrategia

Cuando la conducta de una persona EI se acerque a la paranoia, y te haga acusaciones absurdas sin ninguna base real, puedes o reafirmar tu postura o retirarte dignamente, si no estás seguro de lo que quieres decir. Por ejemplo, al principio David intentó que su madre abriera los ojos a la realidad, pero cuando ella empezó a lanzarle acusaciones sin sentido, se retiró, la dejó tranquila y puso su energía en aclararse las ideas. Comprendió que no iba a servir de nada discutir con ella, intentar razonar o empeñarse en hacerle darse cuenta de sus distorsiones. En aquellos momentos, su madre no estaba en condiciones de pensar con suficiente lógica como para que nada de eso surtiera efecto. Así que David observó con calma la situación y se preguntó qué era lo que en definitiva quería hacer.

No te defiendas de sus acusaciones. Lo que quiere la persona EI es provocar una pelea que os distraiga a los dos de lo que ha hecho. En lugar de entrar en su juego, da un paso atrás, apártate de esa pelea absurda y aclara tu perspectiva. Sé un simple observador y ve definiendo y narrando mentalmente lo que está haciendo esa persona como si estuvieras a cierta distancia de la situación. Da preferencia a la objetividad sobre la emocionalidad.

No te dejes engañar por la idea de que si alguien está disgustado, significa que tú has hecho algo mal. Que las personas EI, como si fueran criaturas, te acusen de ser malo cuando no consiguen lo que quieren no significa que su acusación se ajuste a los hechos. Separarte emocionalmente de la situación te permite ver lo que intentan hacer: desean que te sientas tan mala persona que acabes cediendo y dejándolas construir la realidad que ellas quieren.

Reflexión y autodescubrimiento

Piensa en alguna ocasión en que una persona EI se sintiera ofendida por algo que hiciste y se enfadara contigo. Describe qué te reprochaba o por qué se sentía herida. ¿Tuvo algo que ver con que hicieras las cosas a tu manera en lugar de como ella esperaba?

_____

_____

_____

_____

¿Cómo te sentiste al darte cuenta de lo absurdo que era su comportamiento? ¿Qué sensación te produjo oír a esa persona distorsionar la realidad para que respaldara sus acusaciones?

_____

_____

_____

_____

_____

Consejo: Tu tarea consiste en aprender a desvincularte lo suficiente de la situación como para darte cuenta de que la persona EI no sabe lo que está diciendo. Quizá descubras entonces que en realidad es mucho más débil o inestable de lo que creías. Aceptar esto puede ser doloroso, porque se trata de una persona adulta y nunca se te habría ocurrido cuestionar su cordura, a pesar de los comportamientos desconcertantes o disparatados que tiene con frecuencia. Pero a partir del momento en que te des cuenta de cómo es realmente, sus reacciones absurdas despertarán instantáneamente en ti una visión objetiva y el instinto de protegerte, no un sentimiento de culpa.

Solo pido que me quieran y entiendan lo que siento

En lugar de eso, ponte objetivos viables

Si eres interiorizador, te gusta que haya afecto en tus relaciones, mantener conversaciones sinceras y conocer de verdad a la gente. Cuando los demás te corresponden, y contribuyen a crear ese puente de amistad y cercanía emocional, te sientes feliz. De hecho, ese clima de autenticidad y apertura es tan satisfactorio que te resulta frustrante encontrarte de vuelta en situaciones en las que solo se habla de trivialidades.

Como nos ocurre a todos, te sientes querido cuando alguien tiene interés por conocerte y te escucha hablar de lo que sientes y lo que piensas. Así que es posible que cuando una persona EI, a la que solo le interesa lo que le pasa a ella, ignora tu experiencia subjetiva, intentes generar un acercamiento expresando con la mayor sinceridad tus pensamientos y sentimientos y confiando en que esa franqueza dará pie a que se establezca entre vosotros una relación más estrecha.

Pero por mucho que intentes llevar la conversación hacia terrenos un poco más íntimos con la intención de despertar el interés, la empatía y la participación de tu interlocutor, el resultado no depende de ti. No puedes ejercer un influjo sobre la persona EI para que sea más empática ni puedes hacer que se interese por tus experiencias de una manera que te haría sentir que le importas. Cuanto más te empeñes en hacer saltar la chispa de una conexión genuina, más decepcionado te sentirás. Lo más probable es que, tras compartir aspectos íntimos de ti en un intento por crear una conexión, te sientas terriblemente frustrado al no recibir apenas respuesta.

Ya, es desconcertante, porque de alguna manera sabes que esa persona te quiere y que eres importante para ella. Sientes el vínculo. Aunque su comportamiento en la relación no cumpla los requisitos que tú consideras básicos para que pueda haber auténtica intimidad, sabes que quiere tener una relación contigo. Sabes que no quiere perderte, pero no consigues que baje las defensas y se establezca la conexión.

Aun con todo, quizá de vez en cuando vivas con esa persona EI momentos de espontaneidad en los que muestre empatía y te apoye, a su manera. Quizá note que te pasa algo y exprese preocupación, pero probablemente perderá el interés si intentas explicarle tus sentimientos. En otras palabras, puede que de vez en cuando se sienta movida a reconfortarte, pero será cuando *ella* tenga la impresión de que te pasa algo, no necesariamente cuando tú lo necesites. Ese breve acercamiento es su forma de decirte que le importas, pero no significa que esté dispuesta a hablar de sentimientos profundos ni a ayudarte a entender o a resolver lo que sea que te inquiete.

Aunque seas una persona adulta, te gustaría probablemente que tus padres te ofrecieran un clima de intimidad en el que te sintieras *sostenido* y que te *facilitara* las cosas (Winnicott 1989); a veces quizá lo eches tanto en falta como cuando eras niño. Todo es muy diferente cuando un padre y una madre tienen la sensibilidad y la ternura suficientes como para crear una relación de confianza con sus hijos, un espacio en el que puedan crecer sintiéndose seguros. Incluso una vez que sus hijos se hacen mayores, los siguen «sosteniendo» psicológicamente con su atención y su conexión emocional incondicionales, ofreciéndoles empatía, apoyo y un lugar en el que refugiarse cuando se sientan desbordados por las circunstancias. Es normal y sano querer tener una relación como esta, que nos proporcione un espacio seguro desde el que madurar.

Todos los seres humanos tenemos el instinto de seguir madurando psicológicamente hasta el final de nuestra vida (Erikson 1950; Anderson 1995) y alcanzamos nuestro máximo potencial cuando aquellos con los que nos relacionamos apoyan y estimulan nuestro desarrollo. Tal vez sigas intentando mejorar tu relación con las personas EI a las que quieres porque sabes lo enriquecedor que sería para ellas y para ti madurar juntas, compartiendo momentos de vida y respetándoos mutuamente. Al llegar a la edad adulta, y en especial cuando empiezas a criar a tus propios hijos, puede que sientas el impulso natural de compartir tu trayectoria vital con tus padres. Su aprobación y empatía a la hora de enfrentarte a los nuevos retos de la vida adulta te ayudarían a dar lo mejor de ti y a sentirte menos solo.

Pero es posible que esa necesidad de apoyo te haga tener expectativas que las personas EI no pueden cumplir. Cuando se sienten presionadas a ofrecer empatía o a hablar en intimidad, se irritan y generan fricciones o desavenencias que truncan cualquier posibilidad de acercamiento emocional. Su reacción airada les evita tener que participar en algo que probablemente las incomoda, como es la excesiva proximidad emocional.

Por ejemplo, Ron llamó a su padre, ya mayor, para desearle un feliz cumpleaños. Una vez que acabó de expresarle sus buenos deseos con la mayor calidez, su padre hizo un comentario grosero sobre el partido político al que Ron solía votar. Ron se había acercado a su padre con las mejores intenciones, y cuando colgó se sentía herido en lo más profundo, y enfadado. Tenía el recuerdo de infinidad de momentos en los que su padre, como en aquella ocasión, había rechazado un gesto de calidez haciendo un comentario inoportuno que sabía que enrarecería el ambiente. De lo que Ron no se daba cuenta era de que, aunque a él le gustara recibir muestras de afecto de las personas que le importaban, lo que a su padre le gustaba era ser combativo; se sentía más cómodo. El significado de una interacción satisfactoria puede ser muy diferente para unas personas y para otras.

Después de reflexionar, Ron comprendió que, si quería seguir teniendo gestos cariñosos con su padre, era esencial que estuviera preparado para sus reacciones, ya que provocar el distanciamiento era la manera que tenía su padre de protegerse. Comprendió que, si no aceptaba la realidad, se sentiría dolido cada vez que hablara con él y su padre se quedaría tan tranquilo. Así que ahora, cada vez que lo llamaba, sabía que su padre, en un acto reflejo, rechazaría el tono íntimo de sus palabras. Cuando ocurría, daba un paso atrás y se mantenía objetivo, decidido a no morder ya más el anzuelo. Tuvo que aceptar que, en respuesta a su calidez y franqueza, no iba a recibir amor ni empatía, sino que iba a tener que apartarse para que los proyectiles de defensa no lo alcanzaran. Su padre no era un facilitador del crecimiento personal, sino un impedidor de intimidad.

Como tuvo que hacer Ron, también tú puedes aceptar la realidad y ajustar tus expectativas en la relación con las personas EI. Ya, a ti te gustaría que te quisieran y comprendieran tus sentimientos, pero quizá no sea un objetivo viable. Como sus reacciones a la proximidad emocional son tan predecibles, tal vez decidas que quieres seguir expresándoles tu afecto como has hecho siempre, pero estate preparado para recibir una respuesta que estará muy lejos de ser la que te gustaría.

Veamos ahora la importancia que tiene establecer objetivos viables en tu relación con las personas EI, para que no hieran tus sentimientos tan a menudo.

Estrategia

Esperar que se cree una conexión satisfactoria con las personas EI puede generarte mucho dolor emocional. El grado de ese dolor dependerá de lo ancha que sea la brecha entre lo que quieres y lo que recibes. Siempre existe la tentación de hablar de corazón con cualquier persona que te importe, pero esa apertura confiada puede provocar en ella la reacción contraria a la que esperas y, sin darte cuenta, hacer que se distancie de ti. Es más práctico que mantengas la serenidad, ese estado envidiable en el que te recoges interiormente y sabes que estarás bien independientemente de la actitud que adopten los demás. Si te pones objetivos más asequibles, como expresarte con sencillez o comunicarte de un modo directo, sin buscar una conexión *emocional* más profunda, tendrás más posibilidades de sentirte contento con los resultados. Si te fijas como objetivo tener una interacción sosegada la próxima vez que estés con una persona EI, en lugar de proponerte establecer con ella una relación de intimidad, puede que te sientas más en control de la situación. Puedes fijarte el objetivo de planificar tu comportamiento, en lugar de esperar obtener por arte de magia una respuesta satisfactoria.

Reflexión y autodescubrimiento

Piensa en alguna ocasión en la que echaras de menos a una persona EI y quisieras conectar con ella. ¿Qué pasó cuando intentaste crear un clima de intimidad y profundizar en la comunicación con ella? ¿Cómo te sentiste después de vuestra conversación?

_____

_____

_____

_____

Mirado en retrospectiva, ¿qué esperabas secretamente obtener de esa persona? Escribe tu fantasía de cómo te hubiera gustado que respondiera. ¿Qué habría podido decir o hacer exactamente para que te sintieras satisfecho y agradecido?

_____

_____

_____

_____

Consejo: Aprende a encontrar en ti esa calma y a ponerte a ti mismo unos límites claros, en lugar de buscar la comprensión y el apoyo emocional de las personas EI. Si sabes con claridad a lo que te enfrentas y te marcas unos objetivos realistas cuando vas a interactuar con ellas, será más posible que te sientas satisfecho con lo que consigas. Puede que no se corresponda con tu idea de lo que es el verdadero afecto, pero tal vez sea todo lo que pueden darte. ¿Crees que podrías aceptarlo? ¿Qué te duele menos, tener unas expectativas que no se van a cumplir o aceptar sus limitaciones?

Cada vez que les pongo límites, siento que soy una ingrata, que no tengo corazón

Cuando te sientes culpable por protegerte

Las personas EI narcisistas solo se sienten queridas cuando los demás son un fiel espejo de sus deseos. Como las criaturas que se enfadan si alguien les dice que no a algo, ponerles cualquier límite a estas personas EI frustra sus expectativas de recibir el trato especial que creen merecer. ¿Cómo podría ser verdad que las quieres, si tus deseos difieren de los suyos? Muestran su inmadurez emocional y su altiva desconfianza hacia todo el mundo con la máxima: «Si de verdad te importo, harás lo que yo quiero».

Ponerle límites a una persona EI narcisista produce en ella el mismo efecto que la kriptonita en Superman: le hace perder sus poderes. Para sentirse existencialmente segura, necesita poder controlarte. No se le pasa por la cabeza, o le resulta indiferente, que tengas tu propia percepción subjetiva de las cosas y tus propias preferencias (Shaw 2014). Que intentes ponerle límites le recuerda que no eres súbdita suya, lo cual hace peligrar su sentido de privilegio. Le da terror pensar que se convertirá en alguien irrelevante si no es ella la que manda y sus deseos no tienen para ti prioridad absoluta. Que reclames el derecho a gobernar tu territorio es para ella como si le arrebataras de golpe su posición y su valía.

De ahí que, en algunas relaciones de pareja, la parte narcisista pueda llegar a ponerse agresiva si la otra parte le marca algún límite o la amenaza con marcharse o deja de darle muestras de afecto. Esa pérdida repentina de su estatus privilegiado desencadena en ella un terror existencial: siente como si estuviera a punto de dejar de existir. Una persona EI que sea psicológicamente frágil, en especial si tiene rasgos narcisistas (Helgoe 2019), puede enfurecerse y sentir que está justificado recurrir a acciones extremas para recuperar el mando. (Asegúrate de pedir asesoramiento profesional y tomar las medidas de seguridad necesarias si estás en una situación que podría entrar en esta categoría).

Normalmente, al oír la palabra *narcisista*, imaginamos a alguien vanidoso, con aires de grandeza (Kernberg 1975; Kohut 1971). Pero hay un tipo de narcisismo más discreto: personas con un sentimiento de superioridad encubierto que ejercen el poder induciendo en los demás culpa o vergüenza, adoptando una actitud pasivo-agresiva o magnificando su desdicha. Estos narcisistas encubiertos, aparentemente pasivos (Mirza 2017), utilizan formas de presión más sigilosas que los de tipo manifiestamente vanidoso. Además de la culpa y la vergüenza, recurren a la manipulación psicológica denominada comúnmente «luz de gas», con la que consiguen hacer que el otro dude de sus percepciones y de la realidad (Marlow-MaCoy 2020); utilizan el silencio como castigo o se hacen los mártires, por nombrar solo unas cuantas tácticas. En definitiva, el resultado es el mismo en ambos casos: ya sea por temor a sus explosiones de cólera o porque te sientes responsable de su depresión o de sus amenazas de suicidio, la realidad es que vives sometida a su control.

Lo cierto es que, sean narcisistas o no, a las personas EI no les interesan las razones por las que quieres proteger tu espacio. Como no consideran que su comportamiento pueda ser molesto, está claro que no tienes motivos de queja y que deberías retractarte y dejarlas que sigan comportándose como hasta ahora. Por muchas explicaciones que quieras darles, no te van a escuchar, porque no tienen capacidad de autorreflexión. Desde su punto de vista, que quieras restringir su libertad de acción es innecesario y descortés; te devuelven la imagen de que eres una caprichosa y una insensible.

Muchos hijos e hijas adultos de padres EI se imaginan que, si consiguen ponerle unos límites claros a la persona EI, se sentirán al fin dueños de sí mismos y libres para decidir sobre su vida sin intromisiones. La triste verdad es que cuando llega ese momento, tal vez sientes que has fracasado. En lugar de respetar tus deseos, la persona EI te va minando poco a poco, con su actitud resentida, con la insistencia en que le des lo que quiere o mostrándose tan dolida o enfadada que te preguntas si ha valido la pena defender con firmeza tu postura. No va a respetar lo que le pides y a dejarte «ganar». Vive en un mundo en el que las cosas son o todo o nada y en el que la cooperación, la aquiescencia y el acuerdo mutuo se consideran sinónimos de perder. No entiende eso de que dos personas se escuchen la una a la otra y lleguen a un entendimiento. O estás a su favor o estás en su contra.

A su entender, quieres imponerle unos límites egoístas. Para ella, tu necesidad de protegerte o de proteger el derecho a tu individualidad no tiene ningún sentido. Desde su perspectiva, ella no ha hecho nada, salvo quererte, y tú estás empeñada en arruinar vuestra relación con tus ridículas imposiciones. No entiende que tengas necesidad de ponerle límites porque no es consciente de cómo les afecta a los demás su modo de comportarse.

Cuando Loni, por ejemplo, le pidió a su madre que por favor dejara de intentar dirigirle la vida, su madre le gritó acongojada: «¡¿Por qué me haces esto?!». Loni replicó: «No *te* hago esto. Te pido que dejes de hacer *tú*». No es muy probable que su madre apreciara esta sutil distinción, pero Loni lo tenía claro. No se había propuesto atacar a su madre por capricho; estaba protegiéndose. Cuando dejó de esperar que su madre comprendiera lo que le pedía, empezó a sentirse más fuerte. Se dio cuenta de que no quería tener una relación más cercana y sincera con ella, quería tener una hija a la que poder controlar. Comprendió también que no estaba siendo mala ni insensible con su madre; solo intentaba que la respetara como individuo independiente.

Veamos ahora cómo podrías actuar tú en situaciones similares con personas EI.

Estrategia

Posiblemente la mejor estrategia no sea ceder, sino rebelarte. No hablo de rebelarte contra la persona EI, sino contra *tu* inclinación a dejar que sus exigencias te hagan sentirte culpable. Si creciste con un padre o una madre EI, es posible que una parte de tu personalidad esté predispuesta a sentirse culpable y avergonzada. Incluso aunque otra parte de ti se dé cuenta de lo absurdo que es, la culpa y la vergüenza son el sello de las relaciones de enredo con las personas emocionalmente inmaduras.

Pero cada vez que sientas nacer esa culpabilidad que de niña te hacían sentir cuando «te portabas mal» y la oigas decirte lo mala persona que eres por intentar proteger tu territorio, recuerda que un sentimiento de culpa tan devastador no puede ser representativo de la verdad. Tendrás una visión más objetiva en cuanto definas la reacción de la persona EI como lo que es, un juego de poder, y observes desapasionadamente las artes que utiliza para generarte dudas. Ten presentes las razones por las que, tras mucho reflexionar, has decidido ponerle un límite y haz lo que tu mente adulta sabe que es necesario hacer. Mientras oyes a la persona EI lanzarte toda clase de críticas irracionales, recuerda que tu nivel de preocupación sobre si estarás siendo egoísta e insensible es un buen indicador de que has empezado a cuidar de ti.

A veces, es tal la indignación de las personas EI que cortan bruscamente la relación, como estrategia para recuperar su poder absoluto. Si se da el caso de que te tratan con frialdad o te dejan de hablar por ponerles un límite, recuerda que lo único que has hecho ha sido tratarlas como iguales. Darte cuenta de lo injusto que es su rechazo quizá te evite el sentimiento de culpa. A partir de aquí, tal vez decidas seguir intentando hacerlas entender o tal vez decidas mantener las distancias. Su reacción indignada podría ser señal de que estás empezando a vivir tu vida.

Reflexión y autodescubrimiento

Recuerda alguna ocasión en que le pusieras un límite a una persona EI que ella consideró insultante. ¿Qué regla tácita de la relación emocionalmente inmadura rompiste? Escribe el enunciado de esa norma que en el pasado formaba parte del reglamento tácito de la relación, empezando por: «Está mal (hacer/decir/pensar...)...».

_____

_____

_____

_____

¿Qué sientes al leer esto? ¿Qué sensación te produce haber vivido tanto tiempo acatando esa regla injusta?

_____

_____

_____

Ahora elige una nueva regla por la que te gustaría que se rigieran tus relaciones en la actualidad. Enúnciala de la misma forma, empezando también por: «Está mal...». Luego compárala con la anterior. ¿Qué sientes al verlas juntas?

_____

_____

_____

_____

Consejo: Que tengas una opinión diferente a la de otra persona no significa que no tengas corazón. Tampoco eres una insensible por decir que no a algo que no quieres o por no anteponer los deseos de la persona EI a los tuyos. Solo podría considerarse que eres una desconsiderada si el más elevado principio moral en la vida fuera mantener a esa persona feliz a tu costa. La señal de tu triunfo no es que ella acepte tu decisión de proteger tu espacio, sino que hayas tomado la determinación de protegerlo. Tu triunfo es cuidar de tu salud emocional en lugar de dejar que la persona EI te domine. Puede que incluso hayas salvado la relación de una ruptura definitiva, al hacer que sea soportable para ti dentro de unos límites razonables.

Me dicen que no las quiero de verdad o no como debería quererlas. ¿Soy capaz de amar?

Da un paso atrás y profundiza en qué es el amor

Cuando una persona EI te devuelve constantemente la imagen de que eres un egoísta al que no le importa nadie, empiezas a verte tú también de esa manera. Si te interesa lo que piensan y sienten los demás, como nos ocurre a la mayoría, es posible que te preguntes si realmente has sido poco atento y cariñoso. Los hijos e hijas interiorizadores están siempre abiertos a aprender de las respuestas que reciben de la gente, así que te preguntas si serán ciertas esas acusaciones. Empiezas a dudar de ti y el sentimiento de culpa hace su aparición.

Lo más probable es que quieras de verdad a esa persona EI, incluso cuando te acusa injustamente de no quererla lo suficiente. Intenta provocarte con sus exigencias de cariño culpabilizadoras y, cuando al final pierdes la paciencia y le contestas enfadado, se lo toma como una prueba de que nunca la has querido. Y cuando hace eso, en ese instante no la soportas, lo cual te hace preguntarte de inmediato si es verdad que no tienes corazón. Es como cuando alguien te acusa de estar enfadado y no es cierto, ¡pero su empeño en distorsionar la realidad a su conveniencia acaba haciéndote enfadar!

Es un rasgo común de las personas EI quejarse de que nadie las quiere. Es su herida central y su mayor temor. Tal vez en sus primeros años de vida tuvieron alguna experiencia de peligro real, y eso les generó un sentimiento crónico de no estar nunca a salvo. Quizá el hecho de que puedan ponerse en duda su bondad y sus méritos les hace temer que no se las vaya a valorar o a cuidar como necesitan. De modo que están siempre extremadamente alertas a la menor señal de que alguien desconfía de ellas, les es infiel en el sentido que sea o no se interesa por ellas lo suficiente. Y esta constante suspicacia suele ser lo que acaba provocando en sus relaciones justamente las situaciones que tanto temen.

Debido a las carencias emocionales que sufrieron en su infancia, muchas personas EI buscan inconscientemente en sus hijos una fuente de apoyo emocional, alguien que tenga un fuerte vínculo con ellas y les dé la seguridad que necesitan. Esto da lugar a una inversión de roles, ya que obliga al hijo o la hija a hacer, a nivel emocional, la función de padres (Minuchin *et al.* 1967; Boszormenyi-Nagy 1984). Por su incapacidad para reconfortarse y estabilizarse emocionalmente ellos solos, el padre y la madre EI cuentan con que sus hijos los harán sentirse especiales y queridos. Sin embargo, pronto descubren que sus bebés, y más adelante el niño y la niña que van haciéndose mayores, son por naturaleza extremadamente egocéntricos y exigen atención constante. Ese padre y esa madre, debido a sus serios problemas de inseguridad, se toman como un ataque personal el comportamiento de sus hijos —que es el comportamiento infantil normal— y pueden llegar a sentirse angustiosa e irracionalmente humillados y dominados por ellos.

Inevitablemente, en la relación con los hijos, el padre y la madre EI ponen de manifiesto sus propias decepciones de infancia y necesidades insatisfechas. Esto explica algunas de las expectativas injustas que han puesto en ti. En cuanto algo los lleva de vuelta al sentimiento de abandono, sienten que son aquel niño o aquella niña inocente, y tú simbolizas a la madre o el padre insensible. Tu amor nunca será suficiente porque no se sintieron suficientemente queridos en su infancia. Las personas EI suelen intentar borrar viejas heridas emocionales con sustitutos simbólicos en sus relaciones actuales, pero no funciona. Nunca se sentirán lo bastante queridas como para que eso repare su inseguridad y la imagen lastimosa que tienen de sí mismas. Una vez que te das cuenta de que te están pidiendo que compenses el maltrato que sufrieron en el pasado —que nada tiene que ver contigo—, tienes la claridad para rechazar sus acusaciones distorsionadas.

En una relación de amor verdadero, hay sitio para ambas personas por igual. El afecto y la aceptación deben ser recíprocos; no puede ser que una parte explote a la otra. No es amor de verdad, si una parte toma el control de la relación o exige que la otra le demuestre su amor sacrificándose por ella. Solo tú sabes si amas de verdad a un individuo EI y sabes también si estás dando mucho más de lo que corresponde. Cuando alguien te exige que le demuestres tu amor haciendo algo que no quieres hacer, te está tratando como una posesión suya, no como a un individuo.

Veamos cómo podrías responder cuando una persona EI te acusa de que no la quieres lo suficiente.

Estrategia

Cuando una persona EI te acuse de que no la quieres de verdad, o no como deberías quererla, da un paso atrás y observa el panorama general. Probablemente descubrirás que los comportamientos que esa persona te reprocha y que la hacen sentirse «no querida» están relacionados con que defiendas tu individualidad o expreses claramente cómo quieres que te traten. Recuerda que querer a alguien no es sinónimo de darle permiso para que haga lo que se le antoje ni defender tu postura es sinónimo de que hayas dejado de quererla. Es *ella* la que demuestra muy poco amor hacia ti al criticar el mal carácter que tienes, después de haberte obligado con sus acusaciones a tener que defenderte enérgicamente.

Fíjate en la dinámica de poder que se establece: ¿está haciéndote esa persona una petición justa, en tono respetuoso, o está buscando la manera de que te sientas culpable y te sometas a sus deseos? Para notar la diferencia, tienes que dar un paso atrás y distanciarte emocionalmente de la relación lo bastante como para tener perspectiva.

Puedes tranquilizarla, repetirle un par de veces que la quieres de verdad y a continuación negarte a entrar en ninguna de sus acusaciones. Aunque intentes explicarle tu punto de vista, lo más probable es que no quiera ver más allá de sus distorsiones emocionales. Esas distorsiones no son culpa tuya ni es tu responsabilidad arreglarlas.

Reflexión y autodescubrimiento

Piensa en cómo tratas a las personas que son importantes para ti. Escribe una lista de los valores que sientes que deben respetarse en cualquier relación, los principios rectores a los que procuras atenerte.

_____

_____

_____

_____

_____

_____

Mientras miras la lista, pregúntate: ¿crees que tienes capacidad de amar? ¿Cómo demuestras en tus relaciones que la otra persona te importa? Piensa en distintas relaciones que hayas vivido a lo largo de los años. A continuación, escribe tres interacciones inolvidables que demuestren que eres capaz de querer de verdad.

_____

_____

_____

_____

Consejo: En el momento en que una persona EI trate de ponerte a prueba sobre cuánto la quieres, recuerda que tu amor nunca será suficiente para ella. En realidad, puede que *amor* no sea la palabra adecuada. Quizá sería más acertado decir que nunca le parecerá que antepones lo suficiente sus deseos y necesidades, o le permites dominarte lo suficiente, o estás suficientemente dispuesto a dejarla ser la parte inocente y perjudicada sea cual sea la situación. Cuestionar tu amor es una pista falsa que le permite evadirse de tener que hacer el trabajo importante, que es asegurarse de que la relación es satisfactoria *tanto para ella como para ti*. Como ya te habrás dado cuenta, sus quejas no tienen remedio. Aunque quieras de verdad a esa persona, tal vez nunca se lo puedas «demostrar».

Por mucho que me esfuerce, sigue sintiéndose herida y traicionada

Por qué son inútiles tus esfuerzos por reconfortar a la persona EI

Muchas personas EI parece que se hayan quedado ancladas en las heridas, el sufrimiento sin fin o la amargura de una traición. A todo le encuentran algún fallo, por lo cual nunca están contentas. Si son personas a las que quieres —y en especial si eres su hija— es agotador, porque te absorben continuamente hasta la última gota de empatía. La respuesta habitual a una persona que está angustiada es ofrecerle comprensión y compasión, pero muchos individuos EI las rechazan automáticamente, como si sus problemas fueran demasiado graves para que puedan mitigarlos unas palabras de afecto. Esta dinámica te coloca en una situación imposible: si les ofreces compasión, tu gesto es insuficiente y casi insultante, ya que estás trivializando la profundidad de su angustia; y si no intentas reconfortarlos, les demuestras que te da igual cómo se sientan. Hagas lo que hagas, estará mal. Lo único que podría satisfacerlos es que les dedicaras toda tu atención todos los días de tu vida.

Naturalmente, tú quieres hacer algo para que se sientan mejor, porque de entrada es lo que parece que quieren. Pero cuanto más te empeñas en ayudarlos, más frustrada te sientes, a causa de la negatividad intransigente que tiñe su percepción de las cosas. Mientras tú te esfuerzas por ayudarlos a resolver el problema que los inquieta en ese momento, ellos siguen obsesionados con lo injustamente que la vida los ha tratado, como para reafirmar su posición desfavorecida. En realidad, no quieren que los ayudes, quieren que corrobores que su visión pesimista de la vida tiene fundamento, que todo está efectivamente en su contra y son víctimas de una gran injusticia. Si se te ocurre intentar analizar con objetividad la situación, o no estás de acuerdo en que todo el mundo les ha hecho cosas imperdonables, puede que de repente eso te coloque también a ti en el bando enemigo.

Las personas EI no necesariamente quieren salir de su desdicha y amargura; en muchos casos, solo buscan a alguien con quien compartir su infelicidad. Esto les resulta particularmente difícil de encajar a los hijos e hijas interiorizadores, que ahora, en la edad adulta, suelen sentir el impulso de ayudar a resolver sus problemas a quien lo necesite y, en el caso de aquellos a los que quieren, se vuelcan de lleno en encontrar soluciones. O tal vez te parezca sensato animar a la persona EI a tratar de llegar a la raíz del problema con la ayuda de un psicoterapeuta, pero es probable que ella tenga más interés en desahogarse que en cambiar las cosas.

Quizá otra razón de que le sugieras la posibilidad de acudir a psicoterapia es que estás cansada de oírla quejarse sin fin y que nada cambie. Piensas, acertadamente, que lo que necesitaría es ser más consciente de sí misma y que la psicoterapia podría ayudarla a cambiar la perspectiva de base que es el origen de todos sus problemas. Pero si insinúas que examinarse a sí misma podría ser un primer paso para solucionar lo que la angustia, se sentirá ofendida y criticada. Esta persona tiene una mentalidad exteriorizadora y está convencida de que son *los demás* quienes tienen que cambiar. Esa es la única solución que ve a cualquier problema: que los demás admitan su culpa y cambien.

Con el tiempo, la tendencia derrotista de la persona EI puede hacer que acabes desconectando emocionalmente de ella o te retires, por puro instinto de supervivencia. Te vas insensibilizando a su infelicidad y su indignación y cada vez te afectan menos. Quizá dejes de mostrar empatía estando con ella, pues te das cuenta de que no sirve de nada que te tomes tan en serio su dolor. Nadie es capaz de sentir empatía un día detrás de otro hacia alguien que, le digas lo que le digas, sigue empeñado en hacerse el mártir, en seguir siendo la víctima.

206

Al final, comprendes que estás desperdiciando tus energías con una persona que no tiene ninguna intención de cambiar de perspectiva ni de salir de donde está.

¿Qué puedes hacer ante esta dinámica tan frustrante? He aquí algunas ideas.

Estrategia

Cuando una persona EI persiste en su negatividad, tenemos que dar un paso atrás y ver qué está pasando realmente. ¿Qué es lo que de verdad espera de ti? ¿Quiere que la ayudes a comprender y a resolver sus problemas o solo desea oírte decir que sí, que tiene motivos para sentirse oprimida y tratada injustamente? Si tienes una perspectiva diferente de la suya, ¿presta atención a tus explicaciones o reacciona como si no fueras capaz de comprender la magnitud de su sufrimiento? Si inesperadamente algo de lo que dices la tranquiliza, ¿te agradece tus palabras de apoyo o acto seguido pasa a la siguiente queja?

Estate alerta, cuando la oigas empezar a quejarse de lo mal que se portan los demás y veas que no demuestra ningún interés en ver qué podría hacer ella para mejorar las cosas. Puedes ser comprensiva y tratar de darle ánimos, pero no tienes el deber de hacer un esfuerzo heroico y quedarte sin una gota de energía. Es necesario poner una sana distancia y escuchar con cierto escepticismo cuando alguien se queja y, sin embargo, en cuanto le haces una sugerencia o te ofreces a ayudarlo reacciona con irritación o contesta que no lo entiendes.

Por último, es posible que tu comprensión y tu compasión no puedan ayudar a esa persona porque, más allá de la presente situación, tiene problemas a un nivel muy profundo, derivados tal vez del maltrato o las carencias afectivas que sufrió en la infancia. En este caso, ni toda tu bondad y tus esfuerzos van a hacer que desaparezca esa herida. Para recuperarse de un maltrato grave, tiene que ser la propia persona quien haga un trabajo de investigación y comprensión de sí misma.

Reflexión y autodescubrimiento

Describe la relación con una persona EI que acabó resultándote agotadora porque no aceptaba que le dijeras nada pero se quejaba constantemente de los mismos problemas. ¿Cómo te sentías con ella al ver que no tenía interés en nada de lo que le decías o le sugerías?

_____

_____

_____

_____

¿Recuerdas alguna relación en la que, por el contrario, fuera gratificante para ti mostrar empatía hacia la otra persona y ayudarla si tenía un problema? ¿En qué se diferenciaba del caso anterior la manera en que te hablaba esta última persona? ¿Cuáles eran las respuestas que recibías en un caso y en el otro?

_____

_____

_____

_____

_____

_____

Consejo: Si alguien está enfadado con el mundo, considera la posibilidad de no interponerte entre él y su objetivo. ¿Te lo tomas como una batalla personal conseguir que se tranquilice? ¿Sientes que es responsabilidad tuya arreglar la situación? ¿Qué quiere esa persona: que la ayudes o que te unas a ella en su perspectiva depresiva? Pregúntate si no estarás malinterpretando como dolor verdadero lo que en realidad es orgullo herido y resentimiento. Si te sientes derrotada al intentar ayudar a alguien a salir de una situación dolorosa, puede que sea porque esa persona está empeñada en no salir. En ese caso, da igual cuánto te esfuerces, porque tu empatía y tu apoyo no van a cambiar su perspectiva fundamental del mundo; eso es algo que solo puede conseguir ella. Trátala con amabilidad y afecto, pero no te esfuerces por cambiar su visión de las cosas. No es necesario que te entregues hasta la extenuación.

Al final me he liberado, pero echo de menos la relación que teníamos

Cuando te quedas triste tras desligarte

Cuando te desligas de una persona EI, tal vez te sorprenda sentir cierta tristeza. Quizá estabas tan enfadada con esa persona que no eras consciente de la gratificación secreta que te producía sentir que eras imprescindible para ella. Así que puede causarte gran confusión descubrir que echas de menos el enredo emocional, ahora que has conseguido al fin establecer unos límites claros en vuestra relación y no esperabas sentir otra cosa que alivio.

No olvides que, aunque es liberador ser tú misma, la individuación conlleva dejar atrás los patrones de relación a los que estabas acostumbrada. Puede que tengas que pagar un precio a nivel emocional por soltarte de ellos, y eso no lo habías previsto. Por fuerza ha de quedar un vacío cuando dejas de poner a la otra persona siempre en primer lugar. La parte de ti que estaba habituada a girar en torno a ella se queda de repente sin nada que hacer.

Es posible que hayas conseguido establecer límites en la relación antes de tener un sentido de ti misma lo suficientemente fuerte como para sentirte cómoda con el cambio. Puede que te sientas como a la deriva, si tu desarrollo personal no está aún a la altura de lo que significa ser un individuo separado de esa persona que hasta ahora había sido tan importante. Tal vez nunca te habías dado cuenta de hasta qué punto giraban tu identidad y tu vida entera en torno a sus preferencias y deseos. Sin embargo, puedes ponerte al día con relativa rapidez, una vez que comprendes que el nuevo estilo de interacción puede ser bueno para todos.

Veamos cómo ocurrió en el caso de mi clienta Avery y su hermana pequeña.

Avery tenía una única hermana, Jill, alcohólica y de carácter depresivo. Cuando murió su madre, que nunca se había ocupado mucho de ellas, Jill era una adolescente. Empezó a beber, y solo tenía a su hermana, así que buscaba constantemente en Avery apoyo emocional. Incluso después de que fueran dos adultas independientes, Jill esperaba que Avery la llamara o le enviara mensajes de texto todos los días. No era raro que Jill la llamara para quejarse y decir que le gustaría estar muerta o que cortara toda comunicación con Avery si le parecía que no demostraba suficiente interés por sus problemas. Avery sentía como si tuviera dos trabajos a jornada completa: uno para mantenerse y otro para mantener emocionalmente a su hermana. Llegó un momento en que no podía más y buscó asesoramiento profesional para encontrar la manera de establecer unos límites más sanos en la relación.

En las sesiones de coaching, empezó a reflexionar sobre cómo la estaba afectando el comportamiento de Jill. Cuando contempló la situación con cierta distancia y se preguntó cómo la hacía sentirse interactuar con ella, descubrió cuánto le estaba costando a nivel emocional. Consciente de que su salud estaba en juego, llamó a su hermana y fue definiendo con calma lo que deseaba para la relación, antes de que Jill pudiera decir lo que ella quería. Avery comprendió que tenía que ponerle límites, lo que significaba de entrada reducir el contacto. Le sugirió además que se planteara acudir a psicoterapia y buscara nuevas amistades y actividades.

Jill dijo que no. ¡Ya tenía en Avery el sistema de apoyo que necesitaba! Se enfureció y, como había hecho repetidamente a lo largo de los años, cortó por completo el contacto con Avery. Como en el pasado, esperaba que Avery la llamara e intentara apaciguarla, pero esta vez no fue así. En lugar de querer saber por qué su hermana no la llamaba, Avery empezó a ocuparse de sí misma y, con gran sensación de alivio, comenzó a pensar en cosas nuevas a las que dedicar su tiempo libre. En cuanto dispuso de tiempo para hacer las cosas que le gustaban, notó que disminuían la presión y la ansiedad. Decidió no volver a comprometer su integridad solo por mantener la paz.

Como si hubiera percibido la individuación de Avery, Jill decidió apostar fuerte y la llamó para decirle que no la había llamado antes porque había estado al borde del suicidio y para reprocharle que no hubiera ido a asegurarse de que estaba bien. Avery contestó que era un abuso cargarla con la responsabilidad de vigilar en todo momento que no se suicidara. Jill se defendió, diciendo que era lo normal poder contar con su hermana. «Jill, nunca más voy a ir a hacerte un chequeo de salud mental —respondió Avery—. Quizá llame al sheriff *para que vaya a comprobar que estás bien, pero yo no voy a volver a ir. Haré lo posible por conseguirte el contacto de alguien que te pueda ayudar, eso es todo».*

A Avery no le resultó difícil decir esto porque, al dar un paso atrás y observar la dinámica de la relación, se había dado cuenta de lo injusta e insensible que había sido Jill, al llamarla a cada momento amenazando con suicidarse, sin pensar nunca en lo traumático que podía ser para ella. Con sus acciones y sus palabras, Jill había dejado claro que le parecía lo correcto que Avery fuera a su apartamento a todo correr, angustiada al pensar que su hermana se estaba muriendo, y sin embargo le parecía un disparate la sugerencia de que buscara ayuda terapéutica.

Avery se mantuvo firme en su postura y estableció una distancia más sana, y Jill finalmente se adaptó. Encontró un terapeuta y empezó a aprovechar las oportunidades que se le presentaban para socializar en su barrio y recuperarse poco a poco. El momento en el que realmente cambiaron las cosas fue cuando Jill inició un tratamiento asistido con medicamentos y su estado de ánimo mejoró. Gracias a estos apoyos, Avery pudo empezar a disfrutar más de la compañía de Jill, aunque sin dejar de consultarse a sí misma meticulosamente antes de acceder a ninguna petición suya.

No obstante, Avery descubrió con gran sorpresa que, ahora que por fin había conseguido proteger su espacio y su salud emocional, seguía sintiendo en muchos momentos una necesidad imperiosa de llamar a su hermana para ver si estaba bien. Inconscientemente, temía que ni ella ni Jill sobrevivieran al proceso de individuación. Le aseguré que no estaba matando a su hermana por vivir su propia vida. Lo que sentía era simplemente el dolor natural de una separación emocional que hubiera debido producirse hacía años.

El haber vivido tan volcada en su hermana no le había permitido a Avery dedicarse a su propio desarrollo personal, y no tenía suficientes recursos en sí misma para afrontar una vida repentinamente liberada de tanta responsabilidad. Tuvo que actualizar su concepto de sí misma y empezar a verse como una persona con vida propia, en lugar de como el apoyo emocional para Jill y sus problemas. Decidió tratar de establecer un tipo de relación más sano con su hermana, para lo cual se comprometió a ser sincera consigo misma, a proteger su espacio y a no hacer nada que no quisiera hacer. Para consolidar su nuevo autoconcepto, reflexionó profundamente sobre sus intereses, sueños y valores como la persona individual que era. En cuanto se tomó en serio su propio desarrollo, empezó a sentirse más equilibrada y completa.

Sin embargo, a veces Avery seguía teniendo momentos de dolor profundo: «Me siento muy, muy triste, y añoro el pasado. Echo de menos a Jill. La base de mi apego emocional a ella era su fragilidad extrema. La responsabilidad de cuidar de que mi hermana no se desmoronara ha definido mi identidad desde siempre, y era un trabajo que daba sentido a mi vida. Era yo la que conseguía mantenerla en pie; fui para ella el primer amor de verdad que había conocido, el primer lugar seguro al que recurrir». Avery lloraba la pérdida del que había sido su papel fundamental en la vida: el de salvadora emocional de su hermana.

Con el tiempo, aprendió a disfrutar de su nueva libertad, ahora que Jill tenía un funcionamiento más autónomo: «Ya no siento aquella desesperación, aquella urgencia. Las cosas no parecen ya en todo momento una cuestión de vida o muerte». Al mirar atrás, Avery se dio cuenta de que, en la relación que había tenido con su hermana en el pasado, en realidad no le estaba dando amor, era su sirvienta.

Veamos cómo puedes afrontar situaciones similares con las personas EI que haya en tu vida.

Estrategia

Cuando empieces a establecer límites en la relación con una persona EI, asegúrate de invertir la misma energía en descubrirte a ti misma y en construir un concepto de ti más preciso. Define el tipo de relación que deseas tener con esa persona y concreta los valores que quieres que guíen los distintos aspectos de tu interacción con ella. Pregúntate no solo de qué situaciones quieres escapar, sino también qué cambios quieres acoger.

Y cuando cambie la dinámica de esa relación emocionalmente inmadura, o esa persona deje de depender exclusivamente de ti, estate preparada para el sentimiento de pérdida o nostalgia que tal vez aparezca. En esos momentos, podrías escribir dos razones claras por las que tiene sentido mantener el rumbo, dos razones que te recuerden por qué es importante establecer límites, a pesar del sentimiento de dolor que eso pueda traer consigo.

Reflexión y autodescubrimiento

Piensa en tres aspectos de la relación con cierta persona EI que te gustaría cambiar (por ejemplo, participar en actividades que no te gustan, tener que escucharla demasiado tiempo seguido, ocultar lo que de verdad opinas, tener que amoldarte a sus expectativas...). ¿Te presiona esa persona para que hagas todo esto, o lo haces por hábito, o ambas cosas?

_____

_____

_____

Imagina que has dado un paso atrás y, después de observar las cosas con perspectiva, has establecido unos límites saludables. ¿Hay alguna parte de ti que vaya a echar de menos aspectos de la antigua forma de relación? ¿Por qué? Nombra a un par de amigas o amigos que podrían entender esa paradójica nostalgia al abandonar algo que no te hacía ningún bien. Tenlos en cuenta como posibles confidentes, si llega el momento en que te gustaría hablar del tema.

_____

_____

_____

_____

Consejo: Distanciarte emocionalmente de una persona EI te permite entrar en ti misma. Pero cuando lo hagas, ¡quizá no reconozcas el lugar! Sería comprensible que tuvieras una sensación extraña, si no estás habituada a prestar atención a tus propias necesidades. Recuerda que todos nos apegamos con fuerza al tipo de interacciones al que nos acostumbramos, aunque sean perjudiciales para nosotros. Es inevitable que sientas cierta tristeza por lo que dejas atrás, dado que eres un ser humano afectuoso y estás en contacto con tus emociones. Acepta ese malestar y esa extrañeza relativos que sentirás durante un tiempo después de poner límites. Cuanto más practiques el dar un paso atrás, observar y consultar contigo misma antes de acordar nada con una persona EI, más natural te resultará hacerlo.

Cuarta parte

Salvarte

33

Renuncié a la autenticidad a cambio de aprobación

Cuando nos importa más que nos admiren que ser auténticos

A la mayoría nos gusta que se reconozca nuestro trabajo y se nos elogie. Los sentimientos que eso nos genera refuerzan nuestra autoestima y nos dan seguridad. Sin embargo, esto empieza a ser un problema si te esfuerzas tanto por impresionar a la gente que pierdes el contacto contigo mismo. Tal vez en tu familia aprendiste a esforzarte sin medida para conseguir la aprobación de tus padres, ya que su amor y su aceptación estaban siempre supeditados a que te los hubieras ganado. Si, además, tus padres se alimentaban de tu éxito para satisfacer su propia autoestima, puede que sintieras que era tu obligación esforzarte al máximo tanto por ti como por ellos. Puede que no tuvieras siquiera la posibilidad de ser tú mismo y que no te quedara otro remedio que desarrollar una personalidad complaciente para poder llevarte bien con todos, tanto dentro como fuera de tu familia. Es posible que recibir reconocimiento fuera para ti una necesidad psicológica. Esta es la historia de Mike, un cliente mío de mucho talento, que vivió una experiencia de este tipo al principio de la adolescencia.

Mike tuvo una depresión grave a los trece años, estando en octavo curso. Iba siempre vestido de negro y escribía poemas muy sombríos. Su padre y su madre, ambos emocionalmente inmaduros, se pasaban el día discutiendo con él y además no encajaba con sus compañeros del colegio. Cuando les dijo a sus padres que solo pensaba en el suicidio, lo llevaron a un psiquiatra, y Mike tuvo la mala suerte de que le recetara una medicación que le deprimió aún más, hasta el punto de que intentó suicidarse. Después de aquello, sus padres le dijeron que ya no sabían qué hacer con él. Le dieron un ultimátum: o se serenaba y dejaba de comportarse de aquella manera tan rara o lo ingresarían en un hospital psiquiátrico. A Mike le dio terror que su familia estuviera dispuesta a desterrarlo. Comprendió que nadie lo iba a ayudar y que no tenía otra opción que ayudarse a sí mismo.

Así que el curso siguiente empezó el instituto con una nueva misión: convertirse en un chico de sobresaliente, como querían sus padres. Empezó a vestir con ropa de marca, se apuntó al equipo de atletismo y al club de teatro, y estudió hasta conseguir entrar en las clases avanzadas. Se esforzaba por parecer lo más normal y estudioso posible, para que sus padres estuvieran contentos. Tenía la inteligencia y la habilidad para que la farsa resultara creíble, y sus padres parecían sentirse orgullosos de él.

La estrategia le permitió a Mike ganarse la atención favorable de los adultos y trabajar bien en equipo con sus compañeros de instituto. Había conseguido ocultar su tristeza bajo la máscara de los logros sociales y académicos. Pero su depresión y sus inseguridades básicas estaban simplemente enterradas, y en la edad adulta salieron de golpe a la superficie a raíz de una ruptura de relación. Para recuperar el equilibrio, tuvo que aprender a ser auténtico y reconocer lo que de verdad sentía, en lugar de preocuparse solo por cosechar alabanzas y hacer como que todo iba bien. Se dio cuenta de que conseguir la aprobación de sus padres le había costado la salud emocional y lo había desconectado de sus auténticos sentimientos.

No todo el mundo se plantearía una «solución» tan extrema como la de convertirse en otra persona, pero probablemente ocurra más a menudo de lo que pensamos, ya que en cualquier intento de transformación podría haber partes de nosotros que simplemente quedan ocultas. Todos representamos en algún momento versiones menos drásticas de esa búsqueda de aprobación, en las que reprimimos nuestras auténticas reacciones y opiniones para no desagradar a aquellos de los que dependemos emocionalmente. En especial, si dependemos de personas EI, por lo general tan estrictas y críticas con lo que es aceptable y lo que no.

Si por cumplir las expectativas de los demás acabas perdiéndote a ti mismo, la adaptación ha ido demasiado lejos, lo cual puede conducirte al aislamiento, la baja autoestima y la depresión. Como en el caso de Mike, tal vez no te hayas parado a pensar en los efectos que esa búsqueda de aprobación tan extrema puede tener en el futuro y hasta qué punto puede minar tus relaciones.

Si tienes la necesidad de causarle una buena impresión a todo el mundo, es probable que te cueste mucho relacionarte a un nivel más auténtico. Difícilmente estarás abierto a una relación de sinceridad, si tu prioridad automática es impresionar a la persona que tienes al lado. Incluso aunque ya no convivas ni te relaciones demasiado con los miembros emocionalmente inmaduros de tu familia, quizá sigas reprimiendo tu autenticidad por miedo al rechazo general. Temiendo que a la gente pueda no gustarle cómo eres de verdad, tal vez les presentas una imagen de ti basada en lo que crees que valoran. Si para sentirte valioso necesitas aprobación externa, cada vez te resulta más difícil ser tú mismo.

¿Qué puedes hacer para ser más auténtico y que deje de importarte tanto recibir aprobación, no solo de las personas EI, sino de todo el mundo?

Estrategia

Para averiguar si estás buscando la aprobación de la persona con la que interactúas, estate atento a si durante el encuentro te sientes pletórico o notas que te vas quedando sin energía. Estarás tenso, cada vez que te esfuerces por causarle una buena impresión a alguien o estés pendiente de que todo el mundo te admire. Utiliza esa tensión como señal para respirar hondo y sentir tu valía tal como eres. Mira a ver si puedes interactuar simplemente como un ser humano, en vez de como alguien que intenta deslumbrar al jurado en una prueba de selección. Por supuesto, te resultará mucho más fácil cuando empieces a pasar más tiempo con gente que no sea emocionalmente inmadura.

Podrías empezar a ser más auténtico expresando tu opinión, aunque no coincida con la del resto. En lugar de intentar imaginar qué piensan los demás para decir algo que concuerde con sus ideas, ¿por qué no te adelantas y expresas las tuyas en tono neutro y amistoso? No tienes por qué defender tu punto de vista ni intentar convencer a nadie de nada, solo estás participando en una conversación. Te costará menos expresarte con autenticidad si vas permitiéndote ser tú mismo poco a poco, en la comunicación con personas que sabes que te aprecian y con las que te sientes tranquilo.

Si experimentas con esto, por ejemplo dando respuestas más sinceras a cualquier pregunta, te irás acostumbrando a dejarte ver cada vez más como realmente eres. No todas las personas con las que te encuentres serán emocionalmente inmaduras y te juzgarán sin piedad. Aunque te siga gustando que la gente coincida con lo que piensas, el principal objetivo en tus relaciones podría ser llevarte bien con los demás y contigo mismo. Cuanto más te muestres como de verdad eres, más disfrutarás de amistades y relaciones en las que no te hará falta estar en guardia.

Reflexión y autodescubrimiento

Escribe sobre algún momento en el que la preocupación por que alguien te valorara no te dejó mostrarte como eres. ¿Qué sensación te producía estar tan preocupado por dar una buena imagen que no podías ser tú mismo?

_____

_____

_____

_____

_____

Haz una lista de las cualidades personales que ves en ti, que son tan importantes como tus logros. Si no sabes por dónde empezar, piensa en las características que te parecen atractivas de algún amigo tuyo. Si te sigue resultando difícil ver tus cualidades, pídele a un amigo que te diga lo que ve en ti. Hacer esto te ayudará a crear un concepto más realista de ti mismo, que incluirá a quien de verdad eres, no solo tus logros.

_____

_____

_____

_____

_____

Consejo: Puede que el deseo de que te admiraran haya tenido como contrapartida momentos muy dolorosos de inautenticidad, pero ahora, en vez de poner tus energías en causar una buena impresión, puedes probar a ser auténtico de una manera amistosa. Basta con que te fijes un objetivo diferente. Es natural buscar reconocimiento, pero no a costa de la autenticidad. Empieza a verte como alguien a quien, además de gustarle recibir la aprobación, le importa ser auténtico y tener relaciones más sinceras. Observa qué ocurre cuando no te esfuerzas tanto por ser excepcional. Comienza poco a poco y experimenta con pequeñas cosas de las que quizá solo tú seas consciente. Tienes todo el derecho del mundo a sentirte valioso y merecedor de que te valoren por el mero hecho de ser tú mismo.

Quiero ser yo mismo, pero tengo miedo al rechazo

Qué hacer con el temor a que nos abandonen

Los seres humanos tenemos dos necesidades contrapuestas: de individualidad y de pertenencia. La mayoría sabemos lo importante que es encontrar un equilibrio entre el deseo de preservar nuestro espacio y la necesidad de tener relaciones de amistad y de pareja. Algo que caracteriza una buena relación es que en ella se nos permite conservar nuestra individualidad y se respetan nuestros límites, a la vez que disfrutamos de intimidad y atención compartidas.

Pero en las relaciones con los individuos EI, este equilibrio suele fallar. Debido a que la persona EI tiene un sentido de sí misma poco desarrollado, no le resulta fácil saber dónde trazar la línea para que haya un equilibrio saludable entre individualidad y pertenencia. Tiende a pasarse de la raya, o por exceso o por defecto: te hace sentirte o emocionalmente aislado o controlado de un modo asfixiante, o ambas cosas. No sabe cómo encontrar ese feliz término medio en el que las personas pueden ser ellas mismas y, al mismo tiempo, disfrutar una relación de afecto y apoyo mutuos.

Una relación suficientemente madura es aquella en la que cada parte honra la autonomía y el mundo psicológico de la otra. Pero las personas EI continúan atrapadas en una etapa temprana de desarrollo en la que consideran que los demás son o bien una extensión de sí mismas, o bien objetos para su propia gratificación, lo que significa que apenas tienen en cuenta sus necesidades. Como criaturas de dos años, son incapaces de asimilar que los demás estén fundamentalmente separados de ellas y tengan una mente propia.

Ya puedes imaginar lo que sucede cuando los hijos e hijas de unos padres EI empiezan a expresar su individualidad y su autonomía. No hay posibilidad de que la madre y el padre EI acepten con agrado este paso necesario en su desarrollo. Cualquier intento del niño o la niña por independizarse emocionalmente estos padres se lo toman como un rechazo personal y ven en ello una demostración de intransigencia o de rebeldía. Su reacción podría ser distanciarse emocionalmente de sus hijos, lo que significa privarlos temporalmente de la base que necesitan para sentirse tranquilos y protegidos a nivel emocional. A la vista de la reacción parental, esos niños temen que intentar ser emocionalmente independientes tenga como consecuencia la pérdida de conexión, el abandono o cosas peores. Así que, en esta tesitura, tienen que elegir entre desarrollar su propia identidad o conservar el amor de sus padres.

Los padres EI tienen pleno poder sobre sus hijos, dado que para el niño es una necesidad vital el apoyo de sus padres; no tiene otro sitio a donde ir. Este es a menudo el origen de la ansiedad y los miedos que sienten en la edad adulta muchos hijos e hijas de padres EI. La posibilidad de que nos rechace la persona de la que depende nuestra seguridad es aterradora para cualquiera, pero especialmente para unos niños pequeños. Si de niño sentiste ese terror a quedarte solo y desprotegido, es posible que ahora temas que te dejen o te rechacen si te muestras demasiado orgulloso. Ese miedo subyacente al rechazo puede durar hasta la edad adulta, lo que explica por qué muchos hijos e hijas de padres EI sienten verdadero terror si una determinada persona EI los trata de repente con frialdad o corta el contacto con ellos.

Jamal, por ejemplo, tenía verdadera dificultad para que su padre, un hombre muy autoritario, le permitiera ser él mismo. «Cuando estoy con él, me resulta casi imposible ser la persona que quiero ser», me dijo. Hasta que un día, finalmente, harto de que su padre le diera consejos a cada momento y de no tener siquiera la posibilidad de responder, le plantó cara.

Cuando Jamal le dijo a su padre que necesitaba empezar a tomar sus propias decisiones, su padre se enfureció y dejó de hablarle, como castigo por haber tenido el atrevimiento de ser él. Aunque por fin había conseguido el espacio que quería, no podía disfrutarlo porque no dejaba de darle vueltas a la frialdad de su padre. Le sorprendió descubrir lo inseguro que se sentía por el hecho de que su padre estuviera enfadado con él.

Ahora comprendía por qué no se había atrevido a pararle los pies hacía mucho: ¡las consecuencias eran demasiado dolorosas! Estuvo tentado de llamarlo para disculparse profusamente y rogarle que hicieran las paces, pero consiguió resistirse a ese impulso nacido del miedo. Decidió tratar de establecer contacto con su padre cada cierto tiempo hasta que volviera a estar receptivo. Lo importante es que Jamal vio que su mundo no se derrumbaba porque su padre le retirara su afecto y también que estaba dispuesto a soportar sus reacciones airadas a cambio de poder tener más libertad en su relación con él en el futuro. En palabras de Jamal: «Ha habido un cambio fundamental en la manera de ver a mi padre. Me doy cuenta de sus limitaciones. Antes pensaba que eran "incidentes" por los que pasábamos, pero ahora veo que es su patrón de personalidad. Mi padre es así, y veo que no me gusta su forma de ser».

La madre y el padre *adecuadamente maduros* acogen a sus hijos de vuelta en el nido incluso después de que hayan rechazado de malas maneras las atenciones parentales, empeñados en seguir su propio camino. Comprenden esos impulsos irresistibles de libertad y autosuficiencia. Se dan cuenta de lo importante que es ser para sus hijos una estación de repostaje emocional y les permiten irse y volver a voluntad con la confianza de que sus padres les darán la bienvenida (Mahler, Pine y Bergman 1975). Para que al niño la autonomía le resulte estimulante, en vez de darle miedo, es imprescindible que sepa que sus padres estarán a su disposición cuando vuelvan a necesitarlos. Entonces tiene la libertad para expresarse y explorar, y se siente cuidado al mismo tiempo. Para ese niño el autodescubrimiento no supone una pérdida del amor parental.

Pero si creciste con unos padres EI, es posible que tus temores de infancia te hagan preocuparte aún de que, si les das motivos de disgusto, te puedan abandonar, temores que se hacen extensivos a otras personas además de ellos. Afortunadamente, como ahora eres una persona adulta, tienes la posibilidad de contar con otras fuentes de apoyo. Aunque a veces sigas sintiendo que necesitas la aprobación de tus padres para sentirte a salvo en la vida, la realidad es que ya no dependes de ella.

Esto es lo que puedes hacer, si tienes miedo a que todos te abandonen al empezar a ser más auténticamente tú.

Estrategia

Escucha y reconforta a esa parte de ti que teme que el precio por la independencia emocional pueda ser la soledad absoluta (Schwartz 1995, 2022). Escucha sus temores y escríbelos, pero luego pregúntate cómo te gustaría que fuera en el futuro la relación con esa persona EI. Aunque la ansiedad quizá te haga querer retractarte de lo que dijiste y pedirle perdón, piensa en cuánto contacto quieres tener con ella realmente y de qué tipo.

Cuando te sientas castigado o abandonado emocionalmente por alguien a quien le disgusta tu deseo de autonomía, repasa de inmediato tus principios sobre cómo consideras que los seres humanos deben tratarse entre sí. Recordar tus valores te dará perspectiva, hará que no te afecte profundamente la reacción de la persona EI y te evitará por tanto la culpabilidad o el sentimiento de abandono. En lugar de reaccionar a su reacción, examina su comportamiento. ¿Crees que es justo tratar a alguien como si fuera un ser despreciable porque no está de acuerdo contigo? ¿Crees que está bien abandonar emocionalmente a las personas cercanas si no te dan lo que quieres? En lugar de sentirte automáticamente culpable por «haber hecho» que esa persona te abandone, evalúa cómo te está tratando y busca el apoyo emocional de alguien más comprensivo.

Ahora vamos a ver en qué se concreta exactamente tu derecho a ser un individuo.

Reflexión y autodescubrimiento

¿Cuánta libertad crees que debería tener un individuo para decidir el tipo de contacto que quiere establecer con los demás —en particular con las personas EI— y con qué frecuencia? ¿Estaría mal que un individuo quisiera tener menos contacto con otro si ninguno de los dos disfruta realmente del tiempo que pasan juntos?

_____

_____

_____

_____

_____

Piensa en cómo te sientes cuando una persona EI utiliza el distanciamiento emocional o te amenaza con abandonarte para que pases más tiempo con ella del que deseas. Revisa tus valores y escribe una declaración sobre tu postura ante este tipo de presión. ¿Cómo quieres responder a esta clase de comportamiento?

_____

_____

_____

_____

_____

Consejo: Cabe la posibilidad de que una persona EI no te vuelva a dirigir la palabra nunca más, después de que hayas establecido límites en tu relación con ella, pero lo más probable es que, al cabo de un tiempo, cuando cambie de estado de ánimo, se ponga en contacto contigo como si no hubiera pasado nada. (Es asombroso que los individuos EI sean capaces de dirigirse a ti con la mayor normalidad después de haberse comportado contigo como energúmenos). Dado que eres una persona emocionalmente conectada, quizá el instinto te haga querer resolver el problema que ha provocado la ruptura. Si quieres, puedes preguntarle a esa persona si estaría dispuesta a hablar del tema, pero también tienes la posibilidad de no hacerlo. Tal vez prefieras ceñirte educadamente a tus nuevos límites y derechos de expresión, sin tratar de hacerle comprender el efecto hiriente o punitivo que su reacción ha tenido en ti. Lo importante es saber qué tipo de relación quieres tener ahora y orientar tus acciones en función de ese objetivo.

¿Quién soy realmente? ¿Cómo sé con seguridad qué es lo mejor para mí?

Cómo reconocer tu verdadero yo y restaurar la autenticidad

La coacción y la apropiación emocionales que ejercen los individuos EI pueden generarte la sensación de que eres un conjunto de reacciones, más que una persona por derecho propio. Si te preocupas en exceso por lo que quieren los demás, quizá sientas como si tu voz interior hubiera dejado de hablarte. Es posible que pierdas contacto con tus preferencias o incluso con quién eres realmente en lo más profundo de tu ser. ¿Cómo puedes reencontrarte y reconectarte con tu verdadero yo?

Para reconectarte con tu esencia, estate atenta a las subidas y bajadas de energía. Descubre qué te fascina y deja que tus intereses te guíen. Cuando hagas cosas que son las adecuadas para ti, tendrás una sensación de expansión y de fusión con lo que estés haciendo: el tiempo pasa volando; aunque quizá sea una actividad que requiere concentración o trabajo físico, es energizante y enriquecedora. Cuando te dedicas a lo que de verdad te interesa, sientes que estás en tu lugar, y los pasos se van sucediendo con fluidez.

Piensa en esa cualidad genuina del niño y la niña pequeños a los que todavía no se les ha enseñado a ocultar lo que sienten y a pensar bien cada cosa que hacen. Tienen una inmensa energía porque no conocen aún lo que es el conflicto interno. Se sienten a gusto en su cuerpo, son receptivos a las personas con las que tienen contacto y están listos siempre para lo que ocurra a continuación. Se guían desde dentro por lo que les gusta y lo que no, y comunican espontánea y abiertamente sus emociones a las personas a las que quieren. Localizar tu verdadero yo significa empezar a darte cuenta de cuáles son tus sueños, tus sentimientos e impulsos en esos momentos en los que eres totalmente tú misma, como hacen la mayoría de los niños de forma natural.

Si alguna vez has interactuado con alguien mientras te sentías conectada con tu verdadero yo, probablemente recuerdes la sensación. En esos momentos te encuentras en un estado mental hiperpresente, de total seguridad y plena confianza en ti misma en el que te sientes tranquila, piensas con claridad, haces preguntas del modo más natural y corriges cualquier percepción desacertada sin ponerte a la defensiva. Cuando estás centrada en tu auténtico yo, no hay «revoltijo mental» ni tienes que esforzarte por encontrar las palabras, incluso aunque estés hablando con una persona EI, porque la ansiedad es mínima o inexistente en esos momentos. En lugar de sentirte apocada, estás plenamente receptiva. Te sientes serenamente segura, sin ninguna lucha interna. Las palabras y las ideas te llegan de una profunda sensibilidad interior y sabes al instante lo que es verdad y lo que no. Y, sobre todo, tienes el sentimiento claro de que, pase lo que pase, todo irá bien, porque te encuentras en el estado interior adecuado para afrontarlo. Desde esa serena firmeza, ves con transparencia la raíz de cualquier situación problemática y avanzas sin titubeos.

Tu verdadero yo habla con voz muy suave, apenas un susurro que te guía hacia cosas que te dan energía vital y fortalecen tu individualidad esencial (Gibson 2020). Si luchas contra esta guía interior, los conflictos internos pueden ser tan fuertes como para provocar síntomas externos. Por ejemplo, nos invade la ansiedad cada vez que rechazamos nuestros verdaderos deseos o nos deprimimos cuando llegamos a la conclusión de que no hay esperanza de poder ser quienes auténticamente somos.

Te preguntarás quizá: «¿Y dónde está ese auténtico yo cuando realmente lo necesito..., cuando tengo que defenderme, por ejemplo, del comportamiento dominante o coercitivo de una persona EI?». Está ahí, no se ha movido; es solo que, en cuanto saltan tus mecanismos de defensa, ya no oyes su voz. La solución está en mantenerte conectada a ti misma desde el principio de la interacción con esa persona, en lugar de perder la conexión al dejarte enredar en sus palabras y luego, en mitad de la confusión, tratar de conectarte de nuevo. Por lo tanto, si es posible, dedica unos instantes a centrarte en ti misma *antes* de tener una conversación importante con una persona EI. Cuando tu verdadero yo dirija al resto de tu personalidad, estarás más calmada y será mucho menos probable que reacciones a lo que oigas (Schwartz 1995, 2022).

Tu verdadero yo es la base de toda tu personalidad y ha estado presente desde tu primer momento de vida. Siempre está ahí, si te acuerdas de buscarlo. La práctica de la meditación y de la atención plena ha alcanzado tal popularidad porque tienen el poder de conducirte al espacio donde habita el verdadero yo, allí donde puedes conectar con lo más profundo de ti.

Cuanto más a menudo sintonices contigo misma, más fácilmente emergerá tu verdadero yo durante cualquier interacción, y sabrás con claridad lo que de verdad piensas, cómo te sientes y qué necesitas de los demás y qué no. Me deja siempre asombrada que alguna gente, al reconectarse con sus verdaderos sentimientos, empieza espontáneamente a decirles la verdad a las personas EI, simplemente porque es mucho más fácil decir lo que hay que decir, en lugar de reprimirlo. Cuando estás en contacto con tu verdadero yo, las palabras salen solas. Veamos un ejemplo.

A la madre de Shanice le gustaba cuidar a sus nietos pequeños, pero no hacía ningún caso de las instrucciones de Shanice. Les daba de comer cosas que su hija le había dicho claramente que no quería que comieran y los dejaba quedarse hasta tarde viendo la televisión. Por mucho que se enfadara Shanice, ella insistía en que no había nada de malo en malcriar a los nietos. Así que, cuando llegó el fin de semana que Shanice y su marido tenían pensado hacer una pequeña escapada ellos dos solos, Shanice les pidió a sus suegros que se quedaran con los niños. Al enterarse su madre, y exigirle una explicación de por qué iba a dejar a sus hijos con los otros abuelos, Shanice decidió decirle la verdad: «Vamos a dejar a los niños con sus otros abuelos porque son muy deferentes con cómo queremos que se hagan las cosas. Esos niños son responsabilidad mía. Hasta que sepa con seguridad que van a recibir lo que necesitan en su vida en estos momentos, no voy a volver a dejártelos a ti».

¿Cómo encontró Shanice las palabras? Había hecho previamente el trabajo de ser profundamente sincera consigo misma en cuanto a lo que quería y lo que no. Fue capaz de decirle a su madre la verdad sobre la decisión que había tomado porque tenía absolutamente claro qué era lo correcto. Igual que puedes hacer tú, cuando te descubres *a ti misma.*

Estrategia

Así que ¿quién eres de verdad? Como Shanice, eres ese núcleo interior tranquilo que sabe lo que prefiere, que tiene claras sus necesidades y responde a la vida con autenticidad.

Para experimentar tu verdadero yo, proponte con seriedad dedicar unos momentos al día a quedarte en calma y entrar en un estado meditativo en el que encontrar tu centro. Si respiras relajadamente con la intención de conectar contigo, descubrirás la sensación de quien realmente eres debajo de todos los roles. Ya está en ti esa conciencia interior profundamente despierta que sabe lo que te sienta bien y lo que te sienta mal.

Tu verdadero yo vive en la quietud, la conciencia y la calma (Schwartz 1995). La meditación, el mindfulness o atención plena, escribir en tu diario, la psicoterapia o las conversaciones profundas con una amiga de confianza pueden reconectarte con la esencia de quien de verdad eres. Hay aplicaciones digitales de meditación muy sencillas (por ejemplo, Headspace o Calm) y cantidad de recursos en Internet, o puedes buscar libros de introducción a la meditación que te resulten atractivos, ya sea en una librería o en Internet. Puedes utilizar todo esto para descubrir lo que te atrae y lo que te hace sentirte pletórica de energía e intensamente viva.

Cuando te encuentres en una situación difícil, puedes quedarte en silencio y preguntarte: «¿Cuál es la verdad más esencial sobre mí misma y sobre esta situación?». Prueba a hacerlo con un papel delante y ve escribiendo todo lo que te venga a la mente sobre lo que está pasando en esos momentos, lo que sientes y lo que es importante para ti.

¿Quién eres tú? Esta pregunta se responde en esos momentos en los que eres tan plenamente tú que se te olvida hacértela.

Reflexión y autodescubrimiento

Saca un poco de tiempo para sentarte tranquilamente y recordar algún momento en el que te sintieras sintonizada con tu verdadero yo. Escribe dónde estabas y qué sensación tenías.

_____

_____

_____

_____

_____

Si en la actualidad te sientes desconectada de tu auténtico yo, escribe cuándo y cómo se produjo ese cambio. ¿Qué circunstancias o personas son las que más te han hecho alejarte de ti? ¿Qué influencias externas son las que más te han conectado con él? Escribe lo que estas respuestas indican sobre qué te sentaría bien incorporar a tu vida cada vez más y de qué te sentaría bien deshacerte.

_____

_____

_____

_____

_____

_____

Consejo: Las exigencias de las personas EI pueden interrumpir tu conexión profunda contigo misma. Se interponen entre tú y tu mundo interior más íntimo, al atraer tu atención hacia ellas y sacarte de esa armonía. Pero a medida que vas siendo cada vez más capaz de pasar por encima de ellas y buscar la verdad en tu propia experiencia, más brilla tu verdadero yo y más fácil te resulta acceder a él. Solo a través de esta comunicación más directa con tu verdadero yo descubrirás quién eres realmente y qué quieres. Cuando dedicas una parte de tu tiempo a reconectarte con esa conciencia de ti misma que hay en lo más profundo de tu ser, empiezas a recordar quién has sido siempre, quién eras antes de que las personas EI te presionaran para que no hicieras caso de tu verdadero yo y pudieras atenderlas debidamente a ellas.

Me esfuerzo tanto por hacerlo todo a la perfección que acabo agotado

Cuando tu autoestima se basa en hacer lo imposible

El perfeccionismo puede ser un problema para los hijos e hijas interiorizadores. Su sensibilidad y su acrecentada capacidad de percepción les hacen darse cuenta de cosas que otros quizá pasen por alto, especialmente los detalles visuales y las reacciones de la gente. Aunque esa perspicacia y ese perfeccionismo pueden aplicarse para alcanzar objetivos, hacen que los interiorizadores sean también agudamente conscientes de cuándo alguien está descontento con los resultados que le presentan. Como consecuencia, se ponen el listón lo más alto posible, no solo porque deseen hacer un buen trabajo, sino porque quieren evitar cualquier posible crítica.

¿Eres perfeccionista? ¿Eres tan crítico con todo lo que haces que te cuesta ponerte en marcha, incluso aunque se trate de proyectos que te interesan? ¿Tu autoevaluación tiene como base la idea de que no estarás a la altura de lo que se considera digno de elogio? Si es así, sabes que el perfeccionismo no te permite disfrutar del placer de «fluir», de estar inmerso en lo que sea que estés haciendo. El perfeccionismo hace que nada sea divertido.

Cuando te conviertes en tu crítico más implacable, la reacción inmediata a algo que has hecho con la mayor dedicación es examinarlo meticulosamente para detectar todo lo que está mal. Sin duda, puede ser desmoralizador. Además, buscar errores es una actividad que se retroalimenta, y acabas teniendo la sensación de que necesitas corregirlo todo.

Te fuiste convirtiendo en tu crítico más feroz tras escuchar una y otra vez cómo te evaluaban ciertas figuras de autoridad. Las personas

EI exteriorizan la culpa y critican todo lo que hacen los demás, por lo cual sus hijos suelen sentir que se les exige un nivel de excelencia que nunca podrán alcanzar y se sienten culpables por ello. Por mucho que te esfuerces, inevitablemente fallarás en algo, y te avergüenzas. Desgraciadamente, muchos padres y madres EI tienen más aptitudes para criticar que para ayudar o apoyar a sus hijos. Que reaccionen siempre con insatisfacción en lugar de con agrado te transmite el mensaje de que deberías haberte esforzado más. Las personas EI no pueden resistir la tentación de sentirse más competentes a tu costa.

El padre y la madre críticos parecen pensar no que sea responsabilidad suya apoyar a sus hijos y darles ánimos, sino que es responsabilidad de sus hijos *deslumbrarlos* a ellos. El niño y la niña lo captan y hacen lo imposible por destacar lo suficiente como para ganarse la aprobación de sus padres, aunque rara vez la consiguen. Parece que estos padres carezcan de la empatía necesaria para darse cuenta de que sus hijos necesitan sentirse orgullosos de lo que han hecho. Están demasiado enfocados en su rendimiento académico o deportivo como para advertir siquiera lo que puedan sentir. Como consecuencia, ese niño y esa niña sensibles se vuelven extremadamente cautelosos. No quieren pasar vergüenza, así que lo hacen todo con sumo cuidado para que nadie pueda reprocharles nada.

Los niños saben instintivamente quién tiene el poder y tratan de imitar su comportamiento, y esta conducta aprendida se integra en cómo se comportan en la vida adulta el hijo y la hija interiorizadores. Por ejemplo, puede que en el trabajo imites la actitud crítica que tiene contigo cierta persona EI para ganarle la partida e invalides tú mismo tu trabajo antes de darle la oportunidad de que lo haga ella. Puede que estés convencido de que dedicar a tu trabajo horas sin fin es lo que te corresponde hacer para poder valorarte. Llevado al extremo, puedes llegar a ser hipercrítico con tu propia persona. Las críticas entonces no se limitan al trabajo que haces, sino que se extienden a la propia fuente de la autoestima, que es tu sentido de ti mismo.

El perfeccionismo es un sirviente ideal, pero un amo terrible. Si reservara sus energías para hacer los retoques finales de un proyecto, su meticulosidad podría ser de ayuda. Pero el perfeccionismo no conoce límites; se adelanta al proceso creativo para *evitar* errores, en lugar de contentarse con que se lo invite a entrar más tarde para corregirlos. Y cuando intentas evitar hasta el más mínimo error, al final no produces nada.

Tu parte perfeccionista, aunque lo haga de una forma equivocada, en realidad solo intenta mantenerte a salvo (Schwartz 1995, 2022). Aprendió que la cautela y la autocrítica eran preferibles a que alguien llegara después y echara por tierra todo tu entusiasmo. Su intención es protegerte obligándote a hacerlo todo bien desde el principio.

Dado que el perfeccionismo se basa en valoraciones extremas —todo es o blanco o negro—, en la impaciencia y en un nivel de exigencia inalcanzable, está claro que es una forma de pensamiento emocionalmente inmaduro. Lo mismo que las personas EI, tu parte perfeccionista es impaciente porque no quiere «perder» el tiempo haciendo un trabajo tosco. Espera dar con la forma correcta de hacer las cosas sin siquiera haber contemplado distintas posibilidades. Pero, en el fondo, ese tono altivo que emplea para decirte que «no pierdas el tiempo» nace de la baja tolerancia al estrés que es propia de la inmadurez emocional.

Al igual que a las personas EI, a tu parte perfeccionista e irracional le disgusta el suspense; no quiere esperar a ver cómo salen las cosas, prefiere que todo esté pulido desde antes de empezar. Al igual que hacen ellas, el perfeccionismo da la vuelta a las cosas y exige que la realidad coincida con la fantasía. No tiene interés en la realidad del trabajo de creación, las pruebas que conlleva, los intentos fallidos, el sinfín de correcciones. El perfeccionismo te dice que deberías poder ahorrarte todo ese estrés y desorden. Desprecia la realidad y te hace creer en la grandiosa fantasía de que es posible hacer algo a la perfección al primer intento.

Veamos qué puedes hacer con ese perfeccionismo para que no te haga sentirte derrotado antes de empezar.

Estrategia

Tratar con tu parte perfeccionista puede ser igual de agotador que tratar con una persona EI que no atiende a razones: es impaciente, intransigente e irracional. Haz la prueba de comunicarte con tu parte perfeccionista como si fuera una persona. Pregúntale qué pretende con sus críticas incesantes desde el minuto que empiezas a hacer algo (Schwartz 1995, 2022). Puede que descubras que confía en que no te acuerdes de lo humillante que es que te pongan en evidencia por tus errores.

En el curso de este diálogo con tu parte perfeccionista, después de escuchar sus miedos y reconocer que intenta salvarte de la vergüenza, quizá puedas establecer una alianza con ella. Tal vez su capacidad de discernimiento, semejante a un rayo láser, pudiera serte útil en el momento oportuno, en lugar de interrumpirte a cada paso del camino.

Por ejemplo, ¿qué pasaría si formaras equipo con tu parte perfeccionista, pero definiendo claramente las etapas en que ella haría su intervención? ¿Qué te parecería concederte un periodo libre de críticas para empezar a abordar una tarea y organizarla a grandes rasgos, antes de invitarla a participar? ¿O qué me dices de dejarla participar desde el principio, pero solo con un estimulante espíritu de curiosidad, ideando por ejemplo cómo podrías hacer el trabajo todavía mejor, en lugar de criticarlo sin miramientos? Pídele que dé un paso atrás (Schwartz 1995, 2022) y te deje experimentar y crear antes de someter tu trabajo a una revisión de calidad. De esta manera, podrías conseguir resultados que de verdad te satisfagan, no un trabajo perfecto desde el principio, sino un trabajo que desde el principio esté lleno de vida.

Reflexión y autodescubrimiento

Describe el tipo de actividades que tientan a tu espíritu de perfección. Después, pon en palabras los motivos que tiene tu parte perfeccionista para actuar así. ¿Qué resultado humillante está intentando evitar (por ejemplo: «Si esto no sale perfecto, lo que te espera es...»)?

_____

_____

_____

_____

_____

_____

Piensa en un incidente bochornoso de tu infancia, un momento en el que algún adulto EI te humillara o te hiciera sentir que eras un inútil. Escribe el impacto que tuvo en ti. Luego, tomando como referencia tus actuales valores de adulto, escribe cómo te sientes al imaginar a una persona adulta emocionalmente inmadura haciendo que un niño se sienta así de avergonzado. ¿Quieres ser ahora tú quien te siga tratando de esa manera, por medio de tu propio perfeccionismo?

_____

_____

_____

_____

Consejo: El perfeccionismo se alimenta de traumas relacionados con el sentimiento de indignidad. Por lo general, proviene de una parte de ti que sigue intentando superar el profundo miedo de la infancia a «no ser suficiente». Esa parte de niño que hay en ti no se da cuenta de que el objetivo de la vida no es no cometer nunca errores, sino aprender de los errores que cometes. Puede que tu parte perfeccionista esté intentando hacer realmente algo de calidad, pero se precipita y siempre entra en escena antes de tiempo. No debes permitir que el perfeccionismo dirija la obra; desátalo y ofrécele el escenario entero cuando haya llegado el momento de que interprete su papel.

37

Estoy harta de ser siempre tan complaciente

Cuando dejas de ser tú misma por caer bien

Siento como un escalofrío cada vez que oigo a alguien menospreciarse por querer agradar a la gente. Me parece que es ser injusto con uno mismo. Te aseguro que ningún niño y ninguna niña elegirían ser siempre encantadores si creyeran que pueden ser ellos mismos y que todo el mundo los seguirá queriendo y protegiendo. Ser complaciente es una táctica de supervivencia, no una debilidad moral. Criticarte por ser complaciente es, en realidad, culpar a la víctima. Sencillamente, aprendiste que agradar a la gente era el precio que tenías que pagar para que se te aceptara en la manada.

Quienes se consideran personas complacientes se reprochan el esfuerzo constante por llevarse bien con todo el mundo. Si eres una de ellas, conoces la batalla interna entre la parte de ti que quiere agradar y la parte que desearía ser más auténtica. Cada parte tira de ti en una dirección, y acabas teniendo una imagen de ti misma escindida y contradictoria: una parte está encantada de que sepas desenvolverte socialmente y tengas un trato cordial con casi todo el mundo, mientras que la parte purista te acusa de venderte.

Como te sientes dividida entre complacer a los demás y ser fiel a ti misma, quizá te parezca que tienes que elegir entre decir que sí a todo con una sonrisa en los labios o defender siempre enérgicamente tus opiniones. Pero, en realidad, no te gustaría que ninguna de las dos partes tomara el mando y eclipsara a la otra. ¿Cómo te desenvolverías en el mundo si renunciaras al tacto y la simpatía? ¿Y a dónde te llevaría no ser mínimamente franca con la gente con la que te relacionas? Necesitamos tener el valor de ser conscientes de quiénes somos y

242

equilibrar a la vez esa conciencia de nosotros mismos con una sensibilidad que nos permita pensar también en los demás.

Caer bien no es sinónimo de venderse. Agradar a los demás se traduce en un conjunto de habilidades que dependen en gran medida de cosas como la capacidad de captar las reacciones de los demás, la empatía y el gusto por la armonía más que por el caos. Muchos adquirimos estas habilidades en la infancia, y los hijos e hijas de padres EI en particular, ya que tuvimos que ayudar a las personas EI de nuestra familia a procesar sus emociones, tratar de moderar sus comportamientos y elevar su autoestima. Aprendimos a distinguir qué cosas les levantaban el ánimo y qué cosas las ponían de mal humor. Así que el instinto de agradar se desarrolla a edad temprana, de forma inconsciente y automática, y nos da la posibilidad de cambiar de tono cualquier atmósfera enrarecida.

Si es tu caso, tal vez aprendiste desde muy pequeña la manera de calmar a tu padre o a tu madre y procurabas ser la niña que nunca da problemas. En lugar de intentar saber qué te parecían a ti las cosas, quizá pensabas que nada era tan importante como obedecer a la persona EI; probablemente, porque te sentías presionada a fusionarte psicológicamente con tu familia (Bowen 1978) y a entrar en una relación de enredo emocional (con tus padres sobre todo) en vez de desarrollar tu propia individualidad y diferenciarte.

Ser la niña buena para complacer a tus padres se convirtió en el eje de la relación paterno y maternofilial, y puede que no te atrevieras a dejar caer la máscara por temor a que sin ella no hubiera relación de ninguna clase. Este *falso yo* complaciente (Winnicott 1989) cumplía en origen la función de atraer el amor y la aprobación de tus padres, pero es posible que en la actualidad te hayas acostumbrado a utilizarlo con todo el mundo.

Es importante para tu autoestima recordar que cuando adoptas una actitud demasiado conciliadora con personas que te ponen nerviosa, actúas por instinto y con una razón de peso. Quizá aprendiste en tu infancia que complacer a los demás o tener muy en cuenta lo que piensan es la manera más segura de conducirte en la vida. Lo que realmente hace que te siente tan mal ser complaciente es saber que en la raíz de esa complacencia está el miedo, que no es una mera habilidad social.

Pero déjame insistir una vez más: ¡por supuesto que lo haces por miedo! Si creciste con un padre, una madre u otras personas EI, sabes de sobra lo insensibles, imprevisibles y coléricos que pueden llegar a ser. Fue un acto de inteligencia por tu parte desarrollar de niña estas defensas instintivas y aplacadoras, a fin de calmarlas y orientar sus energías por vías que hicieran posible la convivencia. Aprendiste a complacer a la gente para hacerte la vida más fácil y sentirte segura. Y ahora, aunque eres una mujer adulta capacitada para arreglártelas con cualquier persona difícil y pararle los pies, cuando esa criatura asustada que hay en tu interior se apodera de ti, puedes volver a ser la niña impotente e indefensa que no se atreve a abrir la boca.

Por lo tanto, la solución no es dejar de ser una persona agradable o simpática, sino dejar de *separarte de ti*. En cuanto se activa una defensa psicológica como la de ser complaciente, lo primero que hace es ocultar tu verdadero yo. El único objetivo de cualquier mecanismo de defensa es neutralizar las amenazas externas; le da igual lo que tú quieras o quién seas realmente. Así que tu tarea en este momento es comprender que ese impulso complaciente es una respuesta automática de la infancia cuya función era protegerte y luego utilizar tu mente adulta y tu verdadero yo para redirigirla. En la actualidad, puedes emplear conscientemente esa capacidad de ser agradable cuando pueda serte de ayuda, pero sin separarte de tu verdadero yo. Sabes ser simpática, así que ahora en tu vida adulta puedes redirigir esa habilidad en beneficio propio.

Ahora eres tú quien decide cuándo utilizar tu simpatía. Puede que a veces te parezca ventajoso complacer a los demás, pero no a costa de ocultar tu verdadero yo. Ahora tienes capacidad para distinguir entre tu experiencia interior y lo que los demás esperan que seas.

No tienes por qué entrar en relaciones de enredo. Eres una persona independiente.

Veamos cómo podrías no aceptar sin más que todo gire en torno a los sentimientos de la persona EI y ser más auténticamente tú.

Estrategia

El primer paso para ser más auténtica es que seas más consciente de tus reacciones y sentimientos cuando estás con alguien. Si mantienes esa conexión interior consciente con tu verdadero yo, puedes discrepar de lo que diga esa persona sin por ello dejar de utilizar tu capacidad de crear una atmósfera relajada y cordial. Lo importante es que procures estar presente y despierta en todas las interacciones, para que el habitual instinto de anularte a ti misma no dicte tus respuestas.

Cada vez que inicies una conversación con una persona EI, ten la intención clara de no separarte de ti. Para no perder el contacto contigo, estate conectada a la respiración y las sensaciones corporales mientras interactúas con ella. Sintoniza con tu centro y siente conscientemente tu presencia durante toda la interacción. Siéntete dueña de ti misma y no dejes que se active el piloto automático. Mantén un diálogo interno. Piensa en lo que te está diciendo esa persona, pero déjate guiar por lo que de verdad sientes.

Ten preparadas algunas respuestas neutras, por si la situación lo requiere («Ya entiendo», «Mmmm», «Vale»), para no contagiarte de su entusiasmo y acabar asintiendo a opiniones con las que no coincides. En lugar de concordar automáticamente con todo lo que dice, párate y di: «Qué interesante», y concédete un momento para ver qué piensas tú realmente. A continuación puedes añadir: «Yo tengo una opinión ligeramente distinta. Se me ocurre que...».

Dejar de complacer a la gente no significa que todo tenga que ser una confrontación. Mientras sepas cómo te sientes, y lo que te gusta y lo que no, tendrás una conexión con tu verdadero yo. Si mantienes una conexión consciente con lo que realmente quieres y el resultado que deseas obtener, no caerás en la inautenticidad. Si quieres ser agradable mientras la interacción avanza hacia ese objetivo, estupendo, siempre y cuando eso no signifique volver a cederle el mando al impulso de agradar.

Reflexión y autodescubrimiento

¿Qué temes que podría ocurrir si no te esforzaras tanto por caerle bien a la gente? ¿Eres capaz de relacionar esa necesidad de ser simpática con ciertas circunstancias de un pasado lejano?

_____

_____

_____

_____

_____

Recuerda alguna ocasión en que estuvieras con alguien que te activó el impulso de ser excesivamente simpática y tuviste una sensación de inautenticidad. Si pudieras detener el momento y preguntarte por qué sentías que tenías que agradarle, ¿cómo lo explicarías?

_____

_____

_____

_____

Consejo: Puedes elegir ser simpática sin tener la sensación de que necesitas caerle bien a todo el mundo para que se te acepte como ser humano de pleno derecho. Mientras no desconectes de ti en presencia de otras personas, habrás logrado el objetivo más importante. Puedes utilizar tu capacidad de agradar a la gente siempre y cuando sepas que la estás utilizando y no sea señal de que te has olvidado de ti.

Me mata tener que pedir ayuda

Por qué te disculpas y sientes que eres una molestia

Si te cuesta pedir ayuda, no estás solo. Para muchos hijos e hijas adultos de padres EI, pedir ayuda significa poner a alguien en el compromiso de tener que dedicarles su tiempo y, en definitiva, abusar de su buena voluntad. Imaginan que la ayuda es un bien escaso y se resisten a recurrir a ella. En consecuencia, no pedirán ayuda si hay alguna manera posible de que se ocupen ellos solos de hacer lo que tengan que hacer.

En su infancia, a la vista del comportamiento de sus padres EI, el hijo y la hija aprenden que la gente está ya desbordada con sus propios problemas y nadie quiere que los demás lo molesten con los suyos. Probablemente estos padres no pretenden que sus hijos se sientan mal por necesitar ayuda, pero el egocentrismo y la escasa tolerancia al estrés hacen que a menudo los problemas de sus hijos les parezcan una molestia. Muchos padres y madres están tan ensimismados con su propia vida que no se dan cuenta de lo importante que es para el niño recibir su apoyo emocional. No piensan en lo crucial que es para él su atención ni en lo avergonzado que puede sentirse ante la reacción de enfado de su padre o su madre. No son en absoluto conscientes de la experiencia interna de sus hijos, por lo que sencillamente reaccionan sin pensar.

Así que, como hijo adulto de padres EI, ¿te extraña sentirte intensamente abochornado si necesitas que alguien te ayude? La sola idea de mostrar tu nerviosismo y tus necesidades precisamente en una situación de fragilidad puede resultarte casi insoportable. Te arriesgas a sentirte como un mendigo emocional, al solicitar tiempo y atención de alguien que, a tu entender, no quiere dártelos. Te cuesta mucho imaginar que tu vulnerabilidad o tu necesidad de ayuda puedan no ser una molestia, porque eso es lo que aprendiste en la infancia. Así que los hijos e hijas de padres EI sortean de distintas maneras el inevitable sentimiento de humillación.

Por ejemplo, algunos se sienten menos avergonzados si utilizan un tono chistoso o irónico al referirse a eso que necesitan, como intentando que no se note lo necesitados que están. Otros se disculpan a la hora de pedir cualquier tipo de ayuda, por pequeña que sea, con lo cual expresan lo mucho que les duele poner a la otra persona en la desagradable situación de tener que echarles una mano. Empiezan con un «siento mucho molestarte» o «sé que soy un incordio». Detestan interrumpir a esa persona, que seguro que preferiría dedicar su tiempo a cualquier otra cosa que no fuera atenderlos a ellos.

El padre y la madre EI, con su desconfianza característica, tienen la sospecha de que cuando su hijo les pide ayuda lo que busca disimuladamente es más que atención. A los padres EI no les gusta que los molesten con tonterías, así que no le hacen caso, convencidos de que es un manipulador. Ante esta respuesta —o la falta de ella—, es posible que el niño se sienta un egoísta por pretender que sus padres lo atiendan. Como hijo adulto de padres EI, puede que tengas la sensación de que siempre les pides más de lo que están dispuestos a darte. No es de extrañar, por tanto, que te disculpes si necesitas pedir algo, teniendo en cuenta que te enseñaron a dudar de que tus necesidades fueran legítimas.

Otra posible razón de que te avergüences por tener que pedir ayuda es que quizá no estás acostumbrado a tratar con gente altruista. Si creces rodeado de personas egocéntricas, parece universalmente cierto que a nadie le interesan tus problemas. Lo natural, entonces, es que te resignes a tener que ocuparte tú solo de resolverlos, incluso aunque se trate de cuestiones que afectan a la seguridad más básica.

En su infancia, muchos hijos e hijas adultos de padres EI les ocultaban a su padre o a su madre las lesiones o incluso las agresiones que sufrían, por miedo a que su reacción les hiciera sentirse todavía peor o incluso a que les echaran la culpa por lo ocurrido. Por ejemplo, un niño al que sus compañeros de clase solían acosar a diario se hizo un arma con un trozo de madera afilado para llevarla en el autobús. Sus padres se quedaron horrorizados cuando se la encontraron en la mochila, lo cual a él lo dejó muy confuso: ¿qué otra cosa podía hacer? Pedirles ayuda a ellos desde luego que no. Otra niña se cayó de un balancín mientras jugaba en el parque y se las arregló como pudo para que su madre no viera que se había hecho una herida en la ingle, porque sabía que se enfadaría y la avergonzaría, en lugar de mostrar compasión y animarla. Ninguno de los dos podía ni imaginarse que sus padres fueran a serles de ayuda, así que habían asumido que tenían que encargarse ellos solos de sus problemas.

Es posible que esos padres, una vez que se les hubiera pasado el susto inicial, hubieran ayudado a su hijo o a su hija. Pero como los padres EI tienen unas reacciones tan emocionales y se ponen a la defensiva por menos de nada, ese niño o esa niña sabían que, en momentos de necesidad, no iban a recibir de ellos una respuesta serena que de verdad les ayudara. Si estás ya asustado y te sientes vulnerable, la perspectiva de que tu padre o tu madre reaccionen con un dramatismo desmedido es una razón más para no pedirles ayuda.

Otro motivo por el que podrías dudar a la hora de pedirle ayuda a alguien es la idea de que tal vez te diga que sí porque a él también le cuesta decir que no. Y no quieres ponerlo en un compromiso. Puede que pienses que tu petición lo abrumará porque tú te has sentido muy a menudo agobiado por las abundantes exigencias o intromisiones de ciertas personas EI. Pero la mayoría de la gente que tiene suficiente autoestima te dirá con claridad si no puede ayudarte en ese momento o si, por la razón que sea, no quiere hacer lo que le pides. Cuando empieces a sentirte cómodo diciendo que no cada vez que no quieras hacer algo, verás cómo te resulta cada vez más fácil pedir ayuda, porque sabrás que los demás tienen la capacidad para hacer lo mismo.

Cuando los hijos e hijas adultos de padres EI reciben generosamente la ayuda de personas adecuadamente maduras, sienten como si les hubieran hecho un enorme regalo. Rebosan de gratitud. Les cuesta creer que alguien esté feliz de ayudarlos y que no sea para él en absoluto una molestia. A veces, sus amigos se sienten un poco abrumados por un agradecimiento tan efusivo; les parece excesiva tanta alabanza por un pequeño favor. Pero es que, después de haber sentido siempre que eran «unos pesados», «una carga», «un incordio», no tiene límites el agradecimiento que sienten cuando alguien los trata con amabilidad y generosidad.

Veamos ahora cómo hacer que te resulte cada vez más natural pedir ayuda cuando la necesitas.

Estrategia

Probablemente el primer paso sea algo tan sencillo como dejar de disculparte por necesitar ayuda. Aunque quizá de entrada te cueste no anteponer a cualquier petición un «lo siento, pero es que...», te aseguro que este ejercicio tiene un importante valor simbólico. Cada vez que te resistes a la tentación de pedir disculpas, te recuerdas a ti mismo que necesitar ayuda no es algo por lo que debas disculparte. *Todo el mundo* necesita ayuda en algún momento. Hay otras formas educadas de pedir ayuda sin menospreciarte por la petición. Prueba a decir, por ejemplo: «Me preguntaba si podría pedirte que me ayudaras a hacer una cosa» o «¿Te importaría que te pidiera un favor?». No tienes por qué anunciarle a esa persona que eres el pesado que viene a molestarla. Puedes darle la oportunidad de que disfrute siendo generosa.

A continuación, piensa en cómo te sientes cuando un amigo acude a ti con un problema o necesita tu ayuda. ¿Te parece una pesadez, un fastidio? Si un hijo tuyo tuviera un problema, ¿preferirías que se lo guardara para él? ¿O te gusta ayudar a la gente si está en tu mano?

Puedes ser tu propio *coach*, si ves aparecer la sensación de que eres un pesado. Por ejemplo, supongamos que quieres pedirle a una amiga que te acompañe al médico. No es un asunto grave, pero te sentirías mejor si te acompañara alguien. Esto es lo que puedes decirte mentalmente para superar el miedo a pedírselo: *Somos amigos, y nos ayudamos la una al otro; si no tiene tiempo o tiene otros planes, me lo dirá. La conozco, y es muy difícil que cambie nada entre nosotros tanto si responde que sí como que no. No hay razón para que me avergüence por querer que alguien me acompañe. Se lo pediré con amabilidad, y seguro que me lo dirá si no puede ir. No estoy siendo egoísta ni lo hago por llamar la atención. Somos dos personas adultas que podemos comunicarnos con sinceridad. Si dice que no, puedo estar orgulloso de habérselo pedido.*

No es egoísta pedir ayuda, pero si te preocupa haberlo sido, puedes valorar el esfuerzo que ha hecho tu amiga y agradecérselo con un mensaje de texto, un correo electrónico o una tarjeta. Puedes decirle que, por supuesto, cuente contigo para lo que necesite o llevarle por sorpresa un pequeño regalo, unas flores o unas pastas. Tienes posibilidades sin fin de ofrecer y recibir ayuda de forma saludable.

Reflexión y autodescubrimiento

Escribe sobre alguna ocasión en la que necesitabas ayuda pero te daba demasiada vergüenza o te incomodaba demasiado pedirla. ¿Qué era concretamente lo que te inquietaba?

Hay personas que llevan un «diario de gratitud» en el que anotan las cosas por las que están agradecidas. Tu diario podría ser de otro tipo. Podrías titularlo «la valentía de pedir». Empieza ahora mismo, escribiendo tres ejemplos de ocasiones en las que hayas pedido ayuda incluso aunque te costara mucho hacerlo. ¿Cómo te fue y cómo te sentiste? De aquí en adelante, sigue anotando momentos en los que hayas tenido la valentía de pedir ayuda.

_____

_____

_____

_____

_____

_____

Consejo: Si «te mata» pedir ayuda es solo por cómo te trataron en el pasado. Mira a ver si eres capaz de recordar qué te pasó, porque eso te permitirá distinguir entre tu pasado y tu presente. Cuando te animes a pedirla, recuérdate que probablemente la persona a la que vas a acudir será muy distinta de las personas de tu pasado. Dale la oportunidad de ofrecerte una experiencia nueva.

Quinta parte

Solucionar problemas

Estoy siempre en tensión, por miedo a enfadar o decepcionar a mi hijo adulto

Cuando tu hijo adulto parece ser emocionalmente inmaduro

Connor tenía treinta años y, una vez más, había vuelto a casa a vivir con su madre viuda, mi clienta Frances, tras varios intentos por independizarse. No tenía objetivos profesionales ni interés en terminar los estudios y había llegado deprimido y lleno de ansiedad. Cada vez que su madre le hacía alguna sugerencia para ayudarlo a encarrilar su vida, Connor se ponía tan a la defensiva y se enfadaba tanto que acababan los dos al borde de las lágrimas. Ella pensaba que su hijo se sentiría mejor si encontraba una dirección y a él sus comentarios le parecían controladores, insensibles y egoístas.

Frances pensaba que estaba haciendo ya mucho permitiéndole a Connor vivir en casa, dejándolo usar el coche y tratando de orientarlo, pero él respondía a todo con irritación, exigía su derecho a tener la habitación desordenada y se evadía por completo de las tareas domésticas. Nunca duraba en ningún trabajo, culpaba a su madre de deprimirlo todavía más y se empeñaba en hablar a todas horas de sus problemas, hasta el punto de que Frances se quedaba sin una gota de energía. Estaba cada vez más exasperada: tenía que aguantarle a Connor una crisis tras otra, y aun así él se negaba a escuchar ningún consejo. Al parecer, no se daba cuenta de que él tenía parte de responsabilidad en sus problemas. Frances no sabía cómo ayudarlo y a la vez sentía que eso era precisamente lo que exigía la situación.

En las sesiones de terapia, Frances mostraba una madurez emocional adecuada: tenía empatía, era autorreflexiva y respetaba el espacio de los demás. Como ella había sufrido a causa de la inmadurez emocional de sus padres y el egocentrismo de sus hermanos, hacía todo lo posible *por que los demás se sintieran valorados y respetados. En la actualidad, trataba de ser comprensiva y comunicativa con su hijo, pero las exigencias y la necesidad de atención de Connor la estaban consumiendo. Secretamente, no entendía que Connor fuera incapaz de poner los pies en la tierra, conseguir un trabajo, volver a la universidad o hacer algo que no fuera quejarse de lo ansioso y deprimido que estaba. Ella le había dado un lugar donde vivir, lo había escuchado y le había conseguido un buen terapeuta. ¿Qué más podía hacer? Parecía que sencillamente Connor no quería madurar.*

Es muy duro para los hijos e hijas adultos de padres EI que la inmadurez emocional se manifieste, esta vez, en sus propios hijos. La reactividad de Connor, la baja tolerancia al estrés, la actitud defensiva, la falta de respeto hacia los límites ajenos y la tendencia a culpar de todo a los demás hacían que fuera igual de difícil tratar con él que con un padre o una madre EI. Quería que Frances asumiera la responsabilidad por su falta de estabilidad emocional y su baja autoestima y se sentía traicionado cada vez que ella le pedía que pensara y se comportara como un adulto. Connor vivía tan zarandeado por sus emociones que Frances no tenía manera de razonar con él. Si no hacía lo que él quería, se encolerizaba o se hundía hasta tal punto que Frances temía por la seguridad de su hijo.

Tal vez te preguntes cómo es que una persona básicamente madura puede tener un hijo de treinta años emocionalmente inmaduro. Puede haber muchas razones. Quizá, de pequeño, el niño tuvo algún retraso de desarrollo o problemas neurológicos. Es posible que la necesidad de recibir cuidados especiales llevara a sus padres a tratarlo con una indulgencia que lo infantilizó. Connor, por ejemplo, nació con una enfermedad que lo obligó a someterse a múltiples intervenciones quirúrgicas antes de cumplir los diez años. Frances se desvivía por que su hijo se sintiera lo mejor posible durante los periodos de hospitalización y recuperación. Le daba tanta pena verlo pasar por todo aquello que solía quitar importancia a sus desaires y no era demasiado exigente con él en cuanto a sus responsabilidades con la familia y otras personas. Esta permisividad era, en realidad, algo natural para Frances, ya que estaba acostumbrada a anteponer las necesidades de los demás a las suyas y se sentía culpable si en algún momento tenía deseos de que se respetara su espacio.

Si no recibiste de tus padres la empatía que hubieras necesitado, es posible que te excedas a la hora de proporcionársela a tus hijos e intentes que no tengan que pasar por lo que pasaste tú. Pero si sacrificarte es para ti algo normal, quizá se te olvide enseñarles lo que es una relación de reciprocidad y la importancia de expresar gratitud. Como consecuencia, podrían interpretar que satisfacer sus deseos debe ser siempre lo primero, que la manera de demostrarles amor es diciéndoles a todo que sí y que el respeto y el agradecimiento no son necesarios.

A veces, la razón de que el padre o la madre sean tan excesivamente permisivos es que el temperamento del niño les recuerda, de forma subconsciente, las necesidades y la reactividad de su propio padre o madre EI. Habiendo aprendido desde muy pequeños la importancia de apaciguar a su progenitor, puede que ahora respondan a las peticiones de su hijo emocionalmente reactivo de la misma manera, sin ser conscientes de que están perpetuando un tipo de relación que los dejará exhaustos.

Además —aunque resulte doloroso aceptar esto—, si el hijo o la hija adultos de padres EI no han hecho su propio trabajo terapéutico, es posible que como padre o madre no sean tan empáticos con las necesidades emocionales y sensibilidades de sus hijos como creen ser. Si a ellos en su infancia no se los escuchó, ni tuvieron apoyo emocional, ni se los animó a explorar la individuación, tal vez ahora les resulte difícil a ellos fomentar el proceso de maduración de sus hijos.

Por último, como en su infancia muchos hijos e hijas adultos de padres EI tuvieron que encargarse ellos solos de atender sus necesidades emocionales, podrían dar por sentado que sus hijos son igual de fuertes e independientes que fueron ellos. Por ejemplo, quizá no se den cuenta de lo crucial que es para sus hijos la cercanía emocional y crean por el contrario que lo importante es aconsejarlos bien, darles explicaciones sobre las consecuencias de sus actos o hacer hincapié en otros temas que, según han leído en los libros de crianza infantil, ayudan a que el niño y la niña sean independientes y responsables. Debido a que este padre y esta madre tuvieron que hacerse mayores tan deprisa, tal vez no sepan cómo favorecer la independencia gradual de sus hijos de una forma positiva. Lo que ocurre entonces es que, por un lado, los rescatan con excesiva frecuencia y, por otro, esperan de ellos un comportamiento maduro, sin haberles dado la orientación o el apoyo emocional que habrían necesitado para poder hacerlo. Es difícil encontrar ese equilibrio como madre cuando a ti no te quedó otro remedio que satisfacer tus necesidades psicológicas tú sola.

Aquí tienes algunas ideas para establecer una relación con tu hijo o tu hija EI en la que tú seas su mentora y amiga adulta.

Estrategia

La mejor forma de que un padre o una madre que crecieron en una familia EI puedan ayudar a su hijo adulto emocionalmente inmaduro es contando con el asesoramiento de un *coach* o acudiendo a psicoterapia para comprenderse mejor a sí mismos. Esta es la mejor manera de cambiar dinámicas de relación dañinas que pueden ser remanentes de sus problemas de infancia. Porque la realidad es que los problemas que sufren muchos hijos e hijas adultos EI son un reflejo de cuestiones que su padre o su madre no han resuelto personalmente.

Tratar con hijos e hijas adultos emocionalmente inmaduros es muy parecido a tratar con unos padres EI. Tendrás que aprender que tus necesidades son tan importantes como las suyas, establecer unos límites sanos para proteger tu bienestar y no dejarte atrapar por falsas obligaciones morales o la tendencia autodestructiva a sacrificarte. Hazle saber a tu hijo adulto EI que las soluciones tendréis que encontrarlas entre los dos, que no sirve que se limite a pedirte ayuda, puesto que respetas su potencial para convertirse en un adulto capaz de dirigir su vida.

Podrías tener una conversación franca con él, preguntarle qué le parece si tomáis juntos una nueva dirección, en la que el objetivo sea que confíe cada día más en sí mismo y sea más autosuficiente. Pregúntale si estaría de acuerdo. Explícale en qué puedes ayudarlo y cuáles son tus límites. Esto abrirá un nuevo nivel de intimidad emocional y de comunicación sincera entre él y tú. Estate receptiva a lo que quiera decir, pero no te dejes agotar. Mantén el equilibrio entre apoyarlo y cuidar de ti. Ten en cuenta que el objetivo principal es dirigir gradualmente vuestras interacciones hacia la posibilidad de que un día disfrutéis una relación y una comunicación adultas. Por distintas razones, puede que algunos hijos e hijas adultos EI necesiten siempre más atención y apoyo del que pueden ofrecer por su parte, pero tú te sentirás mejor en la relación una vez que hayas reclamado el derecho a pedir que se respeten tus límites y a cuidarte.

Por último, evita utilizar el «amor severo» para presionar a tu hijo EI a que madure más deprisa, por ejemplo retirándole de golpe cualquier apoyo. Sentirse abandonado no fortalece a nadie, y dependiendo del grado de deterioro psicológico que tenga, un distanciamiento emocional repentino podría tener para él un efecto catastrófico. En tales casos, puede que necesite de forma continuada cierto apoyo externo, pero tú no tienes por qué ser la única que se lo proporcione. Daos tiempo para encontrar soluciones y recursos externos, al tiempo que seguís colaborando para alcanzar cualquiera de los dos objetivos, es decir, o lograr poco a poco mayor independencia o encontrar un apoyo que sea satisfactorio para ambas partes.

Reflexión y autodescubrimiento

Si no te sientes capaz de ponerle límites o decirle que no a tu hijo EI, aclara por escrito qué es exactamente lo que temes de él. ¿Qué hay en su comportamiento que tenga el poder de obligarte a hacer lo que él quiere?

_____

_____

_____

_____

_____

Cuando tu hijo adulto se enfada contigo, ¿cómo sueles responder? ¿Encontráis la manera de resolver el problema entre vosotros o suele «ganar» uno de los dos? ¿Qué cambiarías en la forma en que os habláis? ¿Podrías sugerirle esa forma nueva de trataros e invitarlo a que haga él también sus propuestas?

_____

_____

_____

_____

_____

Consejo: Tanto en la relación con los padres EI como con los hijos adultos EI, la aparente urgencia de sus necesidades emocionales te impulsará a dejar de lado las tuyas y ceder a su crisis de ese momento. Pero para que la relación pueda ser más sana y recíproca, se tiene que acabar esa tendencia impulsiva e irreflexiva a sacrificarte. En la relación con tu hijo adulto emocionalmente inmaduro, el objetivo es ofrecerle una ayuda que lo haga avanzar hacia la autonomía y la competencia, no que lo haga sentirse aún con más derecho a ser exigente contigo. Le puedes explicar con claridad dónde está el límite de los recursos emocionales y materiales que puedes ofrecerle y a la vez orientarlo y animarlo cuando lo necesite. Ayudar a tu hijo a que encuentre recursos externos a la relación entre tú y él puede ser un objetivo importante de la relación. Si eres sincera y clara con él, y le comunicas con amor tus límites, le estarás enseñando a respetar las necesidades y el espacio de los demás. Los límites que establezcas son buenos para él y para ti.

Todavía hoy, me intimida tanto estar con una persona EI que me disculpo a cada momento

Cuestiona las premisas que toda persona EI establece como ciertas en sus interacciones

Como si fueran criaturas de tres años, las personas EI están convencidas de que el origen de sus problemas es siempre algún factor externo. Los niños tienen la sensación de que les ocurren constantemente cosas injustas sin que ellos hayan hecho nada. No han desarrollado todavía la capacidad de ser objetivos, así que echan la culpa de sus frustraciones a causas ajenas a ellos, en especial a otras personas. No tienen conciencia de que sus actos puedan afectar a los demás y por supuesto no reflexionan sobre lo que pueden estar haciendo ellos para encontrarse en situaciones que los dejan frustrados y tristes. Lo mismo puede decirse de los adultos EI.

Estos rasgos de la personalidad son particularmente evidentes en los individuos EI prepotentes, de tipo narcisista, pero pueden observarse también en los tipos de inmadurez emocional más pasivos y relativamente más benignos. La persona EI pasiva suele emparejarse con una persona EI más firme y enérgica; quizá ella se quede callada, pero se aprovecha de las proyecciones y la exteriorización de la culpa que hace su pareja manifiestamente activa. Aunque ella no lance acusaciones airadas ni adopte una actitud de frialdad, suele excusar a su pareja EI que sí lo hace.

Las personas EI egocéntricas, que se sienten seres especiales a los que todo el mundo está obligado a reverenciar, tienen una visión del mundo según la cual solo puedes estar o a su favor o en su contra. Esta perspectiva hace que estén siempre alertas a la menor señal de ofensa o falta de respeto, y las predispone a reaccionar indignadas ante desaires imaginarios; en definitiva, tienen una actitud ante la vida a la que yo llamo «perspectiva de victimización». El sentimiento de ser víctimas de las injusticias y la deslealtad es su principal tema de conversación y lo que da significado a su vida. El argumento de su relato es que uno u otro malhechor les impide tener la vida que merecen y alguien debería intervenir para remediar tal injusticia. Estas personas EI no se dan cuenta de que a menudo se crean los problemas ellas solas con sus exigencias y distorsiones. No es de extrañar que los hijos e hijas de padres como estos estén atormentados por el sentimiento de culpa y se sientan responsables de la infelicidad de sus padres.

Una persona EI narcisista te hace sentir que es tu deber suplir con tus atenciones lo que le falta en la vida. Basta algo tan nimio como una diferencia de opinión para que interprete que tienes la intención de contrariarla. En momentos de estrés, puede volverse bastante paranoica y obsesionarse con que se la está difamando o manipulando. Su ira y su suspicacia harán quizá que te examines con el mayor detalle para evitar cualquier error.

En esta atmósfera emocional, es comprensible que te sientas intimidado y que pongas todo el cuidado del mundo para no decir nada que pueda sonar ofensivo. Pero nunca será suficiente para que esa persona se sienta bien, porque lo que ella quiere en realidad no es satisfacción; quiere demostrar que es la parte perjudicada, ¡incluso aunque haya sido ella la que ha creado el problema!

¿Cómo no vas a sentirte inseguro y a acabar pidiéndole disculpas? Tienes la sensación de que es la única manera de que haya armonía con alguien que se ofende por todo. Porque si llegas a irritar con tus palabras a una persona tan soberbia e imprevisible, sabes que harás lo que sea necesario con tal de suavizar las cosas y tranquilizarla. Por miedo a sus reacciones admitirás la culpa, a fin de evitar males mayores. Aceptarás sentirte culpable para que su disgusto y su explosión colérica estén justificados.

En sus relaciones, la postura de las personas EI despreciativas o despóticas es que ellas tienen la última palabra sobre la realidad de cualquier situación. No se preguntan cuál puede ser la causa de que decidas algo o qué motivos puedes tener para actuar de determinada manera; están seguras de que ya saben por qué lo has hecho. Si cuando te encuentras frente a esa certeza te asaltan las dudas sobre la validez de tu comportamiento, en el fondo es porque una parte de ti sabe que mostrarte seguro de ti mismo ante esa persona EI te llevaría probablemente a un enfrentamiento con ella.

Para ilustrar una posible manera de tratar con este tipo de personas, veamos cómo cambió mi cliente Sam la relación con su padre y no volvió a sentirse intimidado por él ni a tolerar su actitud de desdén y superioridad.

El padre de Sam había abandonado a la familia cuando Sam estaba en tercero de primaria. Vivía a pocas horas de distancia pero solo se ponía en contacto con su hijo esporádicamente. Aunque Sam lo echaba de menos, él demostraba poco interés en la relación. Con los años, Sam superó en buena medida el dolor y la decepción por su falta de interés y mantuvo las distancias. Sin embargo, cuando la hija de Sam fue seleccionada para jugar en un equipo de fútbol profesional justo antes de licenciarse en la universidad, su padre quiso que lo invitaran a la ceremonia de licenciatura de su nieta y al acto de la firma con el club deportivo. A la hija de Sam le daba igual que su abuelo estuviera presente o no en su vida y dejó la decisión en manos de Sam.

Sam lo llamó, y aunque por teléfono su padre hizo el papel de abuelo atento que quería estar presente en una fecha tan señalada para su nieta, Sam no se sintió demasiado conmovido. Aun así, estaba dispuesto a que se vieran antes de que llegara el día y de ver si había alguna posibilidad de que se entendieran. Le pidió a su padre que le concediera una hora y se tomaran un café juntos para hablar y aclarar las cosas antes de la celebración. Su padre contestó que no tenía ningún sentido que se vieran ellos dos solos; reaccionó como si la petición de Sam fuera un disparate. No entendía por qué no podía simplemente presentarse en la fiesta de su nieta y que eso fuera todo.

Pero Sam no quería que se repitiera con su hija la misma clase de interacciones esporádicas y superficiales que él había tenido con su padre en la infancia.

Así que esto es lo que hizo Sam: vio que sus necesidades eran tan importantes como las de su padre, le comunicó lo que quería y cuando su padre se negó, le aclaró que quien estaba poniendo obstáculos era él. Sam sabía que estaba haciéndole una petición razonable, de adulto a adulto. No le había propuesto nada insultante ni descabellado. No le resultó fácil mantenerse firme en su postura; estaba un poco nervioso y por un instante tuvo la tentación de ceder. Pero ya no le importaba que su padre se sintiera incomprendido, injustamente agraviado o molesto. No le había faltado al respeto, solo le había pedido que se vieran para limar cualquier aspereza y que el día de la ceremonia de su hija todo fuera bien. Sam no sentía que él fuera el agresor ni que su padre fuera la víctima.

Su padre decidió que, si esas eran las condiciones, no quería asistir a la fiesta. Se conformó con que su nieta le enviara las fotos después. Sam estaba contento con el desenlace porque había tenido una interacción sincera con su padre. Aunque este no quisiera tener una verdadera comunicación o una relación de afecto, Sam se sintió bien porque había sido fiel a lo que él necesitaba. Al no permitir que su padre definiera el nivel de su relación, había interactuado con él como participante, no como subordinado suyo, y ahora estaba preparado para lo que fuera que ocurriera a continuación. Ya no se sentía intimidado por su padre ni se creía en la obligación de disculparse por ser él mismo.

Estrategia

En primer lugar, cuando sepas que vas a tener que interactuar con una persona EI despótica o despreciativa, vete preparado. Piensa de antemano qué es exactamente lo que quieres decir. Sintetízalo en una sola frase que contenga el mensaje básico que quieres transmitirle. A continuación, pronúncialo en voz alta tres veces como si estuvieras frente a esa persona. No será necesario que a la hora de la verdad lo recites de memoria, pero sí que tengas claros los puntos principales y los repitas las veces que haga falta. Puede que este ejercicio no te resulte fácil y no te apetezca hacerlo, pero te ayudará a definir las ideas. Y cuando estés con esa persona, reprime conscientemente el impulso de disculparte. No tiene sentido que pidas disculpas por explicar lo que necesitas.

Volviendo al ensayo: después de repetir tres veces en voz alta tu petición, evalúala en contexto: ¿es poco razonable lo que pides? ¿Es algo fuera de lo común? ¿Es una petición injustificada? Cuenta con la probable incomprensión por parte de la persona EI y con sus posibles reacciones. Cuenta también con que, por la fuerza de la costumbre, una parte de ti estará preocupada mientras expones tu postura y querrá echarse atrás y disculparse.

Lo más importante durante la interacción es que tengas presente en todo momento que eres un participante en igualdad de condiciones. No tiene sentido que a tu edad te dejes invadir por el temor y la necesidad de disculparte cuando no has hecho nada malo. Ten presente tu declaración de derechos (apéndice D); recuerda, en el apartado «Derecho a poner límites», ese que dice que *tienes derecho a decir que no sin una buena razón*.

Reflexión y autodescubrimiento

A lo largo de tu vida, ¿quién te ha intimidado y te ha hecho sentir la necesidad de disculparte por ser como eres y pensar lo que piensas? ¿Qué sensación tienes de ti cuando interactúas con esa persona?

_____

_____

_____

_____

Cuenta cómo te sentirías si pudieras expresar en el día a día tus preferencias, ser educadamente sincero sobre lo que te gusta y lo que no, sin adherirte a las opiniones de los demás por temor a sus reacciones, o disculparte o sentir la necesidad de defender tus puntos de vista.

_____

_____

_____

_____

Consejo: Es posible que en la convivencia con las personas EI aprendieras a morderte la lengua o a dar tímidamente toda clase de explicaciones sobre por qué no estabas de acuerdo con lo que esperaban de ti. Pero ahora que eres adulto, puedes reclamar tu derecho a hacer consideraciones adultas, aunque las personas EI que se creen con derecho a dirigirte la vida perciban tu independencia como un insulto. Cuando les comuniques tus preferencias, déjalas que se indignen, se molesten o se depriman. Tu intención no es en absoluto hacerles daño; solo intentas protegerte y ser fiel a ti mismo. Ser comprensivo y afectuoso no significa que tengas que pedir disculpas por existir.

Temo tanto sus reacciones que no me atrevo a decir lo que pienso

Recuerda que tienes derecho a ser tú misma, aunque a las personas EI no les guste lo que dices

Quizá te resulta fácil decir lo que piensas estando con tus amigos y en el trabajo defiendes con firmeza tus opiniones, pero sin embargo en presencia de personas EI dominantes te quedas instintivamente paralizada, hasta el punto de que no eres capaz de decir lo que piensas, y luego haces lo que sea necesario para que estén contentas. El origen de esta cesión de tu poder personal es el temor, bien fundado, a las críticas y el rechazo de que puedes ser objeto.

El instinto de autoprotección que te lleva a hacer lo que sea para no disgustar a la persona EI es natural, pero asentir en silencio a cosas con las que no estás de acuerdo puede causarte mucho estrés e incluso enfermarte. La repentina falta de confianza en ti misma nace del temor a que, si dices algo que contraría a esa persona, te haga pagar caro el no haber pensado en cómo podía afectarla a ella oírte decir eso. A menudo, las personas EI se sorprenden de que puedas tener tus propias preferencias sabiendo que eso va a herir sus sentimientos. Tienen la expectativa de que hagas lo que ellas dicen y de que no les vengas con nada inesperado. Decir lo que quieres o lo que piensas es arriesgarte a que te tachen de loca, mala o egoísta. No es de extrañar que te quedes muda ante la perspectiva de que se ensañen contigo.

La irritabilidad y la reactividad de las personas EI no son nada nuevo. Muchas veces tienen un pasado traumático, que puede ser la causa de su extremada susceptibilidad y de que reaccionen con una descarga de adrenalina por el menor motivo. Incluso desavenencias en apariencia insignificantes pueden activar en su psique el recuerdo de traumas pasados y desregularlas emocionalmente o hacer que se lancen al ataque (van der Kolk 2014). Su sistema nervioso está adiestrado para reaccionar de una forma desproporcionada ante el menor sentimiento de amenaza, incluso de algo tan simple como una diferencia de opinión.

Los descubrimientos que se han hecho sobre el estrés en los animales pueden explicar hasta cierto punto el porqué de algunos de estos comportamientos exagerados. El profesor Robert Sapolsky (2007, 2012), que ha investigado el estrés durante décadas, hizo una serie de experimentos para estudiar los efectos que tenían las descargas eléctricas sobre la salud de las ratas de laboratorio. En algunos de ellos, cuando las ratas recibían una descarga eléctrica y podían acceder a una parte de la jaula en la que había una rata que no había recibido la descarga, se lanzaban a morderla. A continuación se vio que estas ratas, que tenían la oportunidad de morder a la rata «inocente», sufrían menos enfermedades relacionadas con el estrés que aquellas que después de recibir la descarga no tenían nada que morder. Después se observaron los mismos resultados sustituyendo a la rata «inocente» por un simple trozo de madera e incluso tener una palanca que poder apretar mientras recibían la descarga mejoraba su salud, aunque la palanca no detuviera la descarga.

En pocas palabras, las ratas que recibían una descarga y podían morder a otra rata o tenían alguna otra «vía activa de salida» sufrían un menor deterioro provocado por las hormonas del estrés que aquellas que no tenían forma de dejarlo salir. Estos hallazgos dan a entender que se producía un alivio temporal del estrés físicamente medible cuando las ratas podían «transferirlo» o disiparlo mediante algún tipo de acción.

No hace falta esforzarse mucho para ver la analogía con las personas EI en situaciones de estrés: en muchas de sus interacciones, actúan igual que las ratas de laboratorio tras recibir la descarga. Es posible que, en un acto reflejo, redirijan el estrés y el dolor que sufrieron —aunque fuera en un pasado lejano— descargando su angustia en cualquiera que se encuentre cerca cuando están disgustadas. Es decir, le transfieren su irritación y su dolor a quien haya tenido la mala suerte de cruzarse en su camino. Si la persona EI nunca ha recibido ayuda profesional para tratar sus experiencias dolorosas de infancia u otros traumas pasados, tal vez esté descargando el estrés acumulado mctiéndose contigo. Y si una persona EI que se estresa fácilmente ya te ha «mordido» una vez, es probable que tengas miedo de decir cualquier cosa que pueda crearle aún más tensión.

Los individuos EI agresivos o controladores parece que vivan en un estado de estrés permanente, igual que esas ratas de laboratorio, y no saben cómo darle salida. Ya se trate del dolor de traumas antiguos o del estrés actual, puede que intenten transferírtelo a ti creándote confusión y poniéndote nerviosa, o intentando obligarte a que te sometas a su control. Pero no es responsabilidad tuya hacerte cargo de ese dolor «transferido». No es tu deber estabilizar a las personas EI cuando se encienden porque has dicho algo que ha reactivado en su psique un trauma pasado o cuando sienten el impulso de descargar su estrés en la persona que tienen enfrente, que en ese momento resultas ser tú.

Si como hija adulta interiorizadora has sido objeto de la irritabilidad o la reactividad de una persona EI —o has visto a alguien ser objeto de ella—, habrás aprendido que lo más sensato es evitar cualquier confrontación. Muchos hijos e hijas interiorizadores han aprendido a ser más complacientes y menos expresivos, para no «provocar» excesivamente a la persona EI. Por desgracia, esta solución puede tener un efecto no muy deseable para tu autoestima, si interpretas ese acto reflejo de autoprotección, que te hace callarte y asentir a todo, como un signo de cobardía o de debilidad.

Sin embargo, que evites expresar tus opiniones en presencia de una persona EI dominante probablemente sea un acto de supervivencia emocional, a la vista de encuentros pasados muy desagradables. Como interiorizadora que eres, puede que en alguna de esas interacciones destempladas te reprocharas no haberte sabido callar a tiempo o haber hecho innecesariamente algo que indignó a la persona EI.

Tal vez aprendiste que quedarte paralizada y en silencio era lo mejor que podías hacer ante un estallido de cólera desproporcionado para la situación. Sin embargo, una vez que comprendes que esa intensa reactividad de la persona EI puede tener su origen en algún trauma pasado y que su reacción no va dirigida en realidad contra ti, quizá dejes de tener la sensación de que es imperdonable que expresaras con claridad tu opinión en aquel momento.

Sabiendo que las personas EI, para dar salida a sus traumas o estrés pasados, son propensas a transferirlos «lanzándose a morder», puedes ir preparada al encuentro con ella para esquivar sus ataques. Si redefines el significado de esas reacciones porque entiendes que seguramente tienen muy poco que ver contigo, puedes evitar que te desestabilicen. Cuando conoces el tipo de respuesta que se puede esperar de ellas —la ansiedad y la tensión desproporcionadas, la actitud defensiva y la exteriorización de la culpa— y sabes a qué se debe, hay menos posibilidades de que te pillen desprevenida: entiendes que la necesidad de defenderse y de transferirte su estrés responde, en la mayoría de los casos, a experiencias dolorosas de su vida y a una escasa tolerancia al estrés. La forma de reaccionar desproporcionada de la persona EI no está relacionada contigo, y por tanto es poco probable que puedas hacer nada al respecto.

Una vez que comprendes las posibles razones traumáticas o infantiles que impulsan sus reacciones desmedidas, esa persona ya no tiene el mismo poder sobre ti. Cuando al fin entiendes que es razonable que defiendas tu punto de vista y que expresar tus preferencias es un acto de madurez, ya no consigue enredarte en su previsible indignación o sus exabruptos. En lugar de sentirte impotente por miedo a sus reacciones, puedes reconocer su arrebato injustificado por lo que es y negarte a absorber el desasosiego que quiere transferirte. El propósito de tu vida no es hacer de contenedor para los traumas, el estrés o la ira de los individuos EI.

Veamos cómo puedes recuperar la capacidad de expresarte cuando, arbitrariamente, una persona EI trate de transferirte su estrés para librarse de él.

Estrategia

Antes de responder a una persona EI que se dirija a ti en tono intimidante, o cegada por el estrés, asegúrate de hablar contigo misma. Recuérdate que esa reacción puede ser un intento de desplazar su dolor por una experiencia pasada, un dolor que tú no has provocado. Recuérdate que su comportamiento defensivo e intimidatorio va dirigido, al menos en parte, a viejos fantasmas y no a ti. Dite a ti misma: «No es posible que yo sola pueda haberle provocado una explosión de ira de esta magnitud». Recuerda que, independientemente de cómo responda la persona EI, tú sigues teniendo derecho a expresar tus pensamientos y sentimientos. Por encima de todo, recuerda que *tú y tus preferencias tenéis derecho a existir*. Tú tienes derecho a hablar, y esa persona ya se ocupará de lo que sienta al oírte. No es culpa tuya el dolor que ella imagina que le estás causando con tus palabras.

En ese momento, incluso *pensar* simplemente lo que te gustaría decir es suficiente para que no te quedes paralizada. Si no es el momento de hablar, puedes sacar el tema más adelante. Un correo electrónico, un mensaje de texto o una carta pueden ser una buena alternativa si es demasiado difícil hablar con esa persona cara a cara. No hay urgencia; escríbele en el momento que para *ti* sea oportuno y sientas que estás preparada. Cuando dejas de sentirte silenciada por el dramatismo de sus reacciones, cambia simultáneamente la creencia de que, no se sabe bien cómo, llevas toda tu vida maltratando a esa persona por ser tú misma.

Reflexión y autodescubrimiento

¿Qué sientes al redefinir a alguien de personalidad intimidante como «persona EI que es incapaz de tolerar el estrés»? ¿No te parece peculiar que un adulto se enfurezca hasta ese punto porque le hables abiertamente de tus necesidades u opiniones?

_____

_____

_____

_____

_____

¿Qué sientes al saber que tu preocupación por cómo pueda responder cierta persona EI es en realidad un intento sano de predecir un comportamiento que podría desestabilizarte, a fin de estar psicológicamente preparada por si se produce? ¿Qué sientes al reinterpretar la ansiedad que te causa hablar con ella no como cobardía, sino como preparación psicológica sensata, basada en que te haya tratado mal anteriormente?

_____

_____

_____

_____

_____

Consejo: Te preocupas con razón por las posibles reacciones de las personas EI. Su actitud defensiva y su tendencia a desautorizarte cuando están indignadas pueden hacer que te arrepientas de haber abierto la boca. Pero cada vez que piensas con autonomía o dices lo que piensas, afirmas tu derecho a tener tus preferencias, tus puntos de vista o tus propios sentimientos. Además, adquieres práctica en serte fiel a ti misma incluso en las relaciones difíciles. Tanto si expresas tu opinión como si la piensas sin llegar a verbalizarla, estás recuperando tu poder al no callarte las cosas solo por no incomodar a las personas EI. Cuando hablas, les das la oportunidad de conocerte de verdad. Tu relación con ellas será muy diferente cuando ya no esté basada en la antigua idea de que su intensidad significa que tienen razón.

¿Qué puedo hacer para que me escuchen?

Las habilidades comunicativas y sus límites

En primer lugar, veamos por qué es tan importante para ti encontrar una manera nueva de dirigirte a las personas EI que hay en tu vida. ¿Qué crees que conseguirías si tuvieras más habilidad para comunicarte? ¿Tal vez sabrías cómo empezar la conversación de un modo que despertara su interés en lo que quieres decirles? ¿Tal vez serías capaz de expresar tus sentimientos con tanta elocuencia que te prestarían atención y se darían cuenta al fin de quién eres de verdad? Sea cual sea tu esperanza, estoy segura de que, en el fondo, te gustaría poder establecer un diálogo en el que se compartieran momentos de auténtico entendimiento y conexión.

Si te encuentras entre los hijos e hijas interiorizadores, es probable que ya te hayas esforzado por mejorar tus habilidades de comunicación y de relación. Los interiorizadores saben que expresarse con claridad y escuchar con atención al otro es la mejor manera de que haya comunicación verdadera y las relaciones resulten satisfactorias para ambas partes. Una comunicación profunda fortalece el vínculo y hace que cualquier interacción sea más enriquecedora. Así que quizá tenías la esperanza de que aprender a comunicarte de un modo más eficaz mejoraría tu relación con las personas emocionalmente inmaduras y crearía una conexión más íntima entre vosotros. Y en ese caso, es probable que te hayas llevado una decepción. La manera en que enfocan cualquier interacción las personas EI hace que sea muy difícil comunicarse, cuando no imposible.

Que tus habilidades comunicativas puedan cumplir su función dependerá de que tu interlocutor esté dispuesto a participar en el diálogo, y esa disposición será bastante limitada en el caso de las personas

EI. Cuando alguien *quiere* entenderte, da igual cómo digas las cosas. Y si *no* quiere entenderte, también da igual cómo las digas. No basta con que tú quieras comunicar algo, si a tu interlocutor no le interesa. Hasta el comunicador más hábil del mundo fracasa en presencia de alguien que no quiere oír, o de alguien que no ve las cosas de la misma manera.

Cuando tengas intención de comunicarte con una persona EI, recuerda que a nivel emocional es como una criatura: extremadamente egocéntrica y propensa a tomárselo todo al pie de la letra y como algo personal. Te escuchará a través del filtro de sus emociones, y para ella todo será o blanco o negro. Inesperadamente se pondrá a la defensiva y sacará conclusiones precipitadas.

Mientras tú crees que simplemente estás expresando tus sentimientos de forma clara, ella te está evaluando con nerviosismo como una potencial amenaza. Para ella, compartir sentimientos no es una forma deseable de estrechar lazos; prefiere compartir actividades o acontecimientos sociales menos comprometidos. Debido a su escaso o nulo interés en el mundo interior de los demás, no entiende que para ti pueda ser tan importante hablar con ella de experiencias emocionales profundas. ¿Qué necesidad puede tener nadie de hacer algo tan raro? Para ella, esas «conversaciones» son o un aburrimiento o un potencial combate, en el que habrá un ganador y un perdedor.

Además de no gustarles que nadie les comparta sus emociones, a muchas personas EI tampoco les interesan los debates objetivos. Recordemos que, para ellas, la realidad es lo que a ellas les parece, no lo que sea racional o verificable. No sienten que tengan la obligación de hacer un esfuerzo para intentar entender tu punto de vista. Prefieren ahorrar tiempo y decirte directamente lo que ellas piensan, que es también lo que todo el mundo debería pensar.

La persona EI quiere por encima de todo tener certezas y que le des respuestas claras. Necesita oírte decir que sí y zanjar el asunto, no que sometas a consideración lo que dice; no entiende qué sentido puede tener mirarlo desde distintas perspectivas. Recuerda que puede ser muy frustrante para ti tratar de hacerla participar en una conversación abierta. No le interesan las cuestiones emocionales ni tu parecer sobre vuestra relación; lo que quiere es saltarse todo eso y volver cuanto antes a un terreno en el que se sienta segura. Esto no solo anula cualquier posibilidad de que haya una comunicación verdadera, sino que puede hacer que te sientas como si acabaras de lanzarte contra una puerta cerrada.

Por todas estas razones, a veces te sentirás sencillamente sin fuerzas para hablar o relacionarte con una persona EI. No es que seas débil, sino que puede haber muchos motivos por los que decides conscientemente no relacionarte con ella en ese momento o ese día en particular. Quizá te sientes un poco vulnerable o estás demasiado cansado para intentar entablar una conversación con ella. Sabes por experiencia que, a veces, intentar ser auténtico o comunicarte con sinceridad es demasiado agotador como para que valga la pena. También es posible que no quieras hablar con esa persona para evitarte la sensación de enfado que a menudo te queda tras la interacción. En cualquiera de estos casos, es una decisión consciente y con fundamento. Que un día determinado renuncies a hacer el esfuerzo por comunicarte no es una derrota. De todos modos, es posible que no hubiera servido para nada.

Aun con todo, puede que de vez en cuando sientas la necesidad de «llegarles» a las personas EI de tu vida.

Si ha habido momentos en los que han bajado las defensas y, sin darse cuenta, han tenido una breve comunicación contigo, comprensiblemente esperas que vuelva a ocurrir. Por desgracia, esos momentos en los que se les olvida ponerse a la defensiva y por unos instantes son realmente ellas no se repiten con facilidad, debido a que su arraigada necesidad de protegerse les hace rehuir la intimidad emocional. Es más probable que estas personas se abran inconscientemente a una breve intimidad compartida cuando tu atención y la suya están puestas en una actividad común, o la interacción está a punto de terminar, o estáis en un lugar público o en el que hay interrupciones frecuentes.

También es posible que se den esos momentos de conexión cuando la persona EI se siente nostálgica o está experimentando cambios importantes en su vida que la obligan a hacer balance. Pero no puedes forzarla a que se comunique. Lo único que puedes hacer es apreciarlo si se da la ocasión.

Veamos cómo te podrías preparar antes de intentar comunicarte con un individuo EI.

Estrategia

La comunicación con las personas EI es más provechosa cuando tienes claros los objetivos que quieres conseguir con ese diálogo. Hazte las siguientes preguntas antes de tratar con ellas cualquier asunto:

1. ¿Es importante hablar ahora mismo de este tema?
2. ¿Qué es lo más importante que quiero decir?
3. ¿Me sentiré orgulloso de haberlo intentado incluso aunque no me entiendan?

Ten el firme propósito de que la conversación sea breve y vaya dirigida hacia lo que de verdad te importa. Recuerda que cuanto más hables, menos te van a escuchar.

Reflexión y autodescubrimiento

Piensa en una persona EI que sea, o haya sido, importante para ti y con la que hayas tenido dificultad para comunicarte. ¿Qué es lo que más te gustaría que entendiera de ti y de tu experiencia?

_____

_____

_____

_____

_____

¿Qué es lo que más te gustaría escuchar de esa persona? ¿Qué es lo que siempre has deseado que te dijera? Escribe este deseo tan preciado y contempla la diferencia que supondría para ti que se cumpliera.

_____

_____

_____

_____

_____

_____

_____

Consejo: Tu necesidad de comunicarte a un nivel más profundo es señal de tu sano deseo de conexión. Pero puede que tú seas el único que aprecies tus esfuerzos, porque puede que solo tú seas consciente de la importancia que tiene eso que intentas conseguir. Aun así, felicítate cada vez que trates de favorecer un acercamiento y te coloques en la vulnerable posición de hablarle con toda sinceridad a cualquier persona EI que haya en tu vida. Cada vez que lo haces, inviertes la tendencia a quedarte inmovilizado en la superficialidad. Cuando tus palabras son auténticas, al menos creas la posibilidad de que la interacción sea más satisfactoria para ti. Tanto si tus esfuerzos por comunicarte acaban siendo fructíferos como si no, tendrás la satisfacción de haber intentado dar profundidad al diálogo, en lugar de resignarte a participar en conversaciones anodinas en las que nadie se enfada, pero tampoco nadie es realmente auténtico.

Me hago el propósito de ser más firme, pero luego acabo siguiéndoles la corriente

Descubre las partes protectoras de tu personalidad

Es muy desalentador tratar de hablar con una persona EI que te mira con desdén cuando dices algo y está decidida a acaparar toda la atención. No capta las indirectas y por supuesto no se va a retractar de lo que ha dicho ni le preocupa en absoluto lo incómoda que te sientas con la situación. Hacen falta energía, determinación y valentía, para ser tú misma cuando hablas con una persona así.

Bridget, una clienta mía, se sentía derrotada cada vez que tenía que tratar con su suegra, Joan, emocionalmente inmadura y autoritaria. Cuando tenían una conversación, Bridget solía callarse lo que pensaba o si expresaba una opinión que no coincidía con la de Joan, normalmente capitulaba ante ella para mantener la paz. Cada vez que estaban juntas, Bridget se sentía como amedrentada y luego se reprochaba no haber tenido el coraje de decir lo que hubiera querido. En varias sesiones de terapia, le pedí que volviera atrás a distintas ocasiones en que se hubiera sentido intimidada por Joan y que reprodujera mentalmente a cámara lenta cualquiera de ellas. Le pedí que se fijara bien en la reacción que había tenido su suegra al oírla decir algo y que la describiera con detalle, para ver si era capaz de detectar qué había en Joan que la amedrentaba.

Bridget fue viendo que, cada vez que expresaba una opinión, su suegra se ponía rígida y la miraba con extrañeza. Además, juntaba las cejas y fruncía los labios. Aquella expresión facial era todo menos una invitación a que siguiera expresándose; transmitía irritación e impaciencia en vez de interés. Si Bridget conseguía terminar la frase, Joan repetía muy despacio sus palabras, como dando a entender que a nadie en su sano juicio se le ocurriría decir semejante barbaridad. Luego, unas veces reaccionaba a la opinión de Bridget con un «nosotros siempre lo hemos hecho de esta manera» o, si interpretaba sus palabras como una crítica, respondía en tono sarcástico algo del estilo de «ya, debo de ser auténticamente abominable». Esto podía ir seguido de días o semanas de tensión, durante los cuales Bridget sentía que era responsabilidad suya enmendar las cosas.

Gracias a este trabajo inicial, Bridget pudo identificar cada paso de las reacciones de Joan: la expresión facial, la repetición incrédula de lo que Bridget acababa de decir, el tono condescendiente. Aquel rechazo e intransigencia hacían callar a Bridget. Sin embargo, una vez identificados, perdieron en parte su poder. Cuando ves *cómo* intenta dominarte una persona, ya no es tan fácil que su táctica surta efecto. Pero Bridget necesitaba profundizar aún más para poder ser firme con Joan.

A continuación, tuvo que descubrir la parte de su propia personalidad que creía que era mejor no arriesgarse a que las cosas se desestabilizaran. Aunque una parte de Bridget quería ser más enérgica con Joan, otra parte se sentía más segura siendo servil. Forma parte de la condición humana que haya aspectos contradictorios en nuestra personalidad. (No es lo mismo que tener un trastorno de personalidad múltiple, que hace que se alterne interiormente entre identidades distintas). Pero a veces esas partes discordantes generan un intenso conflicto interior, como le ocurría a Bridget. Las partes de ti que quieren que estés a salvo podrían denominarse «supervisoras» o «protectoras» (Schwartz 1995, 2022) porque toman el control automáticamente para protegerte en cuanto intuyen un potencial peligro.

Había en Bridget una parte autoprotectora que la obligaba a seguirles la corriente a los demás para preservar la paz en sus relaciones. Como mujer adulta, sabía que tenía derecho a expresar su opinión; pero en cuanto se sentía bajo la presión de Joan, la parte protectora de su personalidad se activaba automáticamente y accedía a todo lo que su suegra quisiera. Le pedí que intentara ver cuáles podían ser los orígenes de esa protectora interior y qué propósito cumplía.

Descubrió que su protectora interior se había desarrollado cuando era pequeña y tenía que convivir con una madre impulsiva e irascible que la maltrataba físicamente cada vez que perdía los nervios. De niña, Bridget había aprendido que defender su punto de vista solo empeoraba las cosas. Los niños tienen pocos medios para protegerse. Cuando encuentran una táctica que los mantiene a salvo, la utilizan tanto que se convierte en un automatismo. Después, en la edad adulta, es posible que sigamos empleando esas tácticas de protección —como hacía Bridget cuando Joan se enfrentaba a ella— hasta que deliberadamente encontremos nuevas formas de responder.

Bridget había descubierto su parte autoprotectora, pero el trabajo no terminaba aquí. Sin el apoyo de esa protectora interior creada en la infancia, no iba a llegar muy lejos en sus intentos de ser firme con Joan. Así que continuamos trabajando a partir de ahí, descubriendo qué temía su parte protectora y, en colaboración con ella, probando poco a poco nuevas maneras de responder.

¿Reconoces en ti una parte protectora que te hace retroceder cuando sería el momento de mostrarte con firmeza como eres? Veamos cómo puedes conocerla íntimamente y cómo conseguir su visto bueno para recalibrar tus respuestas cuando trates con personalidades EI dominantes.

Estrategia

Escoge una de tus respuestas automáticas habituales que te parezcan contraproducentes, algo que luego desearías no haber hecho. En lugar de ser crítica contigo misma, comprende que si una parte de tu personalidad inicia ese comportamiento, es porque resultó muy útil en el pasado. Por ejemplo, Bridget exploró a su protectora interior preguntándose: «¿Por qué piensa una parte de mí que lo mejor es seguirle la corriente a Joan y ceder siempre?». Imagina que estás entrevistando a esa parte protectora, para intentar contemplar tu conducta desde su punto de vista. No te inventes la conversación; deja que sus respuestas surjan ellas solas en tu mente.

Quizá te sea de ayuda identificar esa parte protectora con el lema que guía su acción. (Por ejemplo, en el caso de Bridget, era: «Por encima de todo mantener la paz».) El lema debe definir con exactitud la solución que discurrió tu protectora interior cuando eras niña. Ponerle nombre a esa estrategia de la niñez es el primer paso para examinarla y actualizarla.

A continuación, detalla las directrices que oculta el lema de esa estrategia. Tal vez las conclusiones a las que llegó tu protectora interior y los automatismos que impuso a partir de ellas te parezcan extremos, pero recuerda que ese reflejo protector lo creó una niña asustada y dependiente hace mucho tiempo. Cuando Bridget exploró la estrategia que había bajo su lema, las conclusiones que le vinieron a la mente fueron dos: 1) *la única forma de que los demás te acepten es acceder a todo lo que quieran* y 2) *todo el mundo te odiará si no estás* completamente *de acuerdo con lo que dicen y piensan*.

Después, escribe en una tarjeta esas directrices de un pasado ya muy lejano y léetelas en voz alta dos veces al día durante un par de semanas (Ecker y Hulley, 1996). De este modo, se irá haciendo consciente y explícita la creencia que ha estado oculta en tu subconsciente sobre cuál es la manera más segura de conducirte en la vida. Al presentarle a tu mente adulta esta creencia infantil tan extrema, pronto querrá descartarla, ya que no se ajusta a la realidad adulta que ella experimenta.

Por último, puedes actualizar esa creencia obsoleta sustituyéndola por una directriz que tenga más sentido. Por ejemplo, Bridget escribió de la siguiente manera dos creencias adultas más razonables: 1) *la forma de que los demás te acepten es tratarlos bien y encontrar una vía constructiva para resolver las diferencias* y 2) *la gente razonable puede aceptar argumentos que no coincidan con los suyos si los presentas de forma respetuosa y colaborativa*.

Traducir las creencias subconscientes en pensamientos conscientes ayuda a transformarlas. Una vez que comprendes la intención protectora de la que nació un determinado comportamiento, tienes poder sobre él. Ahora puedes entender cualquier reacción derrotista desde una perspectiva nueva.

Reflexión y autodescubrimiento

¿Qué desearías no hacer cuando las personas EI te ponen nerviosa? Describe una de tus reacciones involuntarias con las que no estés contenta o de las que no te sientas orgullosa.

_____

_____

_____

_____

_____

Si ves que un comportamiento en particular te debilita, sé valiente y atrévete a descubrir cuál fue en origen su propósito, de qué trataba de protegerte. Piensa en un momento en el que ese comportamiento pudo haber sido la respuesta más inteligente dadas las circunstancias. ¿Cuándo fue?

_____

_____

_____

_____

_____

Consejo: La mayoría de la gente quiere superar o erradicar las partes de su personalidad que le causan problemas y olvidarse de ellas para siempre. Sin embargo, aunque pueda parecerte que estarías mejor sin ellas, cada parte contiene una porción de tu energía vital, y lo que requiere por tanto es que la transformes, no que la destruyas. Si conservamos en nuestro interior partes que vienen de la infancia, superpuestas como las muñecas rusas, es por una razón; muchas nos recuerdan lecciones esenciales de la vida y nos alertan del peligro. Aprende a escucharlas y mira a ver si puedes colaborar con ellas para atender mejor tus necesidades de persona adulta.

Incluso cuando pruebo las nuevas estrategias, al final me siento igual de agotada

¿Por qué te sientes derrotada aunque consigas de las personas EI lo que querías?

Cuando empiezas a entender por qué son de esa manera las personas EI, te sientes más segura en el trato con ellas. Su comportamiento ya no te genera la misma confusión, una vez que ves con transparencia sus coacciones emocionales. Ahora te puedes proteger emocionalmente y es menos probable que te abrumen con su intensidad emocional.

Entonces, ¿por qué sigue costándote tanto estar en su compañía? ¿Por qué sigues teniendo que armarte de valor para ir a hacerles una visita y por qué sales luego de su casa con un sentimiento de derrota, agotada y quizá irritada por no haber sido más capaz de impedir que sus conductas te afecten?

Por ejemplo, mi clienta Jillian invitó a su madre a que fuera a pasar el fin de semana a su casa. En cada comida, el perro se acercaba a la madre y ella le daba un poco de la comida de su plato, aunque Jillian le había pedido repetidamente que por favor no lo hiciera porque estaban enseñándolo a no mendigar comida. Pero la madre acostumbraba a no hacer caso de lo que le pidiera nadie. Finalmente, Jillian le dijo: «Mamá, si lo haces una vez más, no vuelvo a invitarte a que vengas». Su madre se rio, mientras murmuraba un comentario frívolo, pero no volvió a dar de comer al perro de lo que había en la mesa. Aunque era cierto que Jillian había conseguido lo que quería, se sentía cansada e insatisfecha, porque su madre la había ignorado por completo y, aunque hubiera acabado cediendo, no se había disculpado.

Otra razón por la que interactuar con personas emocionalmente inmaduras puede ser tan agotador e insatisfactorio para los hijos e hijas adultos de padres EI es que, desde la infancia, han tenido que cultivar el arte de lo que el terapeuta Jacob Brown llama «esperar». Aprendieron, por ejemplo, que era mejor esperar a que sus padres estuvieran de buen humor antes de pedirles ayuda o intentar recibir de ellos atención o afecto. En situaciones en las que la mayoría de la gente habría perdido la paciencia y pasado a la acción, los reflejos inhibitorios que desarrollaron estos hijos e hijas les permitían quedarse callados en su sitio y dejar que otros dirigieran las interacciones. Pero ahora, en la edad adulta, esta *capacidad de espera* los deja agotados, sin energía, y alimenta en ellos una pasividad muy poco saludable, especialmente en situaciones sociales no estructuradas, como las visitas de la familia.

Si es tu caso, quizá ya no quieras seguir esperando pasivamente y consintiendo entretanto los comportamientos emocionalmente inmaduros, por ejemplo dejando que la persona EI dirija las conversaciones. Tal vez ya te has cansado de esperar que exprese interés por tu vida. Me alegro por ti. Sin embargo, a pesar de esta nueva actitud y de la determinación a que se respete tu espacio, tener que ponerle límites constantemente a alguien que no hace ningún caso de lo que le dices puede ser extenuante. Algunos de estos hijos e hijas adultos optan al final por mantener un contacto mínimo con esa persona EI, no porque no sepan cómo desenvolverse con ella —saben hacerlo admirablemente—, sino por la cantidad de vigilancia y trabajo que supone conseguir lo que se han propuesto.

Mantener una actitud vigilante en las interacciones con las personas EI es saludable y necesario, pero también muy cansado. Porque incluso aunque accedan a «respetar» tus límites —en especial aquellas que tienen tendencias narcisistas—, es probable que, a la menor ocasión, expresen su desagrado de uno u otro modo, y lidiar con una cosa tras otra es agotador. Protegerte, poner límites, defender lo que necesitas, reconducir las conversaciones en las que solo hablan ellas... es *mucho trabajo*. Y después de todo, puede que tras la interacción no te sientas demasiado satisfecha, aunque hayas conseguido mantenerte en contacto contigo misma en todo momento y te hayas expresado con claridad.

El día que dejes de intentar complacer a las personas EI, dejarás de sentirte agotada tras cada conversación. Una cosa es que estés en contacto con esa persona, que mantengas algún vínculo con ella, y otra es pretender que vuestros encuentros te llenen de alegría. Eso es pedir demasiado. Rebaja tus expectativas y sé realista sobre la cantidad de trabajo y de espera que sigue exigiéndote esa relación.

Acuérdate de felicitarte por no haber sucumbido por completo a su influencia. Si en la conversación con una persona EI has conseguido no sentirte culpable o no someterte a sus deseos aunque sea *una sola vez*, deberías darte una palmadita en la espalda. Recuerda que el objetivo realista no es tener una relación *grata* con la persona EI, sino tener interacciones sinceras en las que seas tú misma y establezcas los límites necesarios. Prueba a ser educadamente sincera y auténtica, expresa tus opiniones cuando corresponda y despídete con cordialidad en cuanto notes la primera señal de cansancio. Si llegas con la esperanza de pasar una tarde amena en compañía de esa persona, lo más probable es que te vayas con una sensación de derrota.

No olvides todo lo que te estás pidiendo en cada interacción con una persona EI:

1. Liberarte de su sistema de relación emocionalmente inmaduro.
2. Resistirte a sus coacciones emocionales.
3. Mantenerte a distancia para que sus intentos de apropiación emocional no te alcancen.

Si has conseguido salir indemne de la interacción con una persona EI, has hecho un esfuerzo colosal y lo sabes. Considéralo todo un éxito si se trata de alguien tan insensible como lo son la mayoría de las personas EI. Que estés cansada es natural. Esperar sentirte pletórica al terminar la visita es pedirte demasiado.

Veamos ahora cómo podrías reconfigurar tus objetivos para estas interacciones a fin de que conserves las energías y no te quedes ni exhausta ni desmoralizada.

Estrategia

Durante la interacción, no esperes que esa persona demuestre interés por tus cosas. Te sentirás menos agotada si, mientras estás con ella, tienes pensadas cosas que podéis hacer juntas que no sean intentar mantener una conversación. Podríais sentaros a armar un rompecabezas, jugar a algún juego de mesa o hacer alguna manualidad, por ejemplo ganchillo, costura, dibujar o colorear, cualquier trabajo manual para entretenerte tú o entretenerla a ella durante la visita. Se trata de hacer algo que no sea interactuar directamente. Cocinar y comer juntas es una buena posibilidad; sentaros a la mesa a compartir los alimentos y luego recogerlo todo puede generar una sensación de convivencia que no se consigue tratando de mantener una conversación.

Es cierto que las personas EI son egocéntricas y no piensan en los demás. Pero también es cierto que tú puedes contribuir a hacerte la vida difícil si, en tu relación con ellas, caes en los mismos patrones de comportamiento de toda la vida. ¿Les concedes demasiada atención? ¿Te quedas callada, esperando a ver de qué quieren hablar ellas? ¿Sigues aguantando pasivamente una conversación incluso después de que haya empezado a resultarte agotadora?

Si cada vez que estás con una determinada persona EI sientes como si te absorbiera la energía, anímate a hacer algo. Piensa: «Depende de mí permitir que este aburrimiento continúe. ¿Qué puedo hacer ahora mismo para que esto me resulte más ameno?». Ya no eres una niña dependiente a la que se ve pero no se escucha. Aunque seas diestra en el arte de esperar, cambia repentinamente de tema. No te acostumbres a aburrirte hasta no poder más. Toma la iniciativa de redirigir las interacciones hacia temas o actividades que a ti te parezcan más interesantes.

Cuanto más te niegues a esperar pasivamente, y más libre te sientas de hacer una pausa o de proponer actividades que a ti te gusten, menos derrotada te sentirás. Levantarte con cualquier excusa y darte un respiro te devolverá la energía.

Reflexión y autodescubrimiento

Piensa en interacciones con personas EI que te hayan resultado agotadoras. De todo lo que hacían esas personas, ¿qué era lo que más te costaba?

_____

_____

_____

_____

_____

En las interacciones con personas EI, ¿qué sensación te produce hacer solo lo que ellas quieren? En una escala del 1 (fácil) al 10 (difícil), ¿cuánto te cuesta reorientar esas interacciones hacia cosas que a ti te resulten más interesantes? Si te cuesta mucho, ¿qué lo hace tan difícil? Escribe dos cosas que podrías probar a hacer para dirigir las interacciones hacia lo que tú quieras (por ejemplo, tener preparados temas para iniciar una conversación, preguntar sobre un tema concreto, pedirles que recuerden momentos que te interesan, sugerirles una actividad diferente).

_____

_____

_____

_____

Consejo: En cuanto sientas que la interacción se ha estancado, es el momento de que dejes de estar tan pendiente de esas personas. Si son tus huéspedes, puedes salir a la calle y darte un paseo durante unos minutos, mirar el cielo, los árboles, o decirles que vas a ausentarte un rato e irte al gimnasio, preguntarles si quieren ver la tele mientras tú terminas un proyecto de trabajo o si les apetece armar un rompecabezas mientras tú te echas una siesta. Mejor aún, antes de la visita puedes sugerirles que traigan algo para leer o para hacer porque vas a necesitar tiempo para relajarte. Si rebajas tus expectativas y preparas esta clase de distracciones antes del encuentro, estarás contribuyendo activamente a que no todo gire en torno a ellas. Cuanto menos pasiva seas, menos derrotada te sentirás.

Sigo dándole vueltas a lo mal que me han tratado ciertas personas EI

Rabia, ambivalencia y dejar ya de lado los pensamientos obsesivos

Los vínculos humanos están constituidos por experiencias complejas y a menudo contradictorias. Cuando tienes una relación estrecha con una persona EI, llegas a conocerla muy íntimamente y te apegas a ella como a ninguna (Bowlby 1969). En el crisol de esa relación íntima, tendrás que interactuar con todas las facetas de su personalidad, especialmente si es tu pareja o un miembro de tu familia. Y en esa interacción diaria, en tantos frentes distintos, te encontrarás con sus peores rasgos, y ella con los tuyos.

Que unas veces esa persona EI (sea o no miembro EI de tu familia) te colme de atenciones y otras te trate de la manera más insensible acaba generándote una gran inseguridad y a la vez un intenso apego, lo cual da lugar a una sensación de ambivalencia. Es natural volver repetidamente a esas relaciones insatisfactorias en busca de una conexión más verdadera, como si la necesidad de satisfacer un deseo muy profundo nos hiciera aferrarnos a ellas. Por ejemplo, si de niño necesitabas que tus padres te dieran más amor del que recibías, ahora, en la edad adulta, es como si siguieras sintiendo inconscientemente que ellos guardan la llave de tu satisfacción emocional.

Así que, lamentablemente, cuando quieres de verdad a una persona EI, sobre todo si es un miembro de tu familia, tu corazón es como una paloma mensajera que vuelve una y otra vez a un nido vacío. Deseas recibir el amor y el trato cercano que quizá te ha llegado de ella en algunos momentos, pero lo cierto es que probablemente solo vas a encontrarte continuamente con sus limitaciones.

Dada la frustración que esto te crea, es natural que le des vueltas a cuánto te ha defraudado esa persona y que la rabia vaya creciendo en tu interior. Pensar obsesivamente en ese dolor y en el sentimiento de injusticia podría ser un intento de resolver la tensión ambivalente entre tu intensa necesidad emocional y la rabia frustrada. En lugar de estar dividido entre esos dos sentimientos contrapuestos, quizá intentas inconscientemente resolver la tensión reprimiendo tu afecto hacia esa persona y concentrándote solo en una indignación que crees justificada. La sientas en el banquillo de los acusados y la juzgas por sus defectos, y reproduces mentalmente situaciones en las que te trató sin ningún cariño o ignoró por completo lo que le pedías. Y si en algún momento del pasado la persona EI —sea o no miembro de tu familia— utilizó toda clase de razones para excusar el comportamiento que tenía contigo, o negó que hubiera hecho nada malo, entonces sientes que tu rabia está todavía más justificada.

Cuando la rabia obsesiva hacia alguien te acaba creando un enredo mental que es una tortura, puede ser el momento de excavar un poco para desenterrar los motivos que la provocan. Por ejemplo, la ira obsesiva hacia un miembro EI de la familia suele ser una combinación muy potente de amor, resentimiento por haberte sentido traicionado, ira e impotencia. Muy a menudo, esos pensamientos obsesivos son un grito de auxilio, porque estás atrapado en un dolor y una contradicción que no parece haber manera de resolver. En tales situaciones, hay tantos sentimientos enfrentados que el corazón, para no sufrir, deja que sea la cabeza la que encuentre una vía de salida. Y la mente hace entonces lo único que puede: simplificar para poder pensar. Se obsesiona intentando encontrar una solución intelectual sencilla a un problema emocional complejo. Entretanto, la rabia hace de cortina de humo tras la que se esconden todos los demás sentimientos relacionados con el apego emocional, las traiciones, la impotencia. Sin embargo, la auténtica solución reside en explorar *todos* estos sentimientos para poder ensanchar poco a poco la capacidad de contener y procesar experiencias tan intensamente ambivalentes.

Sentirte traicionado y desamparado es particularmente doloroso. La presencia de esta clase de sentimientos indica que los problemas de la relación adquirieron proporciones traumáticas, tal vez hasta el punto de que amenazaron tu sentido básico de seguridad existencial. Por ejemplo, los padres EI sencillamente no entienden de sentimientos profundos y es probable que dejen que el sentimiento de desamparo emocional se instale de forma permanente en su hijo o su hija sin siquiera darse cuenta de lo que le están haciendo. En tales condiciones, el amor del niño o la niña hacia sus padres se contamina de ambivalencia debido al dolor profundo que les causan las sucesivas decepciones.

No obstante, a pesar de la rabia y otros sentimientos dolorosos, puede que en el fondo haya una parte infantil de ti que *sigue queriendo* a ese miembro de tu familia o a esa persona EI y se siente conectada a ellos, por muchos motivos que tengas para continuar enfadado. Así que, mientras procesas esta mezcla de amor y enfado, ten en cuenta que tu niño interior podría estar *sobreestimando* lo que es de verdad posible obtener de estas relaciones antiguas ahora en la edad adulta.

En lo que se refiere a los padres EI, he trabajado con muchos clientes adultos que tenían una vida feliz y relaciones sólidas y enriquecedoras y, sin embargo, continuaban empeñados en ganarse el amor de sus padres, aun cuando en sus relaciones actuales habían logrado satisfacer las necesidades emocionales que sus padres no atendieron. Era como si estos hijos e hijas adultos de padres EI no fueran capaces de abandonar la lucha hasta haber conseguido obligar a sus padres a que les dedicaran un poco de atención. Así es como le expliqué esta dinámica a una clienta: «Es como si tuvieras una gran bolsa de diamantes y tu madre una bolsa de centavos, y a pesar de todos tus diamantes, siguieras esforzándote por conseguir unos centavos de ella».

Mientras procesas la rabia y la ambivalencia que sientes hacia una determinada persona EI, tal vez descubras que ya no la quieres. De hecho, es posible que cualquier sentimiento de amor desapareciera ya hace tiempo, solo que la rabia te ha impedido darte cuenta. Como adulto que eres ahora, puedes y debes ser sincero contigo mismo sobre tus sentimientos –o la ausencia de sentimientos– hacia ella. Nadie tiene por qué saber hasta qué punto sigues apegado a esa persona; lo único importante es que seas claro y veraz contigo. Incluso si quieres seguir manteniendo algún contacto con ella, puedes hacerlo con la verdad como base, sabiendo con claridad lo que sientes y aceptando realmente cualquiera que sea el nivel de relación para el que esa persona esté capacitada.

Veamos cómo puedes ser emocionalmente sincero contigo mismo acerca de todos tus sentimientos, para que puedas poner fin a esas obsesiones que te nublan la mente y te impiden tener una comprensión más profunda de lo que en realidad sientes.

Estrategia

En primer lugar, acepta la ambivalencia que alimenta tus resentimientos obsesivos hacia cualquier persona querida emocionalmente inmadura. Es natural que tengas sentimientos encontrados, cuando hay en ti tanta rabia a la par que tanto amor. Permítete oscilar libremente entre esos dos polos opuestos que son la ira y la necesidad de conectar emocionalmente con esa persona y explícate a ti mismo con claridad que *ambas* emociones son verdaderas y están justificadas. Acepta que tu relación está llena tanto de apego como de dolor. Esa es la realidad.

Pero una vez que eres consciente de ambos polos, el objetivo no es que sigas enredándote en la ira o en tus necesidades insatisfechas, sino aceptar el hecho de que se te ha tratado mal, ser compasivo contigo mismo y poner poco a poco tu atención en cuidarte tú y en buscar otras relaciones y amistades más satisfactorias.

No dejes que la rabia te distraiga de tu verdadera misión, que es enriquecer tu propia personalidad. Sigue penetrando con la mirada el aura de invencibilidad de la que se invisten muchos individuos EI hasta que los veas objetivamente como una persona más en tu vida. Considera la posibilidad de que tu ira pueda estar prolongando artificialmente lo importantes que son para ti. Mientras continúes enzarzado en batallas mentales con ellos, conservarán su mítico papel protagonista, su halo de importancia emocional en tu vida. Verlos como grandes adversarias en el relato de tu vida podría ser el último recurso para no darlos *aún* por imposibles.

A veces, transformar una relación intensa en algo más neutro nos deja una sensación de pérdida, incluso aunque sea por el bien de nuestra liberación. Y *es* realmente una pérdida, la pérdida de un viejo sueño en el que ciertas personas emocionalmente poderosas nos dan al fin lo que necesitábamos en la infancia. Pero la realidad puede ofrecerte una historia mejor, en la que tú mismo te concedes los derechos y poderes que permiten que florezca tu individualidad.

Reflexión y autodescubrimiento

Piensa en cuáles son tus principales quejas contra una persona EI que sea importante para ti. ¿Qué es lo que más te enfada de cómo te ha tratado? ¿Qué incidentes te obsesionan? ¿Qué emociones ocultas podría haber, que la rabia te esté impidiendo sentir?

_____

_____

_____

_____

_____

_____

Describe la naturaleza de tu ambivalencia hacia esa persona EI. ¿Qué sentimientos tiran de ti en una y otra dirección? Haz dos listas, una al lado de la otra, de sentimientos contrapuestos hacia esa persona. ¿Están compensados los sentimientos positivos y los negativos? En general, ¿cuál es el tono de tu relación con ella? ¿Sientes amor cuando estás en su compañía o intentas sentirlo únicamente porque tiempo atrás fue una parte importante de tu vida?

_____

_____

_____

_____

_____

_____

Consejo: Pregúntale a la parte más enfadada de ti qué se esconde tras su intensa concentración en las injusticias que has vivido. Supón que esta parte amargada esconde algo y vas a encontrarlo. Pregúntale a esta parte tuya obsesionada con la rabia qué teme que ocurra si se tranquiliza (Schwartz 1995, 2022). ¿Qué es lo que la obsesión con la ira y la culpa no quiere que sepas, ya sea sobre tus propios sentimientos o sobre la persona EI? ¿De qué te está protegiendo? Cierra los ojos y sumérgete en la pregunta. Si descubrieras que en realidad no te gusta cómo es esa persona, ¿cómo te sentirías? Si descubrieras que la quieres y que seguirás haciendo lo posible por acercarte emocionalmente a ella, ¿cómo te sentirías? Explorar la combinación de sentimientos contrapuestos hacia esa persona EI te ayuda a dar cabida a toda la complejidad emocional que ha alimentado tu enfado y tu ambivalencia todo este tiempo.

¿La tengo que perdonar?

Otras opciones, cuando el perdón parece imposible

Perdonar no es algo a lo que puedas obligarte. Es un estado mental que te llega cuando has procesado las cosas y estás preparado. Sentirte presionado a perdonar supone una carga injusta en un proceso que puede durar toda una vida y que podría no completarse nunca. El perdón no es realmente un objetivo en sí mismo; es más bien la consecuencia natural de años de procesamiento.

Puede que te sintieras mejor si perdonaras a una determinada persona EI, pero ¿es una solución que esté realmente a tu alcance? Más aún, si eres sincero ¿es una solución que realmente quieras alcanzar? Presionarte podría situar el perdón aún más fuera de tu alcance.

Por otro lado, puede que no seas capaz de perdonar a esa persona, y que nunca encuentres justificación para cómo te trató, pero que aun así quieras tener relación con ella. Que decidas relacionarte con esa persona EI no significa invalidar ni olvidar ninguna parte de tu experiencia, simplemente indica que tus razones para mantener la relación con ella coexisten con el profundo malestar por cómo te trató.

Dicho esto, si lamenta lo que hizo, si asume la responsabilidad por haberte hecho daño y quiere enmendar las cosas, puede que perdonarla te resulte más fácil. Entonces tienes la impresión de que realmente comprende lo que hizo, porque no dice que lamenta mucho que te sientas mal, sino que lamenta mucho *haberse portado como se portó*. Nos sentimos más indulgentes hacia una persona así porque le importa nuestra experiencia y la respeta.

Perdonar siempre es más fácil cuando el otro *lo pide*. Sin embargo, las personas emocionalmente inmaduras no suelen pedir perdón, porque están seguras de tener razón siempre y niegan o evitan instintivamente cualquier cosa que las haga sentirse culpables. Y dada su tendencia a evitar la intimidad emocional hasta en las situaciones más intrascendentes, no es muy probable que se superen a sí mismas hasta el punto de pedir perdón.

En general, las personas EI suelen carecer de la empatía y la capacidad de autorreflexión necesarias para disculparse de verdad. Están tan firmemente asentadas en sus certezas que esperan que seas tú quien entienda la situación desde *su* punto de vista. Están convencidas de que si hicieras un esfuerzo por comprender su experiencia, verías que lo que hicieron está perfectamente justificado. Ante esta perspectiva, hay más probabilidades de que las relaciones acaben en distanciamiento que en perdón.

El sociólogo familiar Karl Pillemer (2020) ha investigado los factores que provocan el distanciamiento y cree que muchas personas no ofrecen disculpas o no se retractan de lo que dijeron porque admitir el error sería intolerable para su autoestima. Aunque los estudios que realizó no se centraban en sujetos EI, los hallazgos sobre el distanciamiento familiar son pertinentes, ya que en cualquier ruptura de relaciones interviene algún tipo de comportamiento emocionalmente inmaduro. Por ejemplo, Pillemer descubrió que muchos de los participantes recurrían a lo que él denomina «ignorancia defensiva», es decir, fingían no reparar siquiera en lo que hacían mal, un comportamiento EI muy frecuente. Otra cosa que descubrió es que algunas personas acababan disculpándose espontáneamente más adelante, una vez que se había restablecido la relación, pero habían sido incapaces de pedir disculpas en su momento, cuando se sentían acusadas. A mi entender, esto quiere decir que esperar que alguien ofrezca una disculpa o pida perdón es una posibilidad remota, y es particularmente improbable que ocurra bajo presión.

En el caso de las personas EI, uno de los factores que contribuyen a que esto sea así es su limitada habilidad para la comunicación emocional y la resolución de conflictos. Cuando le dices a la persona EI que te ha hecho daño, se siente acorralada y no sabe cómo evadirse, así que contesta algo como: «Ya, ¿y qué quieres que te diga?».

302

No necesariamente porque se ponga de mal humor o no quiera saber nada del asunto; puede que sencillamente no tenga ni idea de cómo reconciliarse contigo, dado que nadie le ha enseñado a hacerlo. Si decides enseñarle, quizá tengas que explicarle paso a paso lo que quieres que haga, es decir, que admita que te ha hecho daño, que te diga explícitamente que lo siente y te pida perdón. Es posible que seas la primera persona en su vida que le explique cómo se repara una relación importante.

¿Y si no eres capaz de perdonar? ¿Hay alguna forma de seguir adelante con la relación de todos modos? No es imprescindible que perdones a tu padre o tu madre EI por lo que han hecho para poder seguir relacionándote con ellos, pero a partir de ese incidente quizá tengas una nueva comprensión de sus limitaciones emocionales y de lo que puedes esperar de la relación. También podrías probar a percibir su comportamiento desde un punto de vista más impersonal.

Por ejemplo, puede que te resulte más fácil aceptarlos si enmarcas sus insuficiencias en un contexto más amplio. Podrías intentar contemplarlos como representantes de la condición humana. Es decir, les cuesta tolerar el estrés, como le ocurre al género humano, y a menudo tienen reacciones defensivas, egocéntricas, injustas e incluso crueles, rasgos que se dan descontrolados y en abundancia en los seres humanos desde hace siglos.

Utilizan contra los demás sus habilidades de afrontamiento bruscas e irreflexivas y, al igual que miles de millones de seres humanos antes que ellos, en general no son conscientes del dolor que causan. Desde esta perspectiva, quizá puedas entender su comportamiento como algo más instintivo e impersonal —no tiene nada que ver contigo ni lo ha tenido nunca— y eso resuelva más las cosas en la práctica que seguir intentando perdonarlos.

A medida que vayas pasando por situaciones difíciles en tu vida personal, es posible que perdonar te cueste menos. Por ejemplo, hay quienes se vuelven espontáneamente más tolerantes tras haber tenido que enfrentarse a grandes adversidades. Pero incluso si esta ha sido tu experiencia, es importante que sigas siendo meticulosamente auténtico contigo mismo. Tal vez algunas cosas de tu pasado sean demasiado dolorosas como para que el perdón las pueda transformar.

Al final, incluso aunque sientas cierta empatía con las dificultades y limitaciones de cierta persona EI, porque la vida es dura y la madurez no nos viene dada, no tienes por qué hacer la acrobacia final de perdonarla. Puedes reconocer lo bueno que ha hecho por ti y por otros sin excusarla del dolor que os ha causado. Quizá haya momentos en que sientas cierta compasión por ella, al verla como una persona psicológicamente incompleta que no pudo hacer las cosas mejor de lo que las hizo. Pero tal vez habrá también momentos en que, aun así, sepas en lo más profundo de tu ser que una parte de ti nunca la perdonará. Cuando te debates en un territorio de tal complejidad emocional, puede que la expectativa de perdonar te parezca simplista y hasta una forma de negar los hechos.

Hay quienes creen —terapeutas incluidos— que cultivar la compasión hacia el opresor es una buena forma de liberar la rabia inexorable contra él. Sin embargo, este enfoque magnánimo puede ser contraproducente. Esperar que una persona agraviada sienta compasión por su verdugo es precisamente la carga que tuvieron que asumir en su infancia muchos hijos e hijas de padres emocionalmente inmaduros. Se invirtieron los roles, y estos niños y niñas parentificados (Minuchin *et al.* 1967; Boszormenyi-Nagy 1984) se convirtieron en cuidadores emocionales de sus padres. Se entendía que era su obligación ser comprensivos y pacientes con ellos, dado que tenían una vida tan infeliz, al tiempo que sus padres eran libres de seguir maltratándolos. Creo que los terapeutas no deberían fomentar la compasión como elemento básico para perdonar, porque con ello se da continuidad a la inversión de roles. El cliente encontrará la compasión por sí solo si lo que de verdad siente se lo permite. Ni la compasión ni el perdón son metas que nadie deba fijarse, sino una bendición que puede llegar —o no— como fruto de procesar el propio dolor.

Por último, consideremos un enfoque más sobre el tema del perdón. En algunos países, como Sudáfrica o Canadá, las lesiones sufridas por un grupo extenso de seres humanos al que le fueron arrebatados el poder y la dignidad eran demasiado enormes y generalizadas como para poder repararse por medios judiciales. Se crearon por tanto las comisiones para la verdad y la reconciliación (el Instituto de los Estados Unidos por la Paz, 1995) con el fin de ofrecer a las personas oprimidas la oportunidad de dar voz al sufrimiento que habían padecido. Este modelo demuestra que es posible la reconciliación incluso cuando la naturaleza de los daños es demasiado grande como para que los autores puedan esperar que se les perdone.

Veamos ahora cómo podrías aplicar esta idea de la reconciliación en tu vida.

Estrategia

Si no estás seguro de poder perdonar, pero quieres continuar la relación con una persona EI, puedes iniciar tu propio proceso por la verdad y la reconciliación. Explícale lo importante que es para ti que te escuche, incluso al cabo de todos estos años. Pregúntale si estaría dispuesta a escuchar cuál ha sido tu experiencia y ofrécele quizá la oportunidad de que te cuente después su punto de vista, con ánimo de lograr una reconciliación de cara al futuro. Recuerda que se trata de verdad y *reconciliación*, no de verdad y *perdón*.

Pero para que la verdad y la reconciliación sean efectivas, es necesario que ambas partes estén dispuestas a escuchar, y esto es a menudo lo que las personas EI se niegan a hacer. Tampoco puede lograrse la reconciliación si una de las partes permanece atrincherada, a la defensiva y no tiene intención de asumir ninguna responsabilidad. Si esta es tu situación, pero quieres seguir en contacto con esa persona, puedes renunciar a intentar que escuche tu verdad y aceptar cualquier nivel de relación que parezca posible. El estudio de Pillemer (2020) reveló que muchos de los participantes que se habían distanciado de sus padres o de otras personas EI tenían más éxito a la hora de resta-blecer el contacto si mantenían unos límites personales firmes de cara al futuro y dejaban de intentar hablar del pasado.

Ahora vamos a examinar algunos de los sentimientos que tienes sobre la idea de perdonar a personas que ocupan un lugar importante en tu vida.

Reflexión y autodescubrimiento

Piensa en una persona EI a la que quieres o respetas pero a la que no has perdonado por el dolor que te causó. Haz dos listas, una al lado de la otra, y escribe 1) las cosas por las que le estás agradecido a esa persona y 2) las cosas que no le perdonas. Mira a ver si serías capaz de tolerar simplemente la complejidad de la situación, mientras con-templas la verdad que hay en ambas partes.

_____

_____

_____

_____

_____

_____

_____

Imagina que esa persona participa contigo en el proceso por la verdad y la reconciliación. Escribe lo que te gustaría que supiera sobre la verdad de lo que ha sido tu experiencia con ella. Imagina lo que respondería si fuera capaz de darse cuenta de lo que ha hecho y asumiera su responsabilidad. ¿Qué sentimientos aparecen en ti al imaginar este encuentro? ¿Cómo cambiaría esa interacción tus sentimientos hacia esa persona?

_____

_____

_____

_____

_____

_____

_____

Consejo: Solo tú sabes cómo te afectaron los comportamientos de esa persona. Si decirle la verdad de tu experiencia no mejora las cosas entre vosotros, ¿quieres seguir en contacto con ella? Si la respuesta es sí, ¿puedes dejar que tu imposibilidad de perdonarla y su negativa a disculparse coexistan con los sentimientos buenos que tienes hacia ella? ¿Quieres que siga en tu vida aunque nunca admita el daño que te hizo o que se equivocó? Es crucial que te plantees estas preguntas porque puede que nunca llegues a resolver del todo la situación. En última instancia, solo tú sabes si vale la pena el esfuerzo emocional que supone para ti.

Es triste pensar que nunca tendré una relación cercana con ellas

Asumir el dolor de una pérdida ambigua

Si no has tenido una relación afectiva adecuada con tu padre o tu madre, es posible que hayas crecido en el doloroso estado emocional de la «pérdida ambigua» (Boss 1999). Es un tipo de pérdida difuso e inaprensible porque el progenitor está físicamente presente pero no responde a nivel emocional. Se asemeja al duelo lleno de incertidumbre cuando alguien desaparece y quienes se quedan no saben si llorar su muerte o no. Cuando se experimenta una pérdida ambigua, puede resultar difícil justificar el dolor que se siente. Es muy complicado saber con exactitud qué es lo que falta. Simplemente sientes una extraña soledad emocional.

Es asombroso que podamos experimentar una pérdida ambigua por personas que siguen vivas y con las que continuamos en contacto. Pensemos, por ejemplo, en un hijo cuyo padre o cuya madre ya no vive en casa después de un divorcio. Aunque el niño siga haciéndole visitas frecuentes, ha perdido la insustituible cercanía cotidiana que da la convivencia. También las personas que, aun estando físicamente presentes, se han ausentado emocionalmente debido a una adicción, una depresión u otros trastornos mentales pueden generarnos un confuso e impreciso sentimiento de soledad. Y si eres hija de unos padres EI, que no eran emocionalmente accesibles, puede que la falta de empatía y de intimidad emocional que sentías a diario te provocara igualmente un sentimiento de pérdida ambigua.

Ahora como persona adulta, hay otro elemento insidioso que se deriva de la pérdida ambigua. Porque si se trata de una persona que sigue viva, es posible que continúes alimentando la esperanza de resolver el conflicto y que eso te impida vivir el duelo necesario. Un ejemplo serían las fantasías de curación que te hacen soñar con que determinada persona EI finalmente satisface tus necesidades emocionales. Aunque es muy improbable que se produzca esa clase de transformación, tú sigues confiando en que al final recibirás de ella lo que necesitas y entretanto no prestas atención a la profundidad real de lo que ya has perdido.

Si tus necesidades físicas y sociales estaban cubiertas cuando eras niña, tal vez te cueste creer que el no haber tenido una relación de intimidad emocional satisfactoria haya podido hacerte demasiado daño. Como adulta, quizá no seas consciente del inmenso valor de sentirte emocionalmente conectada con tus padres, de que te conozcan profundamente y te consideren una persona real. Esa conexión tiene una importancia tan vital para la salud emocional como los oligoelementos y las vitaminas esenciales para la salud física. Lo mismo de niña que de adulta, cuando te falta esa intimidad emocional, puede que no sepas de lo que careces, pero su ausencia te afectará de todos modos.

Para apreciar lo impactante que puede ser la pérdida ambigua, veamos la historia de mi clienta Beverly.

Beverly ingresó a George, su marido desde hacía cuarenta años, en una residencia geriátrica especializada porque sufría demencia y ella sola no podía ocuparse de él en casa como era necesario. Se sentía asustada y triste mientras trataba de habituarse a haber perdido su vida cotidiana con George, sobre todo por lo cariñoso que había sido siempre y lo agradecido que estaba por su ayuda. Al cabo de un tiempo de estar en la residencia, George ya no reconocía a Beverly y dejó de decirle lo mucho que la quería y la gratitud que sentía hacia ella. Parecía sentirse igual de satisfecho lo cuidara quien lo cuidara y ya no había nada especial en la forma de relacionarse con su esposa.

Para Beverly, aquello fue una pérdida que se sumaba a la anterior, pero al principio no se dio cuenta de que fuera así, ya que el cambio se fue produciendo de forma gradual. Perder este aspecto de su vínculo tan especial era una de las muchas pérdidas ambiguas para las que Beverly no tenía palabras. Cuando George dejó de responderle con su afecto habitual, ella se deprimió mucho y ya no quería ir a visitarlo. Le resultaba demasiado doloroso relacionarse con él como si fuera prácticamente una extraña, pero se sentía culpable y desleal por evitar las visitas. Tardó en reconocer lo profundamente que le había afectado la falta de respuesta de George porque la depresión encubría su agudo sentimiento de pérdida. Mientras hablábamos, Beverly se dio cuenta del dolor tan profundo que sentía por todo lo que había desaparecido de George para siempre. «¿Cómo se supera el duelo cuando él sigue ahí?», me preguntó.

Aunque la situación de Beverly se debía al estado de salud de George, es paralela a la relación que muchos hijos e hijas adultos tienen con sus padres EI a los que quieren: el padre o la madre está físicamente presente pero emocionalmente ausente. También las emociones de Beverly eran paralelas a las que sienten muchos de ellos. Aunque su padre o su madre no ha muerto, y tiene días mejores que otros, es probable que la experiencia esté envuelta en una atmósfera general de pérdida y de soledad.

Se pueden tener sentimientos similares en cualquier relación con una persona EI, con un amigo egocéntrico, por ejemplo, un cónyuge distante o un jefe difícil. En cualquier relación importante, cuando no se cumplen las expectativas razonables de reciprocidad y conexión, te sientes descorazonada y emocionalmente sola. Tampoco en este caso hace falta que seas capaz de definir lo que te falta para sentir el dolor de la pérdida. La relación con alguien que es emocionalmente inaccesible te afecta, tanto si le pones nombre como si no.

Hay muchos hijos e hijas adultos de padres EI que, como Beverly, no se dan cuenta de que viven en un estado de soledad emocional no reconocida y de dolor no verbalizado. No saben qué hacer con su «inexplicable» sentimiento de tristeza. No hay ceremonia ni tarjeta de condolencia para esta clase de pérdida. Cuando no podemos poner nombre a lo que nos falta, el dolor legítimo por la pérdida queda a menudo oculto bajo sentimientos depresivos. Puede que seamos conscientes de la depresión pero no tengamos ni idea de cuánto dolor guardamos secretamente en nuestro interior. Sin embargo, una vez que puedes definir la soledad y la inseguridad emocionales como manifestaciones de una pérdida real, descubres la profundidad de lo que te ha faltado en la relación con determinada persona EI y empiezas así a llorar tu pérdida.

Para superar la depresión, Beverly necesitaba sentir la agudeza de su dolor profundo. La animé a que mirara de frente su dolor y enumerara detalladamente todo lo que había perdido, cada pedacito de la vida cotidiana con George y del afecto que recibía de él. Aunque todavía no era viuda, Beverly nombró y honró cada pequeña y dolorosa pérdida que le había causado la enfermedad de su marido. El simple hecho de reconocer la realidad de una pérdida ambigua y nombrar todas las pequeñas pérdidas concretas que entraña puede ayudar a sobrellevar la emoción que pide a gritos ser reconocida.

Por cierto, vivir el duelo no significa necesariamente que te derrumbes y te retires del mundo. Puedes hacer el duelo interiormente y en silencio, mientras repasas los acontecimientos de tu vida y piensas en lo que has perdido. Puede que nunca llegues a cerrar una pérdida ambigua, pero una vez que la aceptas como una pérdida real, te abres a encontrarle sentido a tu tristeza (Boss 2021). Tu dolor es la afirmación de que eres capaz de amar y tu tristeza demuestra lo importantes que son para ti las relaciones.

Veamos ahora cómo puedes explorar y expresar la pérdida ambigua en tu vida.

Estrategia

Utiliza las dos frases que aparecen a continuación (Ecker y Hulley 2005-2019) para identificar algunas pérdidas ambiguas que hayas sufrido en la relación con personas EI. Se trata de que las nombres y te permitas sentirlas. Tal vez sea difícil especificar lo que te faltó, pero haz un esfuerzo, porque lo que ahora quizá te parezca poca cosa pudo ser crucial en su momento, especialmente para una niña.

Piensa en una relación importante con una persona EI en la que no conseguiste la conexión o la intimidad emocional que necesitabas. Imagina que estás hablando con esa persona mientras completas cada frase, contándole lo que sentiste que te faltaba y cómo te afectó. Lee la frase, date un momento y escribe lo primero que te venga a la mente:

Por cómo te comportabas conmigo, no llegué a sentir _____

_____.

Con solo que hubieras _____, *tú y yo habríamos podido* _____.

Mientras completas cada frase, es posible que te vengan a la mente más pensamientos. Anótalos también. Permítete sentir el dolor desgarrador por lo que se perdió debido a la negligencia o el comportamiento dañino de esa persona. Tanto si terminas esa sola frase como si se te ocurren varias más, mira a ver si puedes empezar a sentir de verdad el dolor por la pérdida.

Tal vez se te ocurran otras frases que empiecen por «Porque tú (hiciste, preferiste, no quisiste...)...». ¿Qué revelan estas preguntas sobre lo que perdiste en la relación?

Reflexión y autodescubrimiento

¿Recuerdas alguna vez que alguien ajeno a tu relación con esa persona EI se diera cuenta de tu pérdida o tu tristeza? ¿Qué sentiste al ver que alguien mostraba interés por tus sentimientos?

_____

_____

_____

_____

_____

¿Alguna vez ha habido alguien que invalidara tu sentimiento de pérdida ambigua señalándote todas las cosas que *sí* tienes? ¿Qué sentiste en esos momentos?

_____

_____

_____

_____

_____

Consejo: Una vez que hayas utilizado las frases anteriores para nombrar las pérdidas ambiguas que has experimentado, toma cada una de las afirmaciones que has completado y conviértelas en un objetivo o paso factible que podría ayudarte a recuperar lo que perdiste entonces. Para ello, puedes utilizar la siguiente frase: «Aunque tú me privaste de_____, voy a encontrar ahora más oportunidades para que esto se dé en mi vida». Puede que se te ocurran varias ideas que escribir aquí, así que utiliza tu diario si necesitas más espacio. Cuando dejes de intentar que las personas EI sean quienes no pueden ser, tendrás más energía para encontrar a otras personas que estén interesadas en darte lo que necesitas.

He cortado la relación, pero sigo pensando en ellas a todas horas

Por qué distanciarse no lo resuelve todo

Cortar todo contacto con alguien no siempre es una solución tan clara y definitiva como parece. A veces, con una persona EI, puede ser la mejor opción, pero tiene sus costes emocionales. Puede que, incluso aunque hayas dejado de hablar con ella, siga ocupándote los pensamientos.

En su investigación pionera sobre el distanciamiento familiar y la reconciliación, el investigador social Karl Pillemer (2020) encuestó a un grupo de personas representativo a nivel nacional y descubrió que el veintisiete por ciento afirmaba estar distanciado de algún familiar. Extrapolando estos datos, si vives en los Estados Unidos y estás distanciado de algún miembro de tu familia, no estás solo; te acompañan aproximadamente sesenta y siete millones de personas.

La investigación de Pillemer demostró que el distanciamiento suele tener un alto coste emocional: estrés constante, sentimiento de pérdida, dolor por sentirte rechazado y la continua incertidumbre propia de una pérdida ambigua (Boss 1999; ver también el capítulo cuarenta y siete). Pillemer señala que, aunque aparentemente es fácil apartar a alguien de tu vida, mantener ese distanciamiento puede requerir mucha energía emocional. Además, al rechazar todo contacto con alguien, corres también el riesgo de iniciar (o repetir) un patrón familiar de distanciamiento e inconscientemente enseñarles a tus hijos que es una opción válida para resolver desacuerdos.

Murray Bowen, que desarrolló la *teoría de los sistemas familiares* (Bowen 1978), habla sobre el fenómeno del «corte emocional» cuando alguien opta por renunciar a su familia antes que tener que hacer el trabajo psicológico necesario para diferenciarse del sistema familiar como individuo autónomo. Bowen pensaba que, por muy lejos que se vayan estas personas, lo más probable es que a nivel subconsciente sigan ligadas emocionalmente a la familia, carguen con su influencia interiorizada y, sin darse cuenta, escenifiquen en sus vidas los patrones familiares con los que creen haber roto. Puede que necesites distanciarte radicalmente para proteger tu salud mental o física, pero el distanciamiento no es un atajo para ser tú mismo.

Piensa en lo que ocurriría en tu interior si te aislaras de una persona que sea importante para ti. ¿Desaparecería de tus pensamientos y tus recuerdos o seguirías llevándola dentro de ti, forcejeando con ella en una batalla unipersonal? ¿Te parece que haber cortado con ella te evitaría volver a pensar en la relación? A veces es más favorable para tu crecimiento personal mantenerte firme en tu postura en lugar de cortar el contacto.

Dicho esto, hay ocasiones en que una ruptura radical te parece la única manera de vivir de acuerdo con tus propios valores y desarrollarte como individuo, libre de coacciones emocionales. Si tienes claro que esto es lo que intentas conseguir con el distanciamiento, darte el espacio necesario para ser tú mismo puede ser productivo. En cambio, si rompes con la familia en un impulso, por un enfado o por sentirte rechazado, puede que escapes del conflicto pero no hagas el trabajo personal que podría fortalecer en ti un nuevo sentido de identidad. Además, si aún no has procesado la dinámica de tu familia, puede que te sientas atraído por personas que resulten ser igual de controladoras o difíciles que las que has dejado atrás. La separación tiene un parecido superficial con la independencia, pero solo conocerte a ti mismo te dará una individualidad madura.

El distanciamiento suele ser necesario cuando la conducta de una persona EI es abusiva, invasiva, controladora, exigente o dañina en cualquier otro sentido. Podría ser que una discusión explosiva ponga fin a la relación o que la persona EI se empeñe en ignorar tus límites personales y no esté dispuesta a modificar su comportamiento. Puede que sean personas tan egocéntricas que ya no tengas ganas de seguir batallando para que te reconozcan como individuo, sabiendo que es una batalla perdida. O puede que simplemente estés agotado de acabar cediendo siempre ante su insistencia y haciendo las cosas como ellas quieren.

Si estás distanciado y no dejas de pensar en la relación, quizá sea el momento de evaluar si el distanciamiento ha mejorado tu vida tanto como esperabas. Una preocupación continua por la persona EI puede significar que sigues ligado emocionalmente a ella y luchando por liberarte de su influencia, que interiorizaste hace mucho. Si te das cuenta de que su recuerdo te distrae constantemente, sería aconsejable que lo consultaras con un terapeuta, por tu bien y el de las generaciones futuras.

Si estás pensando en restablecer el contacto con un miembro EI de tu familia del que te alejaste hace tiempo, estaría bien que reflexionaras sobre algunas cuestiones. ¿Estarías dispuesto a retomar el contacto con él o ella si pudieras mantener una distancia óptima? ¿Qué te parecería poner unos límites firmes a determinados comportamientos suyos o empezar a responder a sus comportamientos de una manera que te proteja en lugar de exponerte? Distanciado o no, tú eres siempre quien tiene la última palabra sobre los parámetros de cualquier relación que mantengas, así como sobre la frecuencia del contacto.

En vez de preocuparte por si esa persona cambiará de comportamiento, piensa en cómo tendría que cambiar tu actitud para que te resultara seguro restablecer el contacto. Un día, cuando sepas que eres capaz de mantener tu autonomía y tu autoestima independientemente de lo que ella haga, puede que te sientas preparado para reanudar el contacto. O puede que prefieras no hacerlo.

Pregúntate si te ves retomando *algún día* el contacto. Si la respuesta es afirmativa, ¿tiene alguna ventaja esperar más? ¿Tiene alguna ventaja que te pongas en contacto con ella ahora mismo? Puede ser importante para el éxito de tu decisión que la pongas en práctica en el momento oportuno. (El libro de Pillemer *Fault Lines* tiene excelentes ideas sobre formas de iniciar la reconciliación si estás, o cuando estés, preparado).

Si, por el contrario, te sientes presionado por la persona EI para iniciar lo que a ti te parece una reconciliación prematura, da un paso atrás y reexamina tu disposición a reconectar. Tal vez sepas que quieres restablecer el contacto, pero solo si sientes que lo has elegido libremente. El objetivo debe ser reanudar la relación, no volver a enredarte en ella.

Y luego hay personas EI tan difíciles, horripilantes o agresivas que ni siquiera te planteas reanudar el contacto. Si te sientes francamente incómodo en su compañía, tienes todo el derecho del mundo a mantenerte alejado. Tienes derecho a distanciarte de ellas si ignoran tus límites o siguen intentando controlarte. Tienes derecho a no volver a tratar con ellas si han hecho cosas de las que nunca te recuperarás. Tienes derecho a no relacionarte con ellas, y punto. No hace falta que sea por la razón «correcta», basta con que sea tu razón.

Vamos a ver ahora si en caso de que actualmente estés distanciado de alguien, te está resultando beneficioso y si quieres continuar alejado.

Estrategia

Si pones por escrito los pensamientos y sentimientos que tienes en torno a esa relación, descubrirás si hay algo que te parezca que está inacabado a nivel emocional. Por ejemplo, ¿qué comportamientos concretos tendrían que cambiar para que volvieras a aceptar tener contacto con esa persona? ¿De qué manera tendrían que cambiar tus respuestas para estar protegido de ella emocionalmente?

Si tienes pensamientos repetitivos o diálogos internos con alguna persona de la que estás distanciado, es por algo. Prueba a observar esos pensamientos persistentes con curiosidad y compasión, no con fastidio. Por ejemplo, puede que descubras que una parte de ti echa de menos a esa persona, aunque te ponga de los nervios. Reconócelo como el deseo emocional de *una* parte de ti. A continuación, pídele a esa parte emocionalmente apegada que por favor se retire de escena mientras le haces preguntas más fundamentales y objetivas a tu verdadero yo (Schwartz 1995, 2022): ¿Fue acertado romper con esa persona? ¿Te arrepientes? ¿Quieres cambiar la decisión? ¿Te sientes preparado para tratar con ella ahora mismo? ¿Te sientes mejor sin tener contacto con ella? Responder a estas preguntas te ayudará a aclarar por qué tienes pensamientos frecuentes sobre ella.

Reflexión y autodescubrimiento

Si estás distanciado de una persona EI, ¿ha tenido para ti un coste emocional este distanciamiento?

_____

_____

¿Le contaste tus razones antes de interrumpir el contacto? ¿Por qué sí o por qué no? (No hay juicios de ningún tipo; sin duda tuviste muy buenas razones para hacer lo uno o lo otro).

_____

_____

¿Hay alguien con quien te gustaría retomar el contacto? ¿Qué condiciones específicas deberían respetarse en la relación para que estuvieras dispuesto a retomarlo?

_____

_____

_____

Consejo: Nadie puede atribuirse el derecho a estar en tu compañía; es elección tuya. Confía en tu instinto, para mantener o no el distanciamiento. Aunque no entiendas todos los aspectos y detalles de la relación, sentirte a disgusto en presencia de alguien es razón suficiente para mantener las distancias. Si te parece necesario dejar de comunicarte con cierta persona para poder seguir madurando y estabilizándote, ahí tienes la respuesta. A veces, sin embargo, el distanciamiento es más una elección forzada, porque te sientes incapaz de afirmarte dentro de una relación. En ese caso, quizá sea preferible trabajar en serio para afianzar tu confianza en ti mismo y poder expresarte auténticamente ante la otra persona, antes de renunciar a una buena oportunidad para practicar estas habilidades.

He empezado a notar en mí comportamientos emocionalmente inmaduros

Cómo tratar tus tendencias EI

Espero que no pierdas de vista que todos tenemos comportamientos emocionalmente inmaduros en algunas ocasiones, sobre todo cuando estamos agotados, o enfermos, o muy estresados. Así que lo importante es averiguar si muestras signos de inmadurez emocional principalmente cuando estás bajo presión o si esta es tu forma habitual de relacionarte con la gente. Si te preocupa la posibilidad de ser emocionalmente inmadura, vamos a repasar algunas de las características EI que marcan la pauta y ver si te identificas con ellas.

Egocentrismo: los seres humanos tendemos a preocuparnos por satisfacer nuestros deseos y necesidades, pero el egocentrismo EI es diferente. «Egocentrismo» significa vivir tan centrada en ti misma que pasas por alto a los demás. No reconoces que, aunque otras personas sean distintas de ti, son igual de importantes. Por sistema, eres el centro de cualquier interacción. Si estás en grupo, cuentas tus anécdotas personales sin sentir la menor curiosidad por las cosas que les pasan a los demás. En las conversaciones individuales, sueles acabar sacando tus temas favoritos incluso aunque la otra persona haya acudido a ti porque tiene un problema.

Falta de empatía: cuando careces de empatía, no imaginas los sentimientos de los demás ni te paras a pensar en cómo será su vida. No tienes mucha paciencia con los problemas de nadie y no le das mucha importancia a cómo reaccionan los demás ante ti. Te sorprende que la gente se enfade contigo por no tener en cuenta sus sentimientos. Has hecho afirmaciones como: «Solo te estoy diciendo lo que a mí me parece», «¿Qué pasa, es que no puedo expresar una opinión?» o «¿Por qué eres tan sensible?».

Autorreflexión muy limitada: las personas EI rara vez se miran a sí mismas objetivamente. No te cuestionas tus actos ni sueles preguntarte si tal vez has contribuido a crear un determinado problema. Por el contrario, tiendes a culpar a los demás o a las circunstancias externas. Defiendes siempre todo lo que haces, incluso aunque la otra persona te esté pidiendo que te disculpes.

Realidad mediada por las emociones (Barrett y Bar 2009): si eres una persona EI, la realidad es lo que a ti te parece en ese momento, basándote en las opiniones que tienes. En lugar de comprobar los hechos y pedirle a alguien una opinión objetiva, insistes en que la realidad sea lo que *tú* ves. Disfrutas promocionando tus creencias y rara vez las cuestionas. Si la gente no está de acuerdo con tu visión de la realidad, por lo general te irritas, declaras con más fuerza aún aquello en lo que crees y les dices que no saben de lo que hablan.

Evitar la intimidad emocional: si eres emocionalmente inmadura, te sientes incómoda cuando los demás quieren hablarte de sus emociones o de su relación contigo. Cuando alguien intenta compartir contigo sus sentimientos más profundos, es probable que cambies de tema lo antes posible. Si tu hijo está enfadado o asustado, tratas de tranquilizarlo diciéndole, por ejemplo, que no hay razón para que esté enfadado, lo animas a que se olvide de ello o le dices que no se preocupe. Si alguien te dice que no se siente a gusto contigo, o empiezas a discutir con él o te sales por la tangente. Crees que comunicar lo que se siente no es necesario ni mucho menos y detestas que la gente se empeñe en hablar de sus emociones.

¿Te ves reflejada en alguna de estas características? Si es así, el hecho de que seas lo bastante autorreflexiva como para pensar en tu comportamiento es señal de que probablemente estás preparada para una mayor madurez emocional.

Todos estamos madurando, y la mayoría hemos tenido en el pasado comportamientos de los que no nos sentimos demasiado orgullosos. Por ejemplo, puede que intentes ser una madre sensible y empática y lo consigas la mayor parte del tiempo, pero te sorprendas contestando con brusquedad a tus hijos o reaccionando de una forma exagerada si cometen un error cuando estás cansada o estresada. O puede que seas una compañera considerada la mayor parte del tiempo, pero controles de un modo asfixiante a tu pareja en momentos en que toma las riendas tu afán perfeccionista. Muchos de estos comportamientos lamentables tienen que ver con algo que en nuestra infancia o adolescencia nos hicieron a nosotros y que no se nos ocurriría hacer deliberadamente a las personas a las que queremos. Sin embargo, no se puede negar que transferimos ese dolor y dañamos nuestras relaciones cuando nos comportamos así.

Dicho esto, que te preocupe ser emocionalmente inmadura indica que no eres seriamente inmadura. La mayoría de los individuos EI no reflexionan sobre cómo han tratado a alguien; no les preocupa. A diferencia de las personas más maduras, que procuran reparar el daño que hayan podido hacerle a alguien, las personas EI buscan justificación para sus errores.

Si quieres seguir madurando emocionalmente, puedes proponerte cambiar los comportamientos desconsiderados y empezar a reparar cualquier daño que hayas podido causar. Puedes poner freno al comportamiento emocionalmente inmaduro utilizando el autoexamen, la perspicacia y aprendiendo a pulsar el botón de pausa antes de reaccionar poniéndote a la defensiva o justificando tus actos. Con la práctica, notarás cuándo tienes la tentación de adoptar los comportamientos impulsivos que aprendiste hace años de las personas EI que había en tu vida. Si decides ser diferente, con el tiempo esa clase de reacciones se irán desvaneciendo. Al elegir deliberadamente entre un abanico más amplio de respuestas, estableces nuevas vías neuronales en tu cerebro que se volverán igual de automáticas que tus impulsos anteriores.

Veamos ahora cómo avanzar hacia una forma de vida más madura.

Estrategia

Estate atenta a ti misma en la relación con la gente para detectar posibles comportamientos emocionalmente inmaduros que quieras dejar atrás. Si los hay, toma la solemne resolución de no volver a tratar a nadie así, aunque por el momento no sepas cuál es la alternativa. Por ejemplo, una clienta se impuso la norma de no volver a pegar a su hijo y un cliente decidió que nunca volvería a marcharse y dejar a su pareja con la palabra en la boca cuando tuvieran una diferencia de opinión. Ambos clientes pasaron por momentos de incertidumbre cuando cambiaron sus pautas, porque al principio no tenían ni idea de qué hacer en lugar de aquello. Sin embargo, cortar en seco un comportamiento EI te garantiza que tarde o temprano se te ocurrirá una respuesta diferente. Mientras tanto, puedes decirle a la otra persona que no estás segura de cómo responder en ese momento y que necesitas tiempo para pensarlo.

Además, como ya se ha mencionado, ten presente siempre que tu personalidad está formada por diferentes partes que poseen *distintos niveles de madurez* (Schwartz 1995, 2022). (¿Recuerdas las muñecas rusas?). Quizá algunos aspectos de tu personalidad sean de una inmadurez pasmosa y necesiten que los ayudes a actualizar sus respuestas. Al igual que las personas EI, esas partes infantiles no son conscientes de que tenga nada de malo su forma de reaccionar. Tu yo adulto al observarlas puede indicarles el problema y trabajar con ellas para encontrar una forma de respuesta mejor.

Si descubres comportamientos emocionalmente inmaduros en tu repertorio, intenta averiguar de dónde vienen y saber con claridad por qué quieres cambiarlos. Muchas veces, repetimos ciegamente comportamientos típicos de nuestra familia que en la infancia, sin darnos cuenta, copiamos en nuestro manual de cómo se comporta un ser humano. Puede que algunas de tus reacciones vengan directamente de tu padre o tu madre EI y hasta hace poco no hayas sido consciente de que llevas toda tu vida imitándolas. Copiaste su comportamiento desagradable porque te parecía normal. Y ahora, aunque eres una mujer adulta y sabes que no es así, quizá regresas a él en un momento de confusión o de miedo.

Cuanto más dispuesta estés a reconsiderar viejos comportamientos y a disculparte por ellos, más rápido madurarás. Probablemente necesites a un tiempo compasión y firmeza para tratar con tus partes emocionalmente inmaduras: compasión hacia esa parte de ti que aprendió cierto comportamiento EI porque estaba sometida a él y firmeza para evitar que la reactividad encuentre nuevamente la ocasión de manifestarse. No seas demasiado dura contigo misma si no consigues cambiar tan rápido como te gustaría. El trabajo lento y constante fijará tu nueva forma de ser.

Reflexión y autodescubrimiento

Piensa en alguna ocasión en que reaccionaste de forma emocionalmente inmadura. Describe la emoción reactiva que surgió en ti antes de responder. ¿Qué hiciste y cómo desearías haber respondido?

_____

_____

_____

_____

_____

_____

Describe un patrón de pensamiento o comportamiento emocionalmente inmaduro al que todavía seas propensa y que estés dispuesta a abandonar a partir de ahora. ¿Te comprometes a detectar este comportamiento y a preparar una respuesta para sustituirlo?

_____

_____

_____

_____

_____

_____

_____

Consejo: Si tu comportamiento ha hecho que alguien se distancie de ti, puedes arreglarlo. Prepárate emocionalmente para no ponerte a la defensiva y pregúntale a esa persona si querría contarte cómo la has herido en el pasado. Escucha todo lo que tenga que decir sin defenderte _ni una sola vez_. Te resultará terriblemente duro, pero será un poco más fácil si vas tomando notas, o llevas contigo a una amiga que te apoye, o limitas el tiempo de la conversación a lo que te sientas capaz de tolerar en ese momento.

Resistir el impulso de defenderte, de dar explicaciones o de contraatacar puede costarte mucho, pero quizá consigas mejorar la relación si tratas a esa persona con respeto e interés y demuestras un sincero deseo de hacer las paces. Puedes preguntarle luego si querría escuchar *durante cinco minutos* tu versión de los hechos, pero solo después de haber manifestado pleno respeto por su punto de vista. Tu breve versión de los hechos no pretende convencerla de nada, sino completar la comunicación entre ella y tú. Tu empatía y tu respeto no solo repararán el pasado, sino que crearán un nuevo modelo de relación para el futuro.

Ya no ocupan un lugar destacado entre mis pensamientos

Cuando se rompe el hechizo y hay cosas que te interesan más

Cuando entiendes a fondo a las personas EI, te resulta más fácil desvincularte emocionalmente de ellas. Sientes que tu identidad es tan importante como la suya y proteges tu bienestar, porque te has dado cuenta de lo valioso que es. Sus coacciones emocionales ya no te intimidan y no reaccionas a ellas con culpa ni vergüenza. Cuando llega ese momento, el enredo emocional termina silenciosamente y se produce un claro cambio interior.

Muchas personas con las que he trabajado recuerdan con exactitud el instante en el que dejaron de reaccionar ante cierto individuo EI de la manera habitual. Algunas hablan de una sensación de cambio profundo, como si algo se hubiera roto en su interior o como si una barrera que parecía inamovible se hubiera deslizado y hubiera espacio abierto. Otras comentan que, por primera vez en su vida, las quejas de la persona EI les resultaban extrañamente indiferentes o simplemente que un día se dieron cuenta de que hacía tiempo que no pensaban en ella.

Estas son las sensaciones emocionales y físicas que aparecen cuando te diferencias irreversiblemente de una persona EI. Ya no sientes que tu independencia esté a prueba; es tuya para siempre. Lo mejor de todo es que parece ser así de verdad, puesto que ya no te sientes obligado a ver las cosas a su manera.

¿Cómo es posible que se produzca dentro de ti un cambio tan profundo y por qué sientes que es definitivo? La sensación de que algo se rompe en tu interior tiene lugar cuando la conciencia de ti mismo que has ido acumulando alcanza una masa crítica. La agudeza de tu comprensión hace saltar por los aires el afán de dominación de la persona EI y todas sus pomposas distorsiones y juicios. Te has cansado de tanta preocupación, culpa y angustia. El pacto se disuelve, el hechizo se rompe, se salda la deuda.

Cuando te individualizas emocionalmente de las personas EI, se acaba el sacrificarte por ellas y ya no te sientes egoísta por calcular el coste que tiene para ti satisfacer sus exigencias. Las acusaciones de que eres un ingrato y solo piensas en ti ya no te hacen mella porque ya no te las crees. Ahora que piensas como una persona individual, y no como alguien gobernado por los enredos emocionales, te parecería una insensatez *no pensar* en ti y tus necesidades en la relación.

Como si fueran criaturas de tres años, las personas EI se empeñan en convencerte —so pena de enrabietarse— de que el mundo *debe* girar en torno a lo que ellas creen que es lo correcto. Pero una vez que se produce ese cambio en tu interior, su rabieta —la ira, los sentimientos heridos, el supuesto derecho a recibir de ti lo que quieren y sus tácticas para hacer que te sientas culpable y acabes por dárselo— te parece más bien una especie de niebla que tienes que atravesar y dejar atrás, no algo a lo que estés obligado a amoldarte. Al igual que el niño pequeño deja de tener poder sobre tu estado de ánimo y tu autoestima una vez que se le pasa la rabieta, lo mismo ocurre con las personas EI. Su rabieta es solo una parte desagradable del paisaje diurno por la que no sientes ningún deseo de preocuparte. No les das demasiada importancia a sus reacciones; solo quieres desconectar de ellas y volver a tu vida. Ya no ocupan un lugar destacado en tu corazón y en tu mente, ni te esfuerzas por encontrarle sentido al sinsentido.

Cuando se produce ese cambio en tu interior, sus antiguas maniobras pierden todo poder. Sus lamentaciones suenan a las de una persona malhumorada y resentida, no a los quejidos de un cachorrito abandonado y maltratado que necesita que alguien lo rescate. Ahora te resulta fácil cuestionar su perspectiva de las cosas, que ya no es la piedra de toque de tu realidad. Lo mejor de todo es que dejas de vivir con la sensación de urgencia que su malestar te provocaba a cada momento. Ser capaz de distanciarte emocionalmente y observar pone fin en tu interior a la dinámica de sacrificio, así como a cualquier compulsión por hacer que nadie se sienta importante o al mando.

Repasemos ahora cómo llegas al punto de alejarte emocionalmente y lo que viene después.

Las relaciones con las personas EI activas, que utilizan la queja como forma de comunicación habitual, son indescriptiblemente agotadoras y a menudo se convierten en un forcejeo muy desagradable si les sugieres cualquier cosa que podría hacerlas sentirse mejor. Tienes la sensación de que te están pidiendo que las reconfortes, pero rechazan tu apoyo y tus consejos y, a la vez, insinúan que no haces lo suficiente para ayudarlas. Es muy frustrante interactuar con personas que están predispuestas a sentirse agraviadas porque no se las trata con el debido respeto. Quizá sientas que ha llegado la hora de diferenciarte emocionalmente de ellas al darte cuenta de que disfrutan quejándose, de que con sus quejas no pretenden realmente que las rescates de nada.

Los individuos EI más cooperativos y pasivos suelen ser menos exigentes y dar una imagen tranquila o incluso estoica. Ahora bien, puede ser terriblemente frustrante intentar tener con ellos una relación sustancial, compartir con ellos sentimientos y experiencias que vayan más allá de las sonrisas y las galanterías. Cuanto más intentas acercarte, más escurridizas se vuelven las personas EI pasivas, como si no entendieran a dónde quieres llegar. Con ellas, quizá sientes que ha llegado el momento de diferenciarte cuando al final aceptas que lo que ves en ellas es lo más que vas a poder conseguir. La razón por la que no se produce una conexión más profunda es porque viven en aguas poco profundas. Cuando comprendes de verdad que es así, tener que trabajar tanto para tratar de establecer una conexión pierde su atractivo.

Una vez que te has desvinculado de una persona EI, puedes llenar los espacios de tu vida que solías reservarle por si te necesitaba. En el proceso de reclamar tu derecho a ser tú mismo, tus sentimientos empiezan a ser importantes para ti. Sientes que tu guía interior comienza a actuar. Al darte cuenta de lo que te hace daño y cuestionar las normas sociales que hasta ahora te han hecho reprimirte (como no replicar a lo que te dicen tus padres, escucharlos siempre con educación, pensar primero en los demás), normas que injustificadamente sitúan las necesidades de las personas EI por encima de las del resto, dejas de hacer tuyos sus problemas.

Sabes que te estás liberando del enredo emocional con individuos EI cuando tu vida empieza a resultarte más interesante que el resentimiento hacia ellos. A medida que te vas desenredando, cada vez tienes más ganas de crearte tu propia vida, con las responsabilidades y actividades que elijas libremente. La visión que tienes de ellos va siendo cada vez más desapasionada, y ya no te sientes obligado a que sean el centro de tus pensamientos y tu lealtad. Edward St Aubyn, en el siguiente pasaje de su novela *Some Hope* [Alguna esperanza] expresa maravillosamente esta libertad emocional que empieza a nacer:

> Solo cuando pudiera encontrar el equilibrio entre su odio y su amor atrofiado, y mirar a su padre no ya con piedad ni terror, sino como a un ser humano que simplemente no había sabido tomar las riendas de su personalidad; solo cuando fuera capaz de vivir con la ambivalencia de no perdonar nunca a su padre por sus delitos y a la vez dejarse conmover por la infelicidad que los había causado, así como por la infelicidad que le habían causado a él, podría liberarse, tal vez, y comenzar una nueva vida que le permitiera vivir en lugar de solo sobrevivir. Quizá incluso disfrutar. (1994, p. 177)

Veamos ahora cómo puedes ponerte a ti mismo en primer lugar, alejarte de la relación agotadora con cierta persona emocionalmente inmadura y darte permiso para buscar cosas más enriquecedoras en la vida.

Estrategia

Una vez que sabes que el comportamiento de las personas EI proviene de la inmadurez, probablemente ya no te sorprenderá ni desconcertará como hasta ahora. Puedes proponerte no dejar que te impresionen sus reacciones emocionales y entender su irritabilidad como una actitud habitual hacia todo, basada en su necesidad de tener siempre razón, y no como un juicio sobre ti como persona. Fíjate en que su dramatismo ha dejado de parecerte auténtico y ya no caes en la trampa. Mantente en tu lugar como persona real y emocionalmente independiente que observa el espectáculo. El trabajo tan serio que has hecho para conocerte y aprender sobre los individuos EI se traduce ahora en que los patrones y traumas del pasado ya no te hacen reaccionar ni enredarte.

A la vez que las personas EI van dejando de ocupar un lugar central en tu vida, empieza a buscar cosas más interesantes que hacer y gente con la que hacerlas. Puede que en algunos momentos te sientas perdido, mientras tu mente se pone al día con la realidad de tu libertad recién conquistada. Sin embargo, esta fase de transición no durará mucho, ya que pronto descubrirás lo que realmente le gusta a tu auténtico yo. Busca personas y actividades que te llenen de energía y no te exijas más de lo que puedes dar libremente. Permítete sentirte inspirado a probar algo nuevo o simplemente a dedicarte a más de esas actividades que ya sabes que te gustan, esta vez sin sentirte culpable. Acuérdate de que tienes derecho a prosperar, no solo a sobrevivir.

Reflexión y autodescubrimiento

Cuando recibes una llamada o un mensaje de alguna de las personas EI que hay en tu vida, ¿qué sientes? ¿Te pones en guardia? ¿Te preocupa lo que pueda venir a continuación? ¿Te quedas sin fuerzas, de solo pensar en tener que hacer como que te interesa lo que va a contarte?

_____

_____

Imagina cómo *te gustaría* sentirte cuando llama esa persona. ¿Cómo sería que sus llamadas no te produjeran la menor ansiedad? ¿Cómo sería ser tú mismo cuando hablas con ella?

_____

_____

_____

_____

Ahora imagina y describe cómo *tendrías que poder ser* en esa relación para que no te generara ansiedad.

_____

_____

_____

_____

_____

_____

Consejo: Puedes seguir interesándote por las personas EI, pero de una forma menos enredada. Desvincularte no significa dejar atrás todo lo que sientes por ellas, sino liberarte del sentimiento de fusión obligatoria que ha hecho que te resulte casi imposible ser tú mismo en su presencia. Cuando ya no te sientes controlado y sus comportamientos dejan de provocar una reacción automática, puedes ser sincero contigo mismo sobre lo que sientes de verdad. Tal vez descubras que aún te importan, pero que has dejado de creer que tienen derecho a ser para ti lo primero en todo momento. O quizá descubras que no las soportas y que nunca has sentido verdadero amor por ellas. Lo que sea que descubras formará parte de una verdad que ahora estás en condiciones de aceptar. A medida que vas madurando, tus sentimientos dejan de estar dictados por los sistemas emocionales de las personas EI. Si quieres seguir relacionándote con ellas, puedes hacerlo, pero ya no son por obligación el centro de tu vida. Te esperan muchas más cosas interesantes, ahora que has dejado de preocuparte tanto por evitar hacer nada que las disguste o por encontrar la manera de que sean más consideradas contigo. ¿Por qué no redirigir tu energía hacia la búsqueda de personas adecuadamente maduras, que pueden hacer tu vida más vibrante e interesante con su conocimiento de sí mismas, su ayuda, su atención y su vitalidad?

Epílogo

Para terminar, veamos lo positiva que puede ser la relación adulta entre padres y madres adecuadamente maduros y sus hijos e hijas adultos. Este es un episodio en las vidas de un padre emocionalmente maduro, Lev, y su hija adulta, Lana, en un momento en que ella tenía un gran problema.

Lana acababa de romper con su novio, con el que llevaba tiempo viviendo. Su novio se había ido y se había llevado todos los muebles. Como había sido ella la que los había comprado, estaba indignada. Llamó a su padre y le rogó que la ayudara a recuperarlos. Él la escuchó con atención. Luego le dijo que estaba de camino y que, cuando llegara, haría lo que ella quisiera, pero que en el tiempo que iba a tardar en ir hasta allí pensara en una serie de cosas.

Lana aceptó, y su padre le preguntó:

—¿Los muebles los pagaste tú?

—Sí —respondió ella.

—¿Los elegiste tú?

—Sí.

—¿Tienes lo que necesitarías para volver a hacerlo?

—Sí —dijo Lana.

—Entonces, si tienes todo lo necesario para hacerlo de nuevo, lo único que tienes que preguntarte ahora es: ¿quieres tener razón o quieres ser feliz? Te dejo que lo decidas.

Cuando llegó su padre, Lana ya había tomado la decisión. En lugar de enredarse más con su exnovio, decidió dejarlo todo y empezar de cero. Su novio no le había quitado ni su inteligencia, ni su capacidad para ganar dinero, ni su gusto para la decoración. Cuando más tarde Lana y su padre hablaron del incidente, Lev le explicó que el primer diez por ciento de la solución a cualquier situación problemática debe estar dedicado a sentir de verdad nuestros sentimientos y buscar el apoyo emocional de alguien comprensivo. Después, el noventa por ciento restante consiste en evaluar nuestros recursos e investigar cuál es la manera más inteligente de actuar. Gracias a la madurez emocional de su padre, Lana y él habían conseguido hacer todo esto juntos.

La decisión final de Lana sobre los muebles podría parecer el punto más relevante de la historia. Pero recurrir a su padre fue el primer paso determinante, el importantísimo diez por ciento inicial de la solución. El noventa por ciento restante, la decisión que resolvería el problema, fue efectiva porque *antes* Lana había contado con alguien comprensivo y le había explicado lo que pasaba. Antes de emprender ninguna acción, necesitas sentir esa conexión con alguien a quien le importas. Apelar a una persona empática que esté totalmente de tu lado estabiliza las emociones y te da fuerzas. Una vez que alguien te ha escuchado con atención y cariño, puedes pensar con más claridad qué hacer a continuación.

Espero que este libro te haya dado el cien por cien de lo que necesitas: empatía hacia todo lo que has vivido, así como nuevas soluciones y direcciones para seguir madurando. Tal vez el libro en sí pueda ser un recordatorio de que hay respuestas a tus problemas y que están a solo una vuelta de página.

En el futuro, cuando te encuentres en una situación difícil con una persona EI, ¿me prometes que darás una respuesta afirmativa a las siguientes preguntas?

- ¿Eres igual de importante que ella?
- ¿Tienes derecho a cuidarte?
- ¿Tienes derecho a ser feliz?

- ¿Tienes capacidad para conseguir lo que necesitas, aunque no sea de esa persona?

Déjala que se quede con lo viejo. No tienes necesidad de recuperar lo que has perdido. Ya tienes todo lo que necesitas —y más— ahora mismo dentro de ti.

Agradecimientos

De todas las cosas por las que estoy agradecida en esta vida, mi marido, Skip, encabeza la lista. Su empatía y su apoyo han hecho posible que me dedique a todas las cosas que me interesan, segura de su amor, su humor y su bondad. Su inquebrantable racionalidad, unida a una profunda sensibilidad humana, hace de él un valioso asesor no solo para mí, sino también para sus muchos amigos. Skip, nunca podré agradecerte lo suficiente todo lo que me has dado por el simple hecho de ser tú mismo.

A mi hijo Carter: quiero que sepas que has sido para mí un ejemplo inigualable de lo que significa vivir la vida en toda su plenitud. Carter, eres el embajador del entusiasmo y, además de positivo, una de las personas más competentes e informadas que conozco. Gracias por todo tu amor y apoyo. Y le estoy agradecida a su marido, Nick, por traer tanta felicidad a nuestras vidas este año al unirse a nuestra familia y compartir con nosotros su profunda presencia, su maravilloso sentido del humor y su cálida generosidad. (Y gracias, Nick, por la estupenda cita que me enviaste).

Gracias a mi íntima amiga Esther Freeman, que es diversión, apoyo y brillantez a partes iguales, y a mi querida hermana, Mary Carter Babcock, que ha sido mi equipo unipersonal de apoyo creativo desde que éramos niñas. Un agradecimiento muy especial también a Kim Forbes, cuya creatividad y perspicacia me han ayudado tanto a formular ideas y a aclarar lo que intentaba decir. Gracias a Lynn Zoll, mi principal animadora y alentadora, y a Barbara y Danny Forbes, cuya amistad y apoyo incondicional han hecho de mi carrera de escritora un motivo de celebración. Y como siempre, agradezco infinitamente el estímulo y la conexión con mis amigas de toda la vida Judy Snider y Arlene Ingram.

Un agradecimiento especial a Jessica del Pozo por su cuadro comparativo del apéndice B. También les estoy profundamente agradecida a todos los anfitriones y anfitrionas de pódcast que me han dado la oportunidad de hablar de mis libros, y a Bea, por contarme su historia en la fiesta de Zermatt.

Mi más profundo agradecimiento a Tesilya Hanauer, editora de adquisiciones y desarrollo de New Harbinger Publications, que puso en marcha el proyecto y trabajó codo a codo conmigo para dar forma a las ideas de mis libros y que pudieran encontrar el público al que van dirigidas. Ella y Madison Davis, editora de desarrollo, han leído y releído el manuscrito y, en cada lectura, han encontrado la forma de darle más claridad al texto para beneficio de sus lectores y lectoras. Por sus monumentales esfuerzos, les doy las gracias a las dos. Quiero expresarles también mi gratitud a Amy Shoup por sus imaginativas portadas (de las versiones originales en inglés) y a James Lainsbury por su meticulosa corrección de estilo. Gracias a la lucidez de James, a su trabajo incansable y a una formidable capacidad intelectual, el libro les habla con más claridad aún a todas las personas que lo lean. Mi agradecimiento a Cassie Stossel y al equipo de *marketing*, y muy en especial a Dorothy Smyk y a su equipo de derechos en el extranjero por impulsar mis libros en todo el mundo.

Muchas gracias a Lev y Lana Sapozhnikov por permitirme utilizar su historia como ejemplo de lo que pueden ser la paternidad y maternidad emocionalmente maduras con un hijo adulto.

También quiero darles las gracias a todos los lectores y lectoras que han hecho correr la voz sobre los libros, especialmente *Hijos adultos de padres emocionalmente inmaduros*. Muchos se han tomado la molestia de llamarme o escribirme para decirme cuánto les ha ayudado su lectura. No hay nada más motivador que oír que tu trabajo ha tenido un impacto en la vida de alguien. Un agradecimiento especial a Ryan Bartholomew, de PESI, y a Spencer Smith, de Praxis, cuyo interés por mi trabajo ha permitido a muchos psicoterapeutas obtener formación por vídeo para poder ayudar del mejor modo posible a los hijos e hijas adultos de padres emocionalmente inmaduros.

Por último, gracias a mis clientes de terapia y *coaching* por compartir conmigo lo que ha supuesto para ellos la interacción confusa y desmoralizadora con las personas EI presentes en sus vidas. Su valentía y su sinceridad han hecho posible este libro y todos los anteriores. Gracias por confiar en mí, en que os comprendería y apoyaría vuestro crecimiento personal. Ha sido un gran honor.

Apéndices

Apéndice A

*Características de la personalidad de padres,
madres y otras personas EI*

Estructura de la personalidad

- Extremadamente egocéntrica; viven ensimismados y preocupados solo por sus problemas.
- Rígida y simplista; escasa complejidad interior.
- Escaso desarrollo personal; partes del yo desconectadas y mal integradas.
- Emociones extremas; todo es o blanco o negro, o bueno o malo.
- Creencias y acciones incoherentes y contradictorias (falta de integración de la personalidad).
- Incapacidad de autorreflexión; no se preguntan cuál es su parte en un problema; dudan poco de sí mismos.

Actitud ante la realidad

- Niegan, distorsionan o desdeñan la realidad si les desagrada; simplifican las cosas hasta convertirlas en lo que necesitan para demostrar que tienen razón.
- «Realismo afectivo» (Barrett y Bar 2009); «La realidad es lo que yo *siento* que es».
- Autorreferencial; todo gira en torno a ellos y a cómo les afecta.
- Dan importancia a lo físico y lo material, y excluyen lo emocional o lo psicológico.

- Se fijan tanto en los detalles concretos que pierden la visión de conjunto y el significado profundo de las cosas.

Características emocionales
- Emociones intensas pero superficiales.
- Irritabilidad e impaciencia de fondo.
- Baja tolerancia al estrés, tendencia a la impulsividad.
- Más sentimiento que pensamiento; hacen lo que les parece mejor y les alivia la tensión.
- No tienen sentimientos encontrados; poca modulación o matices emocionales.

Defensas y estilo de afrontamiento
- Baja tolerancia al estrés, impacientes, cerrados de mente, obstinados.
- Fuertemente defensivos y críticos con todo lo que es nuevo o desconocido.
- Escasa observación propia; incapacidad para pensar objetivamente sobre sus propios pensamientos o comportamientos.
- Tendencia al pensamiento concreto y literal, o a la intelectualización abstracta e impersonal; se enfocan en las partes y pierden de vista el conjunto.
- Falta de continuidad del yo a lo largo del tiempo = poca responsabilidad por sus actos; «eso era antes, ahora es esto».
- Mecanismos de afrontamiento inmaduros (G. Vaillant 2000).

Interpersonal
- Escasa empatía; insensibles; a menudo provocan ira y frustración en los demás.
- No se ponen en el lugar de los demás; no imaginan cuáles pueden ser su mundo interior ni sus pensamientos.
- No captan las indirectas; no tienen en cuenta los sentimientos y reacciones de nadie.

- Tienden a relacionarse con las personas como si fueran partes, roles u objetos simbólicos; no captan su realidad psicológica ni su totalidad como individuos.
- Subjetivos, no objetivos; rechazan otros puntos de vista; les incomodan las diferencias.
- Coacción emocional (inducir vergüenza, culpa, miedo, hacer a los demás dudar de sí mismos); intentos de apropiación emocional.
- No hacen trabajo emocional; no hacen nada por reparar las relaciones.
- Enredo emocional o superficialidad, en lugar de intimidad.
- Tendencia a amargarle la vida a todo el mundo con su sadismo, mezquindad, desprecio, envidia, burla, sarcasmo o cinismo.
- Escasa habilidad para la comunicación directa; utilizan, por el contrario, el contagio emocional; la identificación proyectiva.
- Gran incomodidad ante las emociones profundas y la intimidad emocional.
- Difíciles de agradar (escasa capacidad receptiva).
- Exigen que se los tome como ejemplo y se respete su autoridad, se los elogie, admire y considere seres especiales.
- Inversión de roles; sus hijos se preocupan y cuidan de ellos.
- Los roles para ellos son sagrados y deben respetarse estrictamente; se aferran al derecho que su rol les confiere y utilizan los roles como forma de coacción.
- Eligen favoritos con los que establecer una relación de enredo emocional y fusión psicológica.

Apéndice B

Tabla comparativa de la inmadurez y la madurez emocionales

INMADUREZ EMOCIONAL	MADUREZ EMOCIONAL
Los pensamientos sobre la vida son simplistas, literales y rígidos. Les disgusta la incertidumbre de una realidad cambiante.	Aprecian los matices de la vida y cómo las cosas cambian constantemente.
Necesidad de controlar a los demás mediante la culpa, la ira o la vergüenza.	Conscientes de que ni pueden ni quieren controlar a nadie.
Consideran que los demás son unos incompetentes.	Entienden que la imperfección forma parte de la naturaleza humana.
Expresan encanto y carisma.	Expresan calidez y sinceridad.
Se definen y definen a los demás atendiendo a los roles de cada cual, en un sistema binario: subordinados o dominantes.	Visión ecuánime de todos los seres humanos; no sienten necesidad de que haya un sistema social de rangos.
No tienen filtros. Dicen lo primero que se les ocurre sin tener en cuenta los sentimientos de los demás. Lo justifican diciendo que «solo están siendo sinceros».	Comparten sentimientos de su propia experiencia de forma respetuosa con los demás.

INMADUREZ EMOCIONAL	MADUREZ EMOCIONAL
No saben escuchar, no están en sintonía consigo mismos y son incapaces de sintonizar con quienes no están de acuerdo con ellos.	Oyentes atentos, centrados en el significado de las palabras, capaces de sintonizar consigo mismos y con los demás.
Se resisten a la realidad y la rechazan, sobre todo cuando no concuerda con sus opiniones.	Integran la nueva información con aceptación aunque les resulte incómoda.
«Realismo afectivo»: las cosas son como ellos las sienten en ese momento.	Los hechos no cambian, por muy intensos que sean los sentimientos que ellos experimentan en ese momento.
Incapaces de aprender de los errores porque no relacionan sus actos como posible causa del dolor que otros sienten.	Capaces de corregirse y crecer, asumiendo los errores y aprendiendo de ellos.
Fundamentalmente temerosos e inseguros.	Sentido de sí mismos lo suficientemente fuerte como para autorregular la seguridad emocional.
Defienden lo que les resulta familiar porque la complejidad es para ellos abrumadora.	Están abiertos a cambiar de opinión cuando sale a la luz nueva información.
Desconfían de la complejidad o no desean aprender ni comprender conceptos complejos.	Disfrutan aprendiendo aunque la nueva información contradiga lo que ellos pensaban hasta entonces.
Rígidos con las normas, pero las cambian cuando a ellos les beneficia.	Anteponen las personas a las normas, viven en armonía, son capaces de distinguir la ideología del dogma.
Orgullosos de ser inflexibles y sentenciosos. Consideran que su rigidez de pensamiento es una fortaleza moral.	Flexibilidad en los patrones de pensamiento. Capaces de actualizar sus opiniones a partir de nueva información.

INMADUREZ EMOCIONAL	MADUREZ EMOCIONAL
Utilizan la lógica superficial para acallar los sentimientos de los demás. «No deberías sentirte así porque...».	Aceptan que los demás sienten lo que sienten.
Creen que si los demás planificaran bien las cosas, podrían evitar por completo cometer errores y que los demás deberían avergonzarse siempre por sus errores.	Creen que los errores forman parte natural de la vida. Asumen la responsabilidad por sus errores y tratan sinceramente de reparar los daños, de sanar la relación y de madurar.
Los límites de los demás son para ellos un obstáculo que superar.	Los límites de los demás les parecen saludables y los respetan.
Desprecian el crecimiento personal o se burlan de él. Se sienten amenazados por la sugerencia de que no son perfectos.	Disfrutan el viaje de crecimiento personal. Son conscientes de que son imperfectos y dignos de que los quieran.

Copyright 2021 Jessica del Pozo/Lemke Health Partners, https://www.psychologytoday.com/us/blog/being-awake-better/202103/epidemic-emotional-immaturity (impreso con permiso).

Apéndice C

Contrato de relación tácito con las personas EI

Para tener una buena relación con personas emocionalmente inmaduras, consiento lo siguiente:

1. Estoy de acuerdo en que tus necesidades deben anteponerse a las de los demás.
2. Estoy de acuerdo en no decir lo que pienso cuando estoy contigo.
3. Por favor, di lo que quieras, no haré ninguna objeción.
4. Sí, debo de ser un ignorante si tengo una opinión distinta de la tuya.
5. Por supuesto que tienes derecho a enfadarte si alguien te dice que no a lo que sea.
6. Claro, enséñame lo que debe gustarme y lo que no.
7. Sí, es lógico que tú decidas cuánto tiempo debería pasar contigo.
8. Tienes razón, debería mostrarte «respeto» renegando de mis pensamientos en tu presencia.
9. Por supuesto que no deberías controlarte si no te apetece.
10. No pasa nada porque no pienses antes de hablar.
11. Es cierto, nadie tendría que hacerte esperar nunca y no tendrías por qué aguantar que nadie te incomode.

12. Estoy de acuerdo: no tendrías por qué adaptarte a las circunstancias cuando se produce algún cambio.

13. No importa que me ignores, me provoques o no parezca que te alegre verme: yo seguiré queriendo venir a estar contigo.

14. Por supuesto que tienes derecho a ser grosero.

15. Estoy de acuerdo en que no deberías aceptar las indicaciones de nadie.

16. Por favor, habla todo el tiempo que quieras sobre los temas que te interesan; yo estoy dispuesto a escucharte y no necesito que nunca me preguntes nada sobre mí.

Extraído de L. Gibson. *Padres y madres emocionalmente inmaduros: cómo sanar y superar las secuelas. Herramientas prácticas para establecer límites y recuperar la autonomía emocional.* Málaga: Editorial Sirio, 2023.

Apéndice D

Declaración de derechos de los hijos e hijas adultos de padres emocionalmente inmaduros

1. Derecho a poner límites

- Tengo derecho a poner límites a tu comportamiento hiriente o explotador.
- Tengo derecho a poner fin a cualquier interacción en la que me sienta presionado o coaccionado.
- Tengo derecho a interrumpirte mucho antes de empezar a sentirme agotado.
- Tengo derecho a parar cualquier interacción que no me resulte agradable.
- Tengo derecho a decir que no sin una buena razón.

2. Derecho a no dejarme coaccionar emocionalmente

- Tengo derecho a no ser tu salvador.
- Tengo derecho a pedirte que busques a otra persona que te ayude.
- Tengo derecho a no solucionar tus problemas.
- Tengo derecho a dejar que te encargues de tu autoestima sin mi aportación.
- Tengo derecho a dejar que resuelvas solo o sola tu malestar.
- Tengo derecho a no sentirme culpable.

3. Derecho a la autonomía emocional y a la libertad mental

- Tengo derecho a todos y cada uno de mis sentimientos.
- Tengo derecho a pensar lo que quiera.
- Tengo derecho a que no me ridiculices ni te burles de mí por mis valores, ideas o intereses.
- Tengo derecho a molestarme por cómo me tratas.
- Tengo derecho a que no me guste tu comportamiento o tu actitud.

4. Derecho a elegir mis relaciones

- Tengo derecho a descubrir si te quiero o no.
- Tengo derecho a rechazar lo que quieres darme.
- Tengo derecho a no ser desleal a mí mismo para facilitarte a ti las cosas.
- Tengo derecho a poner fin a nuestra relación, aunque estemos emparentados.
- Tengo derecho a no depender de ti.
- Tengo derecho a mantenerme alejado de cualquier persona que sea desagradable o agotadora.

5. Derecho a una comunicación clara

- Tengo derecho a decir cualquier cosa mientras lo haga de forma no violenta ni dañina.
- Tengo derecho a pedirte que me escuches.
- Tengo derecho a decirte que has herido mis sentimientos.
- Tengo derecho a hablar y a decirte lo que de verdad prefiero.
- Tengo derecho a que me digas lo que quieres de mí en vez de dar por sentado que debería saberlo.

6. Derecho a elegir lo que es mejor para mí

- Tengo derecho a no hacer algo si no me viene bien.
- Tengo derecho a irme cuando quiera.

- Tengo derecho a decir que no a actividades o reuniones que me aburren.
- Tengo derecho a tomar mis propias decisiones, sin dudar de mí.

7. Derecho a vivir la vida a mi manera

- Tengo derecho a actuar aunque a ti no te parezca bien.
- Tengo derecho a dedicar mi energía y mi tiempo a lo que me parece importante.
- Tengo derecho a confiar en mi experiencia interior y a tomarme en serio mis aspiraciones.
- Tengo derecho a tomarme todo el tiempo que necesite y a que no me metas prisa.

8. Derecho a un trato de igualdad y respeto

- Tengo derecho a que me consideres igual de importante que tú.
- Tengo derecho a vivir mi vida sin que nadie me ridiculice.
- Tengo derecho a que me trates con respeto como persona adulta independiente.
- Tengo derecho a negarme a sentir vergüenza.

9. Derecho a dar prioridad a mi propia salud y bienestar

- Tengo derecho a prosperar, no solo a sobrevivir.
- Tengo derecho a dedicarme tiempo a mí misma para hacer lo que me gusta.
- Tengo derecho a decidir cuánta energía y atención concedo a otras personas.
- Tengo derecho a tomarme tiempo para pensar las cosas con calma.
- Tengo derecho a cuidarme, independientemente de lo que nadie piense.

- Tengo derecho a exigir el tiempo y el espacio que necesito para atender mi mundo interior.

10. Derecho a amarme y protegerme

- Tengo derecho a sentir compasión hacia mí mismo cuando cometo un error.
- Tengo derecho a cambiar mi concepto de mí mismo cuando ya no concuerde con la realidad.
- Tengo derecho a amarme y a tratarme bien.
- Tengo derecho a liberarme de la autocrítica y a disfrutar de ser quien soy.
- Tengo derecho a ser yo.

Extraído de L. Gibson. *Padres y madres emocionalmente inmaduros: cómo sanar y superar las secuelas. Herramientas prácticas para establecer límites y recuperar la autonomía emocional.* Málaga: Editorial Sirio, 2023.

Referencias

Ainsworth, M. «Attachment: Retrospect and Prospect», en *The Place of Attachment in Human Behavior*, Colin Parkes y Joan Stevenson-Hinde eds. Nueva York: Basic Books, 1982.

Ainsworth, M., Bell, S. y Strayton, D. «Infant-Mother Attachment and Social Development: "Socialization" as a Product of Reciprocal Responsiveness to Signals», en *The Integration of a Child into a Social World*. Richards M., ed. Nueva York: Cambridge University Press, 1974.

Ames, L. B., Gesell, A. e Ilg, F. L. *El niño de 1 a 5 años*. Barcelona: Paidós Ibérica, 1985.

Anderson, C. *The Stages of Life*. Nueva York: Atlantic Monthly Press, 1995.

Aron, E. *El don de la sensibilidad: las personas altamente sensibles*. Barcelona: Obeslisco, 2006.

Bandura, A. «Introducción» en *Psychological Modeling: Conflicting Theories*, Albert Bandura, ed. Nueva York: Routledge, 1971.

Barrett, L. F. y M. Bar. 2009. «See It with Feeling: Affective Predictions During Object Perception». *Philosophical Transactions of the Royal Society B: Biological Sciences 363*: 1325-1334.

Beatty, M. *Libérate de la codependencia*. Málaga: Sirio, 2009.

Boss, P. *La pérdida ambigua: cómo aprender a vivir con un duelo no terminado*. Barcelona: Gedisa, 2009.

———*The Myth of Closure*. Nueva York: W. W. Norton, 2021.

Boszormenyi-Nagy, I. *Lealtades invisibles*. Madrid: Amorrortu, 2013.

Bowen, M. *La terapia familiar en la práctica clínica*. Bilbao: Desclee de Brouwer, 1989.

Bowlby, J. *Vínculos afectivos: formación, desarrollo y pérdida*. 6.ª ed. Madrid: Ediciones Morata, S. L., 2014

Byng-Hall, J. 1985. «The Family Script: A Useful Bridge Between Theory and Practice». *Journal of Family Therapy 7*: 301-305.

Campbell, R. *Cómo amar de verdad a tu hijo*. Weston, Florida: Nivel Uno, 2018.

Campbell, R. *Cómo amar de verdad a tu hijo adolescente*. Weston, Florida: Nivel Uno, 2019.

Capacchione, L. *Recovery of Your Inner Child*. Nueva York: Touchstone, 1991.

Clance, P. R. *The Imposter Phenomenon*. Atlanta, Georgia: Peachtree Publishers, 1985.

Corrigan, E. G. y Gordon, P. *The Mind Object*. Northvale, Nueva Jersey: Jason Aronson, 1995.

Del Pozo, J. «Epidemic Emotional Immaturity: The Deadly Cost of Not Growing Up». Being Awake Better (blog), *Psychology Today*. 29 de marzo, 2021. https://www.psychologytoday.com/us/blog/being-awake-better/202103/epidemic-emotional-immaturity.

Ecker, B. y Hulley, L. *Depth-Oriented Brief Psychotherapy*. San Francisco: Jossey-Bass. 1996.

———*Coherence Therapy: Practice Manual and Training Guide*. Oakland, CA: Coherence Psychology Institute, 2005-2019

Epstein, M. *El zen de la terapia*. Madrid: El Hilo de Ariadna, 2023

Erikson, E. *Infancia y sociedad*. Buenos Aires: Horme-Paidós, 2009.

Faber, A. y Mazlish, E. *Cómo hablar para que sus hijos le escuchen y escuchar para que sus hijos le hablen*. Madrid: Medici, 2013.

Festinger, L. *A Theory of Cognitive Dissonance*. Stanford, California: Stanford University Press, 1957.

Fonagy, P. y Target, M. «Attachment, Trauma, and Psychoanalysis: Where Psychoanalysis Meets Neuroscience», en *Mind to Mind: Infant Research, Neuroscience, and Psychoanalysis*. Elliot Jurist, Arietta Slade y Sharone Bergner, eds. Nueva York: Other Press, 2008.

Fosha, D. *El poder transformador de los afectos*. Barcelona: Eleftheria, 2019.

———. 2004. «Nothing That Feels Bad Is Ever the Last Step». En el número especial «Emotion in Psychotherapy», L. Greenberg ed., *Clinical Psychology and Psychotherapy 11*: 30-43.

Fraad, H. «Toiling in the Field of Emotion». *Journal of Psychohistory* 35 (3): 270-286.

Freud, A. *El yo y los mecanismos de defensa*. Barcelona: Paidós, 1980.

Freud, S. *La neuropsicosis de defensa y otros ensayos*. Buenos Aires: Mármol-Izquierdo, 2022.

Gendlin, E. T. *Focusing: proceso y técnica del enfoque corporal*. Bilbao: Ediciones Mensajero, 2015.

Gibson, L. C. *Hijos adultos de padres emocionalmente inmaduros*. Málaga: Sirio, 2016.

———. *Padres y madres emocionalmente inmaduros: cómo sanar y superar las secuelas*. Málaga: Sirio, 2023.

————. *Who You Were Meant to Be: A Guide to Finding or Recovering Your Life's Purpose*, 2ª ed. Virginia Beach, Virginia: Blue Bird Press, 2020.

————. *Self-Care for Adult Children of Emotionally Immature Parents*. Oakland, California: New Harbinger Publications, 2021.

Gottman, J. y DeClaire, J. *Guía del amor y la amistad*. Barcelona: Kairós, 2008.

Gottman, J., y Silver, N. *Siete reglas de oro para vivir en pareja*. Barcelona: DeBolsillo, 2010.

Greene, R. W. *El niño explosivo*. iUniverse.com Inc., 2013.

Hatfield, E. R., Rapson, R. L. y Le, Y. L. 2009. «Emotional Contagion and Empathy». En *The Social Neuroscience of Empathy*, Decety J. e Ickes W. eds. Boston: MIT Press. 2009.

Helgoe, L. *Fragile Bully*. Nueva York: Diversion Books. 2019.

Johnson, S. *Attachment Theory in Practice*. Nueva York: Guilford Press, 2019.

Jung, C. G. *Jung on Active Imagination*. Chodorow, J., ed. Princeton, Nueva Jersey: Princeton University Press, 1997.

Karpman, S. 1968. «Fairy Tales and Script Drama Analysis». *Transactional Analysis Bulletin* 26 (7): 39-43.

Kernberg, O. *Desórdenes fronterizos y narcisismo patológico*. Barcelona: Paidós, 2007.

Kohut, H. *Análisis del Self*. Buenos Aires, Argentina: Amorrortu Editores, 2015.

Kurcinka, M. S. *El niño tozudo (niños y adolescentes)*. Barcelona: Ediciones Medici, 2004.

Mahler, M., y Pine, F. *El nacimiento psicológico del infante humano: simbiosis e individuación*. San Martín de los Andes, Argentina: Marymar, 1977.

Maier, S. F., y Seligman, M. E. P. 2016. «Learned Helplessness at Fifty: Insights from Neuroscience». *Psychological Review* 123: 349-367.

Marlow-MaCoy, A. *The Gaslighting Recovery Workbook*. Emeryville, California: Rockridge Press, 2020.

Maslow, A. *El hombre autorrealizado: hacia una psicología del ser*. Barcelona: Kairós, 1973.

McCullough, L., Kuhn, N., Andrews S., Kaplan, A., Wolf J. y Hurley C. 2003. *Treating Affect Phobia*. Nueva York: The Guilford Press, 2003.

Minuchin, S. *Familias y terapia familiar*. Barcelona: Gedisa, 2005.

Mirza, D. *El narcisista pasivo-agresivo encubierto*. Editorial: Debbie Mirza Coaching, 2018.

Newberg, A., y Waldman, M. R. *How God Changes Your Brain*. Nueva York: Ballantine Books, 2009.

Ogden, T. *Projective Identification and Psychoanalytic Technique*. Northvale, Nueva Jersey: Jason Aronson, Inc., 1982.

Pillemer, K. *Fault Lines*. Nueva York: Avery/Penguin Random House, 2020.

Porges, S. *Aplicaciones clínicas de la teoría polivagal*. Barcelona: Eleftheria, 2019.

—————. *Guía de bolsillo de la teoría polivagal: el poder transformador de sentirse seguro*. Barcelona: Eleftheria, 2021.

Sapolsky, R. M. 2007. «Stress». Entrevista realizada por Radiolab: https://radiolab.org/episodes/91580-stress.

—————. 2012 «How to Relieve Stress». *Greater Good Magazine*, 22 de marzo. https://greatergood.berkeley.edu/article/item/how_to_relieve_stress.

Schwartz, R. *Sistemas de familia interna*. Barcelona: Eleftheria, 2015.

Seligman, M. E. 1972. «Learned Helplessness». *Annual Review of Medicine* 23: 407-412.

Shaw, D. *Narcisismo traumático: sistemas relacionales de subyugación*. Barcelona: Espacio Gradiva, 2020.

St Aubyn, E. *Some Hope*. Londres: Picador, 1994.

Steiner, C. *Los guiones que vivimos*. Barcelona: Kairós, 1992.

Taylor, K. *Brainwashing*. Oxford, Reino Unido: Oxford University Press, 2004.

United States Institute of Peace [Instituto de la Paz de los Estados Unidos].1995. «Truth Commission: South Africa». 1 de diciembre. https://www.usip.org/publications/1995/12/truth-commission-south-africa.

Vaillant, G. *Adaptation to Life*. Cambridge, Massachusetts: Harvard University Press, 1977.

—————. 2000. «Adaptive Mental Mechanism: Their Role in a Positive Psychology». *American Psychologist* 55: 89-98.

—————. *La ventaja evolutiva del amor*. Madrid: Rigden-Edit, 2009.

Vaillant, L. M. *Changing Character*. Nueva York: Basic Books, 1997.

Van der Kolk, B. *El cuerpo lleva la cuenta*. Barcelona: Eleftheria, 2020.

Whitfield, C. L. *Sanar nuestro niño interior: descubrimiento y recuperación de hijos adultos en familias disfuncionales*. Barcelona: Obelisco, 1999.

Winnicott, D. W. «Mind and Its Relation to the Psyche-Soma». En *Collected Papers: Through Paediatrics to Psychoanalysis*. Londres: Tavistock, 1958.

—————. *La naturaleza humana*. Buenos Aires: Paidós, 1993.

—————. *Exploraciones psicoanalíticas*. Clare Winnicott, Ray Shepherd y Madeleine Davis eds. Buenos Aires: Paidós, 1991.

—————. *Acerca de los niños*. Buenos Aires: Paidós, 1998.

Wolynn, M. *Este dolor no es mío*. Madrid: Gaia, 2017.

Sobre la autora

Lindsay C. Gibson es doctora en Psicología Clínica y ejerce como psicoterapeuta desde hace más de treinta y cinco años, tanto en instituciones públicas como en su consulta privada. En el pasado, trabajó como profesora adjunta en el Programa del Consorcio de Virginia de psicología impartiendo cursos de posgrado sobre teoría clínica y técnicas de psicoterapia. Se ha especializado en el trabajo psicoterapéutico con hijos e hijas adultos de padres EI, a quienes ayuda a desarrollar una personalidad más afianzada, la capacidad para intimar emocionalmente y una mayor seguridad en sí mismos a la hora de tratar con sus familiares emocionalmente inmaduros. Ha escrito durante veinte años una columna mensual sobre bienestar emocional en las revistas *Tidewater Women* y *Tidewater Family* y es autora de los libros *Hijos adultos de padres emocionalmente inmaduros*, *Padres y madres emocionalmente inmaduros: cómo sanar y superar las secuelas*, *Who You Were Meant to Be* y *Self-Care for Adult Children of Emotionally Immature Parents*. Vive y ejerce su profesión en Virginia Beach, Virginia. La dirección de su sitio web es: www.drlindsaygibson.com.

Índice temático